새로운 인간관계를
창출하는 경영전략

일본의
호스피탈리티
매니지먼트

야마구치 카즈미 지음   김용범 옮김

HOSPITALITY MANAGEMENT

어문학사

새로운 인간관계를 창출하는 경영전략

일본의 호스피탈리티 매니지먼트

야마구치 카즈미 지음 김용범 옮김

목차

제2부 호스피탈리티산업의 주요 비즈니스

2019년의 전 세계의 국제관광객 수는 14억 6,100만 명(전년 대비 3.8% 증가)으로 지속적으로 증가하여, 바야흐로 세계는 대교류시대를 맞이하고 있다. 그러나 2020년 1월 이후 신종 코로나바이러스 감염증의 세계적인 확대에 의해, 전 세계적으로 여행자의 왕래가 대폭 감소했다. 사람들의 일상생활의 이동도 크게 제한되었기에, 이에 호스피탈리티 관련 산업은 어려운 상황을 겪고 있다.

또한 지금까지 당연하다고 생각했던 '일상·상식'이 무너졌고, 이는 사람들의 의식과 행동에 영향을 미치고 있다. 미국의 심리학자 에이브러햄 H. 매슬로의 5단계 욕구설(생리적 욕구 → 안전 욕구 → 사회적 욕구 → 승인 욕구 → 자기실현 욕구)에 따르면, 코로나 사태 이전에는 사회적 욕구~자기실현 욕구가 높아지고 있었다고 추측할 수 있지만, 코로나 사태의 영향으로 안전과 건강에 대한 위기 의식이 높아지면서, 사람들의 욕구는 낮은 차원의 욕구인 생리적 욕구와 안전 욕구로 옮겨가고 있다. 즉, 사람들의 가치관이 안전과 건강을 중시하는 것으로 변화하고 있는 것이다.

그러나 이런 상황에서도 기업에 있어 고객을 받아들이는 정신이며 배려이기도 한 호스피탈리티를 제공하기 위해서는, 조직으로서 호스피탈리티를 키워나가는 매니지먼트가 중요하다는 것은 말할 것도 없으리라 생각한다. 고객의 가치관이 변화해가고 있음을 이해한 후, 지금까지와는 다른 방법을 찾아내어 호스피탈리티 넘치는 서비스를 통해 마음에 남는 따뜻한 경험이라는 가치를 고객에게 제공하는 것이 필요한 것이다. 또한 기업과 직원, 직원과 고객, 고객과 기업의 각각의 새로운 관계성을 창의적 고안으로 만들어 내는 데에 호스피탈리티 매니지먼트에 대한 지식은 지금 이상으로 유익함을 가져올 것으로 생각된다.

이번 책이 해당 경험이 풍부하고 재질을 갖춘 김용범 씨의 번역의 공으로, 한국 독자들에게 소개할 수 있는 기회를 갖게 된 것에 마음으로부터 감사하고 기쁠 따름이다. 이 책은 호스피탈리티 매니지먼트에 대한 기초적인 지식을 배우고, 실제로 호스피탈리티 매니지먼트를 하고 있다고 생각되는 기업의 정보를 통하여 호스피탈리티 매니지먼트에 대한 구체적인 이해를 목적으로 하고 있다. 특히 2015년에 출판된 초판의 제2부 「호스피탈리티산업의 주요 사업」 및 「칼럼 7, 8, 9」에 대해서, 개정판에서는 가능한 한 최신 정보를 수록하고 있으며, 또한 여기에서 다루는 기업은 한국의 독자들에게도 널리 알려진 기업들이기도 하다. 허나, 앞서 언급한 바와 같이 미증유의 코로나 사태 속에서 이들 기업도 다양한 변화를 요구 받고 있으며, 어려운 상황 속에서 호스피탈리티 매니지먼트를 추진하기 위해 끊임없이 노력하고 있기도 하다. 이 미증유의 위기를 어떻게 변화하여 극복하며 호스피탈리티 매니지먼트를 해 나갈 것인지 앞으로도 지켜볼 필요가 있을 것이다.

마지막으로, 한국의 많은 독자들이 본서를 읽어 주셨으면 하는 점과, 이 책이 호스피탈리티 매니지먼트에 대한 이해에 일조할 수 있기를 기원해 마지않는다.

2021년 5월 5일
야마구치 카즈미

저자의 말

국제관광에 있어서, 세계는 지금 대교류시대를 맞고 있다. 「관광백서 2018」에 의하면 2017년에 전 세계의 국제관광자 수는 13.2억 명에 이르러, 전년도 대비 8,300만 명의 증가를 기록하고 있는 것으로부터도 명확히 알 수 있다. 일본에 있어서도 방일 외국인 여행자 수는 2017년에 2,869만 명으로 매년 증가 추세이다. 이러한 방일 외국인 여행자 수가 늘어가고 있는 현재, 2020년 도쿄 올림픽, 패럴림픽 대회의 유치 등으로 매우 유명해진 단어인 '오모테나시'*의 진가를 보여줘야 할 상황이다. '오모테나시'는 돈이 개입되지 않는 마음 씀씀이로서, 예를 들면 전혀 모르는 외국인에 대해서도 곤란해보일 때에 말을 걸어주는 등의 마음 씀씀이를 베푸는 것이다. 그 마음 씀씀이가 외국인에게 추억에 남는 경험을 제공하게 된다. 이러한 '오모테나시'는 기업에 있어서도 중요하여, 이를 호스피탈리티라는 단어를 사용하여 설명하는 경우가 많다. 기업에 있어서 고객을 받아들이는 정신이기도, 마음 씀씀이기도 한 호스피탈리티를 제공하기 위해서는, 조직적으로 호스피탈리티를 키워나가는 매니지먼트가 필요하고, 그러기 위해서는 호스피탈리티 매니지먼트를 배우는 것이 중요하다고 할 수 있다. 왜냐면, 거기에서 기업과 종업원, 종업원과 고객, 고객과 기업과의 각각의 새로운

---

*   일본 고유의, 소소한 부분까지 신경쓰며, 정성을 다해 성심성의껏 환대한다는 의미이다(역자 주).

관계성을 키워나가기 위해서 필요한 시사점을 얻는 것이 가능하기 때문이다. 또한 경제시스템이 진화해가는 현재, 기업은 추억에 남는 경험이라는 가치를 고객에 제공하는 것이 필요하고, 이때에 호스피탈리티가 중요한 역할을 다하는 것이라 생각된다. 그러나 호스피탈리티 매니지먼트에 관한 서적은 많다고는 할 수 없고, 또한 전문서도 한정되어 있는 것이 현실이다.

여기에서, 본서는 호스피탈리티 매니지먼트에 대해서 기본적인 지식을 배우고, 실제로 호스피탈리티 매니지먼트를 실시하고 있는 것으로 생각되는 기업을 통해서, 호스피탈리티 매니지먼트에 대한 최신 정보를 통해 구체적인 이해를 깊게 하는 것을 목적으로 하고 있다. 그렇기에 본서는, 2015년에 출판된『感動経験を創る! ホスピタリティ・マネジメント』의 제2부 「호스피탈리티산업의 주요 비즈니스」 및, 「칼럼 7, 8, 9」를 대폭 개정하여, 가필, 수정을 하여 가능한 한 최신 정보를 싣도록 하였다. 따라서 본서는, 호스피탈리티 매니지먼트에 관심을 지닌 학생, 비즈니스맨, 기업에서 호스피탈리티 매니지먼트를 추진해가고자 하는 분들이나 일반독자 분들을 대상으로 하는 입문서로서, 또한 전문서로서도 이용할 수 있는 내용으로 구성되어 있다.

이러한 목적을 달성하기 위해서, 본서는 3가지의 특색을 지니도록 쓰여졌다. 첫 번째로, 호스피탈리티 매니지먼트를 이해하기 위해서 필요하다고 생각되는 항목에 대해서는 기본적인 항목을 거론하여, 관련되는 선행 연구를 소개하여 분명히 하고 있다. 또한 사람과 사람의 다양한 관계의 일반적인 법칙을 생각하는 사회심리학의 관점으로부터도 기업, 종업원, 고객의 삼자의 새로운 관계성을 쌓아가기 위해 관련있는 이론을 도입하여 설명을 시도하고 있다. 두 번째로, 제2부에서 거론한 기업에 대해서, 개정판에서는 추가 조사를 실시하여, 거기에서부터 얻은 지식이나 정보에 따라서 그러한 기업이 실제 어떠한 교류를 낳으며, 또한 어떠한 관계성을 쌓아, 고객에게 기억에 남는 감동경험을 제공하고 있는지 이해할 수 있도록 하고 있다. 사례를 통해서, 기업과 종업원, 종업원과 고객, 고객과 기업과의 관계성을 이해하는 것이 가능할 것이다. 세 번째로는, 각 장에 유익한 칼럼을 배치하고 있는 것이다. 제1부의 칼럼에는 사회심리학적으로 각 장에 관계 있는 척도를 게재하고 있는 것으로부터, 독자 자신의 적성이나 각각의 흥미에 따라서 자신의 행동이나 마음의 상태를 알 수 있는 것과 동시에, 연구에 활용하는 것도 가능하게 했다. 또한 제2부의 칼럼에서는, 각각의 장에서 거론한 기업과는 다른 별도의 기업(칼럼 7은 제외)을 거론하여, 거기에서 호스피탈리티 넘치는 서비스를 제공하는 구조에 대해 최신 정보에 입각하여 분명히 밝히고 있기에 기업 간의 비교검토를 하는 것도 가능할 것이다.

본서는 2부 구성으로 되어 있다. 제1부는 호스피탈리티 매니지먼트의 기초지식에 관한 내용으로 구성되어 있다. 제2부는 사례연구로서, 각각의 비즈니스에 있어서의 대표적인 기업을 거론하여, 어떠한 구조로 교류를 낳아, 고객에 대하여 감동경험을 제공하고 있는가에 대해서 명확히 밝히고 있다. 구체적으로는 제1부에서는, 「호스피탈리티와 서비스」, 「경영관리 서비스 마케팅」, 「서비스 회복, 권한위양(empowerment), 리더십」, 「고객만족」, 「종업원만족」, 「종업원과 커뮤니케이션」에 대해서 거론하고 있으며, 제2부에서는, 「여행비즈니스: 주식회사 JTB의 사례」, 「항공비즈니스: 일본항공 주식회사의 사례」, 「숙박 비지니스: 호시노리조트의 사례」, 「테마파크 비즈니스: 합동회사 USJ의 사례」를, 칼럼에서는, 'Norwegian Cruise Line', '제국호텔', '디즈니 애니멀 킹덤 빌라'를 각각 거론하고 있다.

호스피탈리티 사업이 고객에 감동경험이라는 가치를 제공해가기 위해서, 호스피탈리티 매니지먼트는 금후에도 지속적으로 연구해가야 할 중요한 과제일 것이다. 본서가 그 이해에 일조할 수 있기를 기원해 마지않는다.

마지막으로, 본서의 인터뷰나 조사에 협력해주신 기업 관계자 여러분, 개정에 있어서 귀중한 정보를 제공하여, 정보에 틀림이 없는지를 체크해주신 기업 관계자 여러분, 무토 슈이치 씨(주식회사 JTB), 오오츠카 카츠토시 씨(호놀루루 페스티벌재단 일본사무국), 미츠바시 타나코 씨(일본항공 주식회사), 스즈키 마미 씨(호시노리조트), 나카이 아키모토 씨(합동회사 USJ)(순서 무관)께 마음으로부터 감사의 인사를 올린다. 또한 연구자로서의 길을 지도해 주신 릿쿄대학 명예교수 오시미 테루오 선생님, 릿쿄대학 교수 오구치 타카시 선생님에게 마음으로부터 감사의 인사를 올리고 싶다. 선생님들에 지도 받은 것으로 연구자로서 배우는 것과 연구하는 것의 의미와 즐거움을 배울 수 있었다.

본서의 개정에 있어서 소세이샤의 츠카다 나오히로 씨, 니시다 토오루 씨에게 초판에 이어 큰 신세를 졌다. 여기에 감사의 말을 올린다.

2019년 7월
야마구치 카즈미

제 1 부

호스피탈리티
매니지먼트

제 1 장

호스피탈리티와
서비스

니시무라 씨는 친구인 사키야마 씨의 생일 축하를 하기 위해, 이전에 들렀을 때 서비스가 괜찮았던 레스토랑에 가기로 했다. 레스토랑에 예약을 넣을 때에, 니시무라 씨는 이전에 담당을 맡아준 담당자에게 생일 케이크를 의뢰했다. 당일 레스토랑에 간 두 사람은, 담당자의 기분 좋은 미소 띈 영접을 받으며 예약석으로 안내를 받았다. 테이블에는, 각각의 이름이 인쇄된 카드가 놓여져 있었다. 친구인 사키야마 씨의 좌석에는 핑크빛 장미다발과 생일 카드가 장식되어 있었다. 이것을 본 사키야마 씨는 핑크빛 장미를 제일 좋아했다며 매우 기뻐했다. 기대대로 맛있는 식사를 한 후, 점내의 조명이 조금 어두워지고, 담당자들이 생일 축가를 불러가며 케이크를 운반해왔다. 사키야마 씨가 케이크의 촛불을 불자, 점내에는 박수와 축하의 말이 오갔다. 식사가 끝나고 자리에서 일어서려 할 때에,

사키야마 씨는 "핑크빛 장미를 특히 좋아한다고 들었습니다"라며 담당자로부터 핑크빛 장미 꽃다발을 선물 받았다. 이와 같은 경험을 한 사키야마 씨는, 다음날 니시무라 씨에게 답례메일을 보내었다. 그 메일에는 "일전에는 제 생일을 축하해주셔서 감사했습니다. 레스토랑에서는 호스피탈리티가 넘치는 서비스를 받아 매우 감격했습니다. 부모님의 결혼기념일에는 이 레스토랑에 갈 생각입니다"라고 적혀 있었다.

이와 같은 인상에 남는 서비스를 받았을 때, 호스피탈리티라는 단어를 사용하는 일이 많다. 고객만족이 높다고 평판이 높은 호텔이나 여관 등의 홈페이지에도, "호스피탈리티 넘치는 서비스를 제공하는 것을 이념으로서…", "호스피탈리티의 마음으로 접대하는" 등의 말이 이어진다. 이와 같이 기업이 주창하고 있는 호스피탈리티란 무엇인가? 또 호스피탈리티에 해당하는 일본어로서 거론되는 '오모테나시'란 무엇인가? 호스피탈리티와 서비스에는 어떠한 차이가 있는가?

이러한 의문에 답하기 위해서, 본서에서는 호스피탈리티의 역사에 대해서 언급하고, 그런 후에 호스피탈리티와 서비스의 어원 및 정의, '오모테나시'에 대해서, 더하여 호스피탈리티산업이 제공하고 있는 서비스의 특성에 대해서, 선행 연구를 통해서 생각해 본다. 그런 뒤에, 호스피탈리티 매니지먼트란 무엇인지를 밝히고자 한다.

| 1 | 호스피탈리티란

(1) 호스피탈리티의 역사

호스피탈리티의 역사에 대해서 밝히기 앞서서, 호스피탈리티의 어원에 대해서 조금 언급하고 싶다.

고대로 거슬러 올라가보면, 부부로부터 가족으로, 그리고 이어서 몇몇 가족이 집락을 만들게 되어, 촌락이라는 공동체가 형성되었다. 거기에서는 촌락에 소속되어 있지 않은 모르는 사람, 이방인이 찾아왔을 때에, 그 이방인을 환대하여, 숙박이나 식사를 제공하는 풍습이 있었다. 이것이 호스피탈리티의 기원이라고 말하고 있다(cf. 도쿠에, 2011). 이 풍습은, 사회질서를 갖고 나서부터의 전통적 사회통념이었다. 이방인을 환대하여 식사를 제공하는 것에는, 같은 것을 먹고, 같은 것을 마시는 것을 통하여, 환대하는 측과 환대받는 측과의 사이에 유대가 생긴다는 생각이 있었다. 또한 이방인은 음식과 숙박을 제공받고, 촌락의 주인은 이방인에게 음식이나 숙박을 제공하는 것으로 이방인으로부터 이문화나 정보를 얻는 것도 가능한 효용이 있었다. 인간사회의 기본적 원천으로서 상호보완성 내지 호혜성의 개념으로부터, 촌락의 주인이 음식이나 숙박을 제공하는 것으로 장래적으로는 무언가의 답례를 기대하는 것과 함께, 환대를 받은 이방인은 환대에 대한 반례의무를 짊어지는 것으로 교환관계가 성립되는 것이다. 이렇게 호스피탈리티는 양성되어 왔던 것이다.

서양의 호스피탈리티의 역사로서는, 11세기 중엽 유럽에서 순례가 유행하게 되었고 또 십자군의 성지탈환이 시작됨으로 많은 순례자나 병사가 과로나 병에 시달리게 되어 교회나 수도원이 그들에게 숙소를 제공하거나, 간병한 것에서 유래되었다 한다. 호스피탈리티는 크리스트교에 있어서도 보여지며, 그 예로서 신약성서 내에는 '성도들의 쓸 것을 공급하며 손 대접하기를 힘쓰라'(로마서 12장 13절) '오직 나그네를 대접하며 선행을 좋아하며 신중하며 의로우며 거룩하며 절제하며'(디도서 1장 8절) 등에서도 보여진다(cf. 아사노, 키쿠치, 2010). 이와 같이, 호스피탈리티는 이방인을 도와, 대접하는 행위로서 중시되어왔던 것이다.

동양의 호스피탈리티의 역사로서 기원전 4세기경에 형성된 불교에, 호스피탈리티에 해당하는 단어인 시(施)가 있다(cf. 마에다, 2007; cf. 센, 2013). 불교의 가르침으로서, 일상생활 중에 행하는 것이 가능한 선행으로서, 7개의 가르침 「무재(無財)의 7시(施)」가 적혀 있다. 거기에는, 예를 들면 타자에 자리를 양보하는 것(상좌시牀座施), 타자를 상냥한 표정으로 대하는 것(화안시和顏施) 타자를 집에 맞이하여, 잠잘 곳을 제공하는 것(방사시房舍施) 등이 적혀 있다. 이러한 것들이 사람들의 행동 규범이 되었다. 또한 고대중국의 주나라 때 쓰여진 서적인 삼례에는 공공의 연석에서의 예절이나 의례적 행위가 기재되어 있었고, 이러한 규정이 있는 것으로부터, 고대중국의 행정기구에 있어서 이방인과의 접촉이 정치적으로도 중요했다는 것을 추측할 수 있다.

일본의 호스피탈리티의 역사로서, 일본서기에 함께 마시고 함께 먹는 것에 의해 서로의 마음을 합치게 되는 것이 기록되어 있다. 과거, 일본에서는 머나먼 곳으로부터 긴 여행을 해온 이방인을 '마로우도', '마레비토'(흔치 않은 사람)라 불렀고, 그들을 환대하며 대접하는 습관이 있었다(cf. 야마우에, 1999)고 한다. 중세 이전의 일본에서도, 이방인 환대의 습관이 존재하는 것과 함께, 이방인은 경외와 우려의 존재인 동시에 신령스러운 방문자로서 취급받아, 숙소나 식사를 제공하는 것으로 행복이 가져와진다는 일화가 많이 있다(핫토리, 2004).

(2) 호스피탈리티의 어원

호스피탈리티의 어원으로서는 '로마영토의 주민으로, 로마시민
과 동등한 권리의무를 지니는 자'라는 의미를 지닌 고대 라틴어
호스티스(hostis)와 '가능한, 능력있는'이라는 의미를 지닌 라틴어
인 포티스(potis)가 합성되어, 라틴어의 호스페스(hospes)라는 단어
가 만들어졌고, 이것이 호스피탈리티의 기원이라 말하고 있다(cf.핫
토리, 2004). 이 호스페스는 손님의 보호자라는 의미를 지니고 있고,
이 형용사형이 호스피탈리스(hospitalis)로, '환대하는, 극진히 손님
을 후대하다'라는 의미를 지닌다(cf, 코가, 2003; Powers, 1988). 이 호스
피탈리스의 파생어로서, 호스피털(hospital:병원), 호텔(hotel), 호스트
(host:주인), 호스티스(hostess:여주인) 등을 열거할 수 있다. 이 호스티

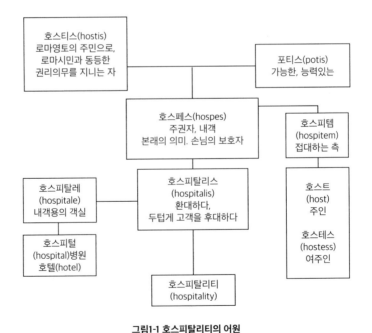

그림1-1 호스피탈리티의 어원
(핫토리, 2004를 일부 변경 삭제, 야마구치, 시이노, 2010, p. 69)

스로부터 호스피탈리티(hospitality)라는 단어로 발진하게 된 것이다 (그림1-1). 이와 같은 어원으로부터, 호스피탈리티란 (주인이) 손님을 환대하는 의미를 지니고 있는 것을 알 수 있다. 환대하는 과정에서 주인과 손님과의 사이에서 상호작용이 일어나, 새로운 관계가 생겨나게 되는 것이다.

(3) 모테나시(もてなし)

가마쿠라시대나 무로마치시대에 '모테나시'란 고객을 환대하고, 함께 마시고 함께 먹거나, 선물을 보내는 것으로 인간관계를 강화하는 목적으로 전략적으로 행해져왔다고 한다. 또한 유교사상에 있어서의 '의를 가장 숭상하며 예를 지니며 사람을 대하며 인애를 가지고 세상에 대처하여 나라를 지키고 백성을 위한다'는 관념의 영향을 받아, '모테나시'의 작법이나 의례적인 형식이 지배계급이나 무사계급사회에서 발전하였다. 이것에 따라서 서민계급에서는 '소매 스치는 것도 윤회의 연'이라 했다. 우연히 만난 사람에 대해 좋은 대접을 하는 가르침과 가르치는 방법은 행동 규범으로서, 또한 사회관습으로서 정착해 온 것이라고 생각된다. 더하여, 상업의 발전과 함께, 연이 없는 많은 사람들 가운데서 단골손님을 늘이기 위해서는, 어느 누구에게나 빈틈없이 대접을 잘 하는 것이 중요한 것이라는 실리성도 동반하여 서민사상에 뿌리 깊게 자리 잡았다고 말하고 있다(cf. 마에다, 2007).

다도에 있어서도, '모테나시'는 양식화되어 있다. 주인이 손님을 대접하는 배려는 차를 끓이는 방법, 일어서고 앉는 모습, 공간, 준비에 이르기까지 정함이 있다(cf. 아사노, 키쿠치, 2010). 이 다도에 있어서의 '모테나시'는 '어느 상대에 대해서 자신만이 할 수 있는 대접을 하는 것'을 전제로 한다(cf. 센, 2013). 주인의 일정한 콘셉트하에서 전심전력을 다한 대접으로서, 거기에 세세한 마음의 배려나 상대에 대한 경의를 담은 마음 씀씀이, 접대 방법을 철저히 생각하고 있지 않으면 안 되는 것이다(cf. 야마우에, 2011). 대접하는 측의 주인이 마음을 쓰고, 어떻게 하면 손님이 기뻐해 줄지를 생각하여, 대접한다. 거기에는 주인이 대접하기 위해서 충분한 지식과 기술을 지니고 있는 것이 필요하다. 다도에 있어서 고객에 대해서 마음을 쓰는 것이 예의의 근본이고, 다도의 예의 범절은 그 나타난 형식에 지나지 않는 것(cf. 히사마츠, 2014)이다.

　센(2011)에 의하면 다도는 심신의 교제, 다시 말해서 마음과 마음의 교제를 다도의 방법론에 의해 실현하는 것이다. 주인으로서 다도를 열고 깊게 숙고한 취향에 따라 손님을 만족스럽게 한다. 이를 통해 '사람을 부르는 즐거움'을 향유한다. 손님으로서도, 수련과 교양을 쌓아, 주인의 대접을 살펴가며, 정확히 응대하는 것이 가능하다. 주객간에 인간적으로 깊은 커뮤니케이션이 성립되면 그것은 쌍방에 있어서 즐거움과 기쁨이 될 것이다. 다도에 있어서의 대접은, 차를 대접하는 과정에서 주인과 손님 사이의 커뮤니케이션이 성립하는 데에서 양쪽에 기쁨이 생겨나, 그 결과 새로운 인간관계가 생겨나는 것일 것이다.

　'모테나시'란 '모테(들다, 가지다)'와 '나시(~게 만든다)'로 합성된 단어이다(핫토리, 2004). 그 의미는, ① 조정하다, 수선하다, 조신하다, ② 대접하다, 거동, 태도, ③ 취급하다, 대우하다, ④ 향응하다 등의 의미를 지닌다(니이무라, 1993).

(4) 호스피탈리티의 정의

호스피탈리티의 정의에 대해서는 연구자에 따라 다양한 정의가 내려지고 있다. 그러면, 다양한 연구자가 행하고 있는 정의* 중에서도 ① 정신에 초점을 둔 정의, ② 사람의 행동에 초점을 둔 정의를 소개하고자 한다.

① 정신에 초점을 둔 정의
- '생 있는 자, 특히 인간의 존엄과 사회적 공의를 지니고, 서로 존재의식과 가치를 이해하여, 서로 인정하고, 신뢰하여 서로 돕는 상호감사의 정신. 전통이나 습관을 뛰어넘어, 시대의 과학의 진보와 함께 새로운 기쁨의 공통의식으로서의 가치를 창조하는 것'(일본호스피탈리티 추진협회, 2013)
- '사회적 불확실성이 높아지는 환경에 있어서, 주체적인 인간관계 매니지먼트에 의해서 불확실성을 오히려 이용해가며 서로의 주관에 접근하여, 단독으로는 불가능한 새로운 가치를 창조하려고 하는 것'(도쿠에, 2011)
- '타자를 흔쾌히 받아들이는 정신'(마에다, 2007)

② 고객을 포함한 사람에 대한 행동에 초점을 둔 정의
- '고객에 대한 진심 어린 마음으로부터 나오는 응대'(Bardi,

---

*   호스피탈리티의 정의에 대한 연구에 관하여, 기시다, 야마우에(2012)가 그 연구영역의 유형화를 행하고 있다. 그것들에는, 행동거지 등에 있어서의 배려의 행동이 있는가 없는가를 묻는 연구영역의 유형으로서 '행위의 실체성(협의)', 호스트와 게스트 양쪽의 만족도를 물어가며 비즈니스의 시점으로부터 정신적 관계성의 중요성을 묻는 연구영역의 유형으로서 '정신적 관계성(광의)', 지구 전체의 공존공영이나 환경과 함께 가치를 만들어가는 자세가 있느냐 없느냐를 묻는 연구영역의 유형으로서 '환경공창성(共創性)(최광의)'이 거론되고 있다(표1-2).

2003)

- '모든 타자(사회적 약자를 포함함)에 대한 마음을 담은 대접'(히라이, 2000)
- '답례나 보답을 뛰어넘은 친절'(히라노, 2001)
- '고객을 게스트로서 대접하고, 서비스 조직의 상호작용 사이에서, 고객의 니즈에 대응하여 매우 세세하고도 빈틈없이 쾌적함을 제공하는 것'(Lovelock & Wright, 1999)
- '끝없이 쏟는 애정과 경애의 마음을 표명하는 것에 의해 편안함과 만족감을 주는 행위의 총칭(환대와 후대의 의미를 내포)'(요시다, 묘도, 1994)
- '동시에 일어나는 인적 교류로서, 서로 행복한 상태가 되어, 한층 더 행복한 상태가 되도록 서로 자발적으로 의도하여, 침상, 식사, 음료 등을 제공하는 것'(Brotherton, 1999)
- '서로 친해지는 행동, 발전적인 인간관계를 창조하는 행위'(코가, 2003)
- 위의 정의로부터, '호스피탈리티는, 사람(게스트)을 받아들이는 정신을 나타내며, 그 정신으로부터 태어나는 행위를 나타낸다. 또한 그 행위를 통해서, 새로운 인간관계를 창조하는 가능성을 담고 있는' 것을 보여주고 있다. 이와 비교하여 서비스란 무엇인지, 다음 절에서 밝혀보도록 하겠다.

범위	개요
행위의 실체성 (협의)	매너, 에티켓을 포함하여, 행동거지에 있어서의 접객 스킬을 전적으로 연구대상으로 하며, 그것들에 심적 배려의 행위가 있는가 아닌가를 묻는다.
정신적 관계성 (광의)	대접(호스트) 측과 대접받는(게스트) 측과의 상호 간의 만족도를 요구하며, 비즈니스의 시점에서 정신적 관계성의 중요성을 묻는다.
환경공창성(共創性) (최광의)	공간, 시간, 인간이라는 넓은 관점, 특별히 지구 전체의 공존공영 내지 환경과 함께 가치를 만들어가는 자세가 있는가 없는가를 묻는다.

표1-2 호스피탈리티의 연구영역의 유형화(기시다, 야마우에, 2012로부터 발췌, p. 17)

|2| 서비스란

(1) 서비스의 어원

서비스의 어원은 '노예, 전리품으로서 획득한 외국인'이라는 의미를 지닌 라틴어의 세르부스(servus)로부터 파생한 말인 '노예의 신분, 상태, 봉공, 복종'이라는 의미를 지닌 세르비티움(servitium)이라는 말에서 유래했다고 말한다. 이 단어가 변화하여, 서비스(service)라는 단어가 태어났다고 한다. 또한 서번트(servant:하인, 사용인)도 세르부스로부터 파생한 단어이다(그림1-2).

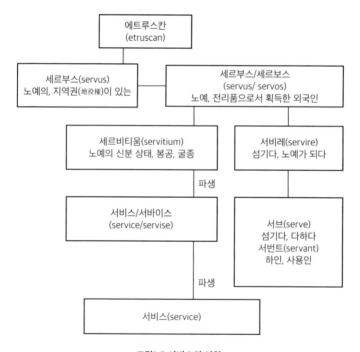

그림1-2 서비스의 어원
(핫토리, 1994, p. 67에서 일부 삭제하여 작성)

(2) 서비스의 정의

서비스의 정의에 대해서도, 연구자에 따라 다양한 정의가 내려지고 있다. 그것들 중 몇 가지를 들어 살펴보고자 한다. 선행 연구로부터 서비스의 정의를, ① 활동이나 편익에 초점을 둔 정의, ② 고객에 대한 만족에 초점을 둔 정의로 크게 나누어 생각해보고자 한다.

① 활동이나 편익에 초점을 둔 정의
- '고객의 욕구를 만족시키기 위해서 행해지는 무형의 활동'(다카하시, 1998)
- '무형성과 고객과의 상호작용성이라는 기본적인 성질에 의한 특질이 붙은 활동'(이이지마, 2001)
- '타자를 위해서 행하는, 사람의 활동으로, 독립되어 거래의 대상이 되는 것'(이마에다, 2010).
- '사람이나 조직체에 무언가의 가치를 가져오는 활동'(콘도, 2013)
- '타자에 대해서 제공되는 활동 내지 편익으로, 본질적으로는 무형으로, 구입자에 소유권을 일절 가져오지 않는 것'(Kotler, 1996)
- '서비스란 무형성이라는 특질을 적지 않게 지닌 활동, 내지는 일련의 활동으로, 통상적으로는 고객이 서비스 제공자, 물적 자원이나 재원 및 서비스 제공의 시스템과 상호작용을 끼치는 것에 의해 생겨나나, 반드시 그러한 작용으로 인해 생겨난다고 한정할 수는 없다. 서비스는 또한 고객이 내포하고 있는 문제에 대해서 제공되는 것이기도 하다'(Gronroos, 1990)
- '무형으로, 서비스 제공자와 소비자의 상호작용이 필요한 다

양한 경제활동'(Looy, Gemmel & Dierdonck, 2004)

② 고객에 대한 만족에 초점을 둔 정의

- '어떤 편익 내지는 만족을 고객에 제공하는 것. 그리고 그 활동은, 고객이 자기 자신이 이룰 수 없거나 하고 싶지 않다고 생각하는 것들이다'(Besson, 1978)
- '판매를 목적으로 제공되어, 물적인 형태로 물리적인 변화를 가져오는 것 없이, 편익과 만족을 가져오는 활동'(Blois, 1975)

이러한 정의로부터, '서비스란 고객에 대해서 제공되는 활동임과 동시에, 고객과의 상호작용 속에 행해지는 일련의 활동으로서, 고객에 편익과 만족을 제공하는 활동으로, 유상의 성질을 지닌다'라고 할 수 있겠다.

제1절과 제2절에서, 선행 연구를 통해 호스피탈리티와 서비스의 어원과 정의에 대해서 생각해보았다. 그 결과, 본서에서는 호스피탈리티에 대해 '호스피탈리티는 사람을 받아들이는 정신이며, 그 정신으로부터 생겨나는 행위이며, 그 결과 발전적인 관계성을 쌓는 가능성을 지니는 것'이라는 입장에 선다. 서비스에 대해서는 '서비스는 고객과의 상호작용 속에서, 고객에 편익과 만족을 주는 일련의 활동으로, 유상의 성질을 지니는 것'으로 취급하여 가고자 한다.

마지막으로, 호스피탈리티산업이란 어떠한 산업을 지칭하는가에 대해 확인하고자 한다. 호스피탈리티산업이란 인적대응을 불가결한 요소로 하는 서비스산업(마에다, 1995)이고, 구체적으로는 관광산업(여행과 여행 관련 산업), 숙박산업, 음식산업, 여가산업, 그 외 전술한 다섯 가지의 특질을 지닌 산업(후쿠나가, 스즈키, 1999)이라고 말하고 있다. 또한 야마우에(1999)에 의하면, 호스피탈리티산업은, 인적대응의 중요도에 따라 4가지의 대상영역, 최협의의 대상영역(숙박, 음식업), 협의의 대상영역(관광, 여행, 교통, 숙박, 요식, 여가산업 관련사업), 광의의 대상영역(관광, 교육, 건강산업, 관련사업), 최광의의 대상영역(인적대응, 거래하는 모든 산업, 호스피탈리티를 매개로 하는 산업)으로 나누는 것이 가능하다는 의견도 있다.

위와 같은 호스피탈리티산업에서 제공하는 서비스에는 어떠한 특성이 있는지 다음 절에서 검토하고자 한다.

| 3 | 호스피탈리티산업에서 제공하고 있는 서비스의 특성

서비스의 특성에 대해서 그 대부분은 마케팅의 입장에서부터 검토가 행해지고 있다.

서비스의 특성에 대해서, 피스크, 그로브, 존(Fisk, Grove, John, 2004), 이이지마(2001), 코미야지(2012), 로이 등(Looy et al., 2004), 타케우치, 카타야마(2011)는 ① 무형성, ② 동시성, ③ 불균질성, ④ 소멸성을 들고 있다. 또한 피츠시몬즈와 피츠시몬즈(Fitzsimmons & Fitzsimmons, 2006)는, 서비스의 특성으로서, 상기 4가지의 서비스의 제공과정에 있어서의 ⑤ 고객의 참가를 언급하고 있다. 콘도(1995)는 ① 무형성, ② 동시성, ⑤ 고객과 공동생산을 언급하고, 그것들이 서비스의 기본적 특성이라 말하고 있다. 이마에다(2010)는, ①~⑤에 더하여, ⑥ 과정의 중요성(서비스를 제공하는 과정이 중요하다)을 특성으로 언급했다. 아사이(2003)는 ①~⑤에* 더하여, ⑦ 소유권의 이전을 언

* 　아사이(2003)는, 특성을 7개 언급하고 있다. 그것들은 ①물질성·비물질성, ②생산과 소비의 분리성, ③생산으로의 소비자의 참가성, ④수요와 공급의 조정과정,

	①무형성	②동시성	③불균질성	④소멸성	⑤고객의 참가	⑥과정의 중요성	⑦소유권의 이전 (사용권의 이전)
아사이(2003)	○	○ (불가분리성)	○	○	○		○
피스크 등(2004)	○		○ (이질성)	○			
피츠시몬즈, 피츠시몬즈(2006)	○	○	○	○	○		
이이지마(2001)	○	○	○	○			
이마에다(2010)	○	○	○	○	○	○	
콘도(1995)	○	○			○		
코미야지(2012)	○	○	○ (변동성)	○			
로이 등(2004)	○	○	○	○	○		
다케우치, 카타야마(2011)	○	○ (불가분성)	○ (변동성)	○			
도쿠에(2013)	○	○	○		○		

표1-1 서비스의 특성

급하고 있다. 이러한 것들에 관해 도쿠에(2013)는 서비스의 특성을, 서비스가 프로세스이기에 직접적으로 생기는 특성인 1차 특성(① 유형성, ② 동시성)과, 거기에서부터 파생되는 특성인 2차 특성(② 불가분성, ⑤ 협동의 필요성:주객의 협동(고객의 참가)), 더 나아가서 거기에서 파생되는 특성인, 3차 특성(③ 변동성(불균질성))으로 단계를 나누어서 특성을 명확히 하고 있다.

이상의 선행 연구로부터, 공통되는 특성으로서 언급되고 있는 ① 무형성(intangibility), ② 동시성(simultaneity), ③ 불균질성(heterogeneity), ④ 소멸성(perishability), ⑤ 고객의 참가(customer participation in

⑤일과성과 비일과성, ⑥규격화·표준화, ⑦소유권의 이전이다. 본서에서는 그 내용의 특성으로부터 ④와 ⑤에 대해서는 소멸성으로서 분리하고 있다.

service process)를 분명하게 언급하고 있다.

① 무형성이란 서비스가 무형이기에, 서비스 자체를 물건과도 같이 고객에게 보이는 것은 불가능하다는 것을 의미한다. 다시 말해서 서비스는 사람의 행위·행동의 제공이기에 무형이다. 구입하더라도 집에 가져 오는 것은 불가능하다. 가져올 수 있는 것은 서비스의 효과, 서비스로부터 얻은 경험뿐이다. 무형이기에, 고객은 그 서비스를 구입하기 전에 보거나, 접하거나, 시험해보거나 하는 것이 불가능하다. 예를 들면 당신이 호텔에 숙박하고자 할 때에는, 사전에 그 활동을 경험하는 것은 불가능하며 그 호텔의 홈페이지를 보거나, 그 호텔에 머물렀던 지인의 의견을 들어 상상하는 것은 가능할 것이나, 실제로 어떠한 서비스를 받을 것인가는 숙박하지 않는 이상 알 수 없다. 또한 서비스가 제공될 때에는, 유형재를 사용하여 제공되는 경우가 많다. 예를 들면 호텔에서 고객에 쾌적한 체재를 제공하기 위해서는 청결한 객실이나 쾌적한 침대 등 유형재가 중요한 역할을 담당하게 된다.

② 동시성이란 비분리성이라고도 한다. 서비스의 생산과 소비가 동시에 이뤄지는 점으로부터, 사람과 활동을 분리할 수 없는 것을 의미한다. 따라서 서비스의 제공과정에 있어서, 종업원은 고객과의 상호작용을 행하고, 고객도 생산과정에 참가하여 동시에 그 서비스를 소비한다. 그렇기에, 서비스 제공 시에 인재관리가 매우 중요하게 된다. 서비스를 제공하는 종업원은 기업을 대표하며, 고객은 종업원의 행동이나 태도로부터 기업을 평가하게 된다. 예를 들면 호텔에서 고객은 프런트 담당자로부터의 서비스 제공과정에서 프런트 담당자와의 상호작용을 행하게 된다. 그때에 프런트 담당자가 청결한 복장으로, 좋은 느낌을 주는 태도를 보여주었다면 그 호텔에서 받는 서비스는 높은 평가를 줄 만한 서비스가 될 것으로 고객은 추측할 수 있을 것이다.

③ 불균질성이란 품질관리가 어렵고, 상품과 같이 언제나 같은 상품을 고객에 제공할 수 없는 것을 의미한다. 서비스는 프로세스이며 활동이기에, 서비스를 제공하는 종업원, 고객, 더 나아가 환경적 조건 등에 의해 언제나 같을 것이라고 단정할 수는 없다. 서비스 제공에 관계하는 종업원의 그때의 몸 상태에 따라서도 서비스의 제공 방법이 달라질 수도 있을 것이며, 때로는 실수를 저지를 수 있을 것이다. 또한 고객의 개인적인 상황은, 고객의 행동과 고객이 지각하는 서비스의 평가에도 영향을 미친다. 예를 들면 호텔에 머물고 있던 고객이 그날 늦잠을 자 버려 회의에 늦게 되었을 때에는, 언제나 받던 느긋한 서비스가 아니라, 간단히 체크아웃이 가능하기를 원할 것이다. 또한 이에 더하여 다른 고객의 행동에 따라, 서비스 제공이 영향을 받는 일도 있을 것이다. 이렇듯 서비스에는 언제나 같을 것이라고 단정할 수 없는 요소가 있다.

④ 소멸성이란 제공되는 서비스가 그 장소에서 생산, 소멸되기에, 보존, 보관, 재고를 쌓는 것이 불가능한 것을 의미한다. 다시 말해서 수요의 변동에 대응하는 것이 어렵다. 여름휴가 때는 만실인 호텔은, 여름휴가가 끝나고는 공실이 늘어나게 된다. 그렇다면 이때의 공실을 다음 해 여름까지 보관해두는 것이 가능하냐면 당연히 불가능할 것이다. 항공회사에서도 그 항공편에 공석이 있었다 하더라도, 그 항공편이 예약대로 이륙하면, 공석은 보존되는 일 없이 소멸해버리게 된다. 그것은, 서비스의 제공으로부터 얻어질 수익의 기회가 사라지는 것을 의미한다.

⑤ 고객의 참가란 서비스의 과정에서 고객이 참가하는 것을 의미한다. 서비스는 그 특성인 동시성으로부터 생산과 소멸이 동시에 이루어진다. 예를 들면 호텔의 기프트숍에서 고객이 쇼핑을 할 때에, 미소 띈 점원으로부터 서비스를 받고, 그 응대를 받아 고객이 고마움을 표하고 물건을 구매한다. 그때에 원활한 상호작용이 서비스

의 품질을 높이는 등, 고객은 서비스 생산과정에 참가하게 된다.

제3절에서는, 호스피탈리티산업에서 제공되는 서비스의 특성에 대해서, 선행 연구를 정리한 후에, 5가지의 특성이 있는 것을 명확히 했다. 다음 절에서는, 이러한 특성을 지닌 서비스를 종업원은 어떻게 고객에게 제공해가는지, 호스피탈리티산업에 있어서의 호스피탈리티 매니지먼트란 무엇인지에 대해서 검토하고자 한다.

| 4 | 호스피탈리티 매니지먼트

(1) 호스피탈리티 넘치는 종업원과
고정적 서비스, 응용적 서비스

1) 호스피탈리티 넘치는 종업원

먼저, 어떠한 종업원이 서비스를 제공해가는 것으로 고객과의 관계성을 구축하는 것이 가능한지에 대해서 서두에서 있었던 레스토랑의 사례를 들어 생각해보고자 한다.

니시무라 씨가 친구인 사키야마 씨에게는 비밀로 생일 케이크를 주문하고, 당일, 종업원(담당자)이 생일 케이크를 생일 축하노래와 함께 제공해주는 것은, 통상적으로 어떤 레스토랑에서도 이뤄지는 서비스일 것이다. 생일 케이크의 대금은 당연히 청구서에 가산되어 있다. 서비스는 고객과의 상호작용 속에서 이뤄지는 활동으로, 고객에게 편익과 만족을 제공하는 활동이다. 유상의 성질을 지니는 것으로부터, 이러한 종업원의 행동은 서비스를 제공하고 있는 것이라 하겠다. 단지, 니시무라 씨가 주문하지 않았던 것, 장미꽃한 송이나 생일 카드, 그리고 종업원이 사키야마 씨의 말을 듣고거기에서 장미 꽃다발을 증정한 것 등은 어떠한가. 이것들은 청구서에는 가산되지 않는 것들이다. 당연히, 매뉴얼에도 기재되지 않은 것이다. 그중에서도, 장미 꽃다발은, 종업원이 사키야마 씨의 언동에 주의를 기울여, 기뻐해 줬으면 하고 생각하고 있지 않았으면할 수 없는 행동이었을 것이다. 이와 같은 종업원의 행동이 있었기에 사키야마 씨는 지금까지 없던 기쁨과 감동을 경험한 것이다. 종업원과 니시무라 씨와의 상호작용이 원활히 진행되어, 거기에서새로운 관계성이 생겨난다. 니시무라 씨는 이 관계성을 유지하고싶다고 생각하여, 다시금 그 레스토랑을 이용하고자 생각할 것이다. 종업원도 고객이 기뻐하기를 바라고 한 행동이 고객에게 받아들여져 종업원 자신의 만족감이나 일에 대한 동기(motivation)도 높아졌을 것으로 생각된다.

상대를 마음으로부터 받아들여, 상대를 위해 무언가를 해줄 수있을 것이라고 생각할 수 있는, 다시 말해서 호스피탈리티 넘치는종업원이 있다면, 이러한 고객과의 새로운 관계나 원활히 계속되는 관계를 구축하고자 하게 될 것이다. 이러한 점으로부터, 호스피탈리티산업에 있어서, 호스피탈리티 넘치는 종업원(상세한 점은 제6장 종업원과 커뮤니케이션을 참조할 것)을 채용하는 것이 중요한 요소의하나임을 시사하고 있다.

2) 고정적 서비스와 응용적 서비스

호스피탈리티 넘치는 종업원이 고객과의 관계성을 창출하여 깊게 만드는 데에는, 매뉴얼에 정해진 서비스뿐만이 아니라, 그 장소의 상황이나 고객의 니즈에 맞는 서비스가 필요할 것이다.

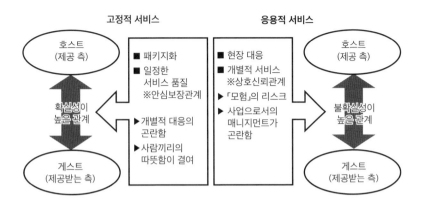

그림1-3 고정적 서비스와 응용적 서비스
(도쿠에, 2013에서 일부 추가 기재하여 작성, p. 141)

　도쿠에(2013)는, 기업이 제공하는 서비스에는 2종류의 서비스, 고정적 서비스와 응용적 서비스가 있고, 고객과의 관계성을 깊게 만들기 위해서는 응용적 서비스가 중요하다고 지적한다(그림1-3).

　고정적 서비스는, 사전에 어떠한 서비스를 어떻게 제공할지를 어느 정도 결정해두고, 고객의 니즈에 맞는 서비스를 몇 종류 준비해두어, 고객이 자신의 니즈에 맞는 서비스를 선택하도록 한다. 예를 들면 여행회사의 해외 패키지여행은, 일정, 요금, 숙박호텔, 관광할 장소, 식사 장소 등이 결정되어 있다. 고객은 몇 가지 패키지 중에서 자기 상황에 가장 맞는 일정과 예산에 요금, 관광장소 등을 확인하여 선택하면 되는 것이다. 따라서 고정적 서비스를 주로 제공하는 경우에는 정해진 서비스가 거래되기에, 서비스 선택 시의 실패가 적고, 고객과의 관계에 불명확한 점이나 불안 없이, 그 관계의 확실성은 높아진다. 그러나 고객에 따라서는 고정적 서비스만으로는 만족하지 못하고, 다른 니즈가 나오는 경우도 있어, 그때에는 고정적 서비스로는 대응할 수 없다. 예를 들면 몇 번이나 해외여행에 다녀온 고객에 있어서는, 패키지여행은 매력이 부족하고,

지금까지 갔던 석이 없는 장소나 경험하지 못했던 것을 경험할 수 있는 장소에 여행을 떠나고 싶다고 생각할 것이다. 이런 때에는 여행회사에 개인여행으로서 개별대응을 의뢰하여, 다시 말해서 응용적 서비스를 제공받을 필요가 있다. 고정적 서비스가 매뉴얼에 있는 서비스를 제공하고 있는 데에 비해서, 응용적 서비스는 매뉴얼에는 없는 서비스를 제공하는 것으로, 고객과의 상호작용을 통해서 관계성을 깊게 하면서 고객의 니즈를 탐색하여, 고객의 니즈에 맞는 개별적 대응을 하는 서비스이다. 따라서 고객은, 어떠한 서비스를 얻을 수 있을지 예측하지 못하는 경우가 많고, 거기에는 불확실성이 함께하게 된다.

이와 같이 응용적 서비스를 제공하여 불확실성이 높아지는 경우에 중요한 키워드로서, 신뢰와 책무를 거론할 수 있겠다. 그것들에 대해서는 아래에서 상세히 언급하고자 한다.

(2) 신뢰와 책무

야마기시(1999;2011)에 의하면, 불확실성이 높은 상황의 경우, 신뢰와 책무가 중요하다고 지적하고 있다. 먼저, 신뢰는 두 가지 종류 '능력에 대한 신뢰'와 '의도에 대한 신뢰'로 나눠서 생각할 필요가 있다. 서두의 레스토랑의 예를 들어 말하자면, '능력에 대한 신뢰'는 레스토랑의 셰프가 기대만큼의 생일 케이크를 만들 수 있을까 하는 능력에 대한 신뢰이며, '의도에 대한 신뢰'는 기대만큼의 생일 케이크를 만드는 마음이나 의욕에 대한 신뢰이다. 레스토랑의 셰프라면, 통상적으로는 생일 케이크를 만드는 능력은 지니고 있을 것이다. 그러나 이번 생일 케이크는, 전화로 주문한 케이크이다. 그렇기에, 정말 지인이 기뻐해주는 케이크를 만들어 줄 마음이 있는지에 있어서는 불확실성이 높을 것이다. 허나 니시무라 씨는 그 레스토랑에 한 번 갔었기에, 아마도 멋진 케이크를 만들어 줄 것이라는 '의도에 대한 신뢰'를 지니고 주문했으리라 생각된다. 이전의 여행회사의 개인여행에 대해서도 관련해서 말하자면, 담당자로부터 응용적 서비스를 받는 과정에서, 자신의 희망을 전하거나, 관광 장소를 확인하거나 하는 것으로, 이 담당자라면 좋은 여행 계획을 만드는 서포트를 해줄 수 있다는, '의도에 대한 신뢰'를 지니는 것이 가능하다. 이렇게 불확실성이 높은 상태의 경우에는 '의도에 대한 신뢰'가 중요하게 되는 것이다.

다음으로 책무란 단기적 이익을 놓치는 결과가 되더라도 동일한 상대와의 관계를 지속하는 것(야마기시,2011), 공통의 릴레이션십을 유지하고 싶길 바라는 영속적인 바람(아마다, 2000)이라 정의된다. 따라서 고객과 종업원 내지 기업과의 사이에서의 책무 관계를 만드는 것으로, 고객은 종업원이나 그 기업에 대한 정보를 축적하는 것이 가능하기에, 정확히는 '의도에 대한 신뢰'를 지니는 것도 가능해진다. 종업원이나 기업에 있어서는, 고객의 니즈를 아는 것도 가능하게 되기에, 보다 고객의 희망에 맞는 서비스를 제공하는 기회를 얻는 것도 가능하다. 서두의 레스토랑의 예에서는, 사키야마 씨는 자신의 생일 축하 때에 마음을 담은 서비스를 제공해주었다는 정보를 얻은 것으로부터, 양친의 결혼기념일 축하 때에도 멋진 기념일을 만들어줄 마음을 지닌 레스토랑일 것이라고, '의도에 대한 신뢰'를 지니고, 관계를 이어 나가고 싶다고 생각할 것이다. 개인여행에서도, 응용적 서비스를 받아 계획한 여행이 멋지게 끝난다면, 다시 같은 담당자에게 의뢰하는 것도 생각할 수 있을 것이다. 책무 관계를 형성하는 것으로, 서로 상대의 행동에 대해서 예측 가능성이 커지기에(야마기시, 1999) 책무 관계를 쌓아가는 것은 쌍방에 이익이 크다.

한과 정(Han & Jeong, 2013)은, 고급 레스토랑에 있어서 고객의 기업에 대한 신뢰와 책무가 기업에 대한 로열티있는 태도에 끼치는 영향을 검토하였다. 그 결과, 고급 레스토랑의 서비스나 이미지가 고객의 만족도를 향상시켜, 그것이 기업에 대한 신뢰와 책무에 영향을 끼쳐서 높은 평가로 이어져 다시 방문하고 싶어하는 태도에 영향을 주는 것을 알 수 있었다. 주로 고정적 서비스를 제공하는 패스트푸드 레스토랑에 비하여, 고급 레스토랑에서는 개별적인 응용적 서비스가 제공되는 일이 많다. 그만큼, 불확실성이 높은 상황이 있을 수 있는 응용적 서비스에 의해 상호작용이 이뤄지고, 보다 좋은 관계성이 만들어지는 것으로 고객의 만족도가 향상된다. 향상된 고객의 만족도는 신뢰와 책무에 영향을 끼쳐, 그 결과 다시 방문을 희망하는 태도가 생겨나는 것을 시사하고 있다.

위와 같이 호스피탈리티산업에 있어서 호스피탈리티 넘치는 종업원이 고객과의 접점에서 응용적 서비스를 제공하는 것으로, 고객과의 관계성을 창출하여, 그것이 고객의 신뢰와 책무에 영향을 끼쳐, 다시 관계를 갖고 싶게끔 하는 행동이나 태도에 영향을 끼치는 것이 명확해졌다. 이러한 종업원과 고객과의 관계성을 창출하기 위해서는, 어떠한 조직의 매니지먼트가 필요할 것인지에 대해 이어서 검토하고자 한다.

(3) 호스피탈리티 매니지먼트란

호스피탈리티산업에서 제공하는 응용적 서비스는, 매뉴얼에 따른 고정적 서비스를 제공하는 것뿐 아니라, 종업원 자신이 생각한 서비스를 제공하는 것이다. 그것은 사전에 어떠한 서비스를 제공할 것인지를 결정하는 것으로부터 시작되며, 고객과의 상호작용의 과정을 통해 고객이 가장 필요로 하는 서비스를 찾아서 제공하는 것이다. 또한 개별적 대응의 서비스를 제공하는 과정에서 고객 자신이 깨닫지 못했던 니즈를 발견하는 것도 가능하게 될 것이다. 이러한 일들이 가능한 것은, 호스피탈리티 넘치는 종업원일 것이다.

그러나 유상의 성질을 지닌 경제행위이기도 한 서비스의 세계에서, 무상의 성질을 본질적 특질로 하는 호스피탈리티의 원리를 무리해서 접목시켜, 고객에 불만이 생겨났을 경우, 그 원인을 종업원의 호스피탈리티의 결여에서 찾는 경우가 보이기도 한다면(cf, 마에다, 2006) 문제가 된다. 그렇게 하지 않기 위해서는 종업원의 성의에만 의지할 것이 아니라, 종업원의 호스피탈리티를 키우는 환경 구축을 하는 것이 기업에 요구된다. 다시 말해서 새로운 관계성을 창출하는 행동을 개인적 행위로서 행하는 것에는 한계가 있기에, 호스피탈리티의 정신에 의한 조직으로서의 매니지먼트를 행하는 것이 필요하다.

종업원이 고객과의 새로운 관계성을 만드는 것이 가능해지도록, 종업원을 향한 서비스 인카운터*에 있어서의 접점을 매니지먼트하는 것이 필요하고, 그것이 호스피탈리티 매니지먼트라고(cf, 도쿠에, 2013) 말할 수 있겠다.

또한 고객과의 접점에 있어서 종업원이 응용적 서비스를 행하고, 호스피탈리티를 육성하는 환경을 조직에서 만들어가기 위해서는, 조직 내에서의 정보의 축적과 개시, 충실한 교육제도, 권한위양의 제공, 그리고 관리자의 리더십의 본연의 자세 등이 중요해질 것으로 생각된다. 이러한 점들을 조직에서 실행해가는 것이, 호스피탈리티 매니지먼트라 말할 수 있다. 이런 점에서, 이러한 요건이 어째서 필요한지에 대해서 이어서 검토하고자 한다.

★　서비스 인카운터란 서비스 제공 시, 그 서비스를 제공하는 기업과 고객의 접점이 되는 장면을 의미한다.

(4) 호스피탈리티 매니지먼트에서 행해야 할 요건

호스피탈리티를 쌓는 환경을 만들기 위해, 호스피탈리티 매니지 먼트로서 행해야 할 요건으로서, ① 정보의 축적과 개시, ② 충실한 교육제도 ③ 권한위양의 제공(상세한 점은 제3장 서비스 회복, 권한위양, 리더십을 참조 할 것) ④ 관리자의 리더십을 거론하고자 한다.

① 정보의 축적이란 고객의 가족구성이나 출신지 등의 개인적 정보나 과거에 제공한 서비스에 관한 정보가 축적, 관리되어지는 것, 그리고 그것을 누구나 보는 것이 가능한 구조를 조직이 갖추고 있는 것을 의미한다. 응용적 서비스를 제공할 때에는, 과거에 비슷한 고객에 관한 정보를 파악하여, 어떠한 서비스를 제공하면 좋을지를 사전에 결정하거나, 단골고객(repeater)*에 대해서, 그 고객의 흥미나 니즈를 파악하고, 관계성을 깊게 하기 위해 새로운 서비스의 제공을 기획할 때 등에 있어서, 그를 위한 재료가 되는 정보가 중요하다.

② 충실한 교육제도란 조직이 고정적 서비스와 응용적 서비스를 행하기 위해 필요한 연수나 교육의 기회를 종업원에 제공하고 있는 것을 말한다. 기업의 이념이나 비전을 이해하거나, 기본적인 고정적 서비스를 제공하기 위한 신입사원 연수 및 새로운 서비스를 기획할 때에 필요하게 되는 지식이나 스킬을 배우는 연수의 기회가 제공되기에, 이러한 것들은 불가결한 요건일 것이다.

③ 권한위양의 제공이란 종업원 한 사람 한 사람이 자신의 판단으로 서비스를 결정하는 것이 가능하도록 권한이 부여되는 것을 의미한다. 권한위양을 부여한 조직에서는, 종업원이 응용적 서비스를 제공할 때에, 상사의 판단을 요청하는 일 없이, 자신의 판단으

★ 　일본어에서 repeater(リピーター)란 같은 여행지 등을 다시금 방문하는 사람, 같은 상품을 마음에 들어 하여 재구매하는 사람을 뜻한다.

로 제공하는 서비스를 결정하는 것이 가능하여, 이는 종업원의 내발적인 동기의 상승, 다시 말해서 의욕의 향상으로 이어질 수 있다.

④ 관리자의 리더십이란 종업원이 응용적 서비스를 제공할 때에, 이를 격려하여 지원하는 것과 같은 적절한 리더십의 필요성을 의미한다. 종업원이 응용적 서비스를 제공할 때에, 자신의 판단으로 서비스를 결정하는 것을 격려하거나, 필요한 정보를 가져다주거나, 의사결정에 참가시키거나 하는 것 등의 리더십의 본연의 이상적인 자세가 중요하다.

위에서 언급한 호스피탈리티 매니지먼트를 실시해야 하는 요건인 ① 정보의 축적과 개시, ② 충실한 교육제도(Cohen & Olsen, 2013 ; Sasser, Heskett, Schlesinger, Loveman & Jone, 1994)로 인해, ③ 권한위양이 부여되어, ④ 상사의 리더십의 본연의 이상적인 자세(Jung & Yoon, 2013 ; Spinalli & Canavos, 2000), 종업원의 서비스의 질, 종업원 만족에 영향을 끼쳐, 그것이 고객만족에 영향을 주는 것이 많은 선행 연구로부터 명확해지고 있다.

조직 속에서 종업원이 호스피탈리티를 키워갈 수 있게 하기 위한 요건이 정비되어 있는 조직은, 호스피탈리티 넘치는 기업이라고 할 수 있다. 제2부에서는, 이러한 대표적인 비즈니스에 관련된 기업에 대하여 다루어 보고자 한다.

대인관계를 원활하게 하기 위해서

　지인이 많고, 누구와도 사이좋게 사귀는 것이 가능하며, 고객으로부터 좋은 평가를 얻는 일이 많은 사람이 있는가 하면, 지인이 적고, 오해도 사기 쉽기에 고객으로부터 좋은 평가를 잘 얻지 못하는 사람도 있다. 전자의 사람은, 사람과 좋은 관계를 쌓기 위한 스킬이 높고, 후자의 사람은 낮다고 할 수 있다. 그 스킬을 사회적 스킬이라 한다.

　사회적 스킬은 타자와의 원활한 관계를 유지하기 위해서 필요한 인지적 판단이나 행동(호리이케, 1994)이라 정의하고 있다. 이 사회적 스킬은 ① 자신의 의도나 감정을 상대에 정확히 전달하는 것이 가능한 '기호화' ② 상대의 의도나 감정을 정확히 읽어낼 수 있는 '해독' ③ 감정을 컨트롤하는 '통제'의 3가지로 크게 나눠진다(cf. 혼다, 안도, 2012). 다시 말해서 사회적 스킬이 높은 사람은, 고객과의 응대 상황에 있어서도, 고객의 니즈를 이해하고, 적절한 대응을 행하는 것이 가능하여, 고객에 무리한 주문을 받았을 경우에도, 자신의 감정을 컨트롤하여 대응하는 것이 가능하다고 할 수 있다. 그런 점으로부터, 먼저 독자 자신의 사회적 스킬이 어느 정도 높은지 알아보는 것으로부터 시작하도록 하자.

사회적 스킬 척도(Kikuchi's Scale of Social Skill : KiSS-18)

Goldstein, Sprafkin, Gershaw & Klein(1980)에 의해 작성되었다. 젊은이에 있어서 필요한 6가지 스킬, '초보적 스킬', '고도의 스킬', '감정처리 스킬', '공격을 대신하는 스킬', '스트레스를 처리하는 스킬', '계획적 스킬'을 참고로 기쿠치(1988)가 작성한 척도이다.

실시 절차

: 합계점을 산출한다.

결과의 해석

: 득점이 높을수록, 사회적 스킬이 높은 것을 의미한다.

〈사회적 스킬 척도〉

밑의 문장을 읽고, 자신이 어디에 해당하는지, 해당하는 숫자에 ○표 하여 보자.

아니다 - 1 | 대체로 아니다 - 2 | 보통 - 3 | 대체로 그렇다 - 4 | 항상 그렇다 - 5

1.	타인과 대화할 때에 이야기가 그다지 안 끊어지는 편이다.	1-2-3-4-5
2.	타인이 해 줬으면 하는 것을 잘 지시할 수 있는 편이다.	1-2-3-4-5
3.	타인을 도와주는 것을 능숙하게 할 수 있는 편이다.	1-2-3-4-5
4.	상대가 화나있을 때에, 잘 달래는 것이 가능하다.	1-2-3-4-5
5.	낯선 사람이라도 손쉽게 이야기를 나눌 수 있다.	1-2-3-4-5

6.	주변 사람들과 사이에 트러블이 일어나더라도 잘 처리하는 편이다.	1-2-3-4-5
7.	무섭거나 두려움을 느꼈을 때도 잘 대처할 수 있다.	1-2-3-4-5
8.	거북한 일이 있었던 상대라도 잘 화해할 수 있다.	1-2-3-4-5
9.	일하고 있을 때에, 무엇을 어떻게 하면 좋을지 정할 수 있다.	1-2-3-4-5
10.	대화 중인 사람들 사이에 손쉽게 대화에 낄 수 있다.	1-2-3-4-5
11.	상대에게 비난당했을 때도 그 상황을 잘 정리할 수 있다.	1-2-3-4-5
12.	일하는 데에 있어서 어디에 문제가 있는지 바로 알 수 있다.	1-2-3-4-5
13.	자신의 감정이나 기분을 솔직히 표현할 수 있다.	1-2-3-4-5
14.	여기저기서 모순된 정보가 들어오더라도 잘 처리할 수 있다.	1-2-3-4-5
15.	처음 만난 사람에게 자기소개를 잘 할 수 있다.	1-2-3-4-5
16.	무언가 잘못했을 때 바로 사과할 수 있다.	1-2-3-4-5
17.	주변 사람들이 자신과는 다른 생각을 하더라도 같이 잘 해나갈 수 있다.	1-2-3-4-5
18.	일의 목표를 세우는 데에, 어려움을 느끼지 않는 편이다.	1-2-3-4-5

제 2 장

경영관리
-서비스 마케팅-

기업에서 고객을 획득하기 위해서는 마케팅이 중요하다고 한다.
그렇다면 마케팅은 어떻게 고객의 마음을 붙잡도록 기능을 하는
것인가?

올해 여름휴가 때는 해외로 떠나고 싶다고 생각했던 사토 씨는
어느 여행회사의 '이탈리아의 세계유산을 돌아보는 여행'이라는
신문광고를 발견했다. 사토 씨는 세계유산에 흥미를 지니고 있었
기에 바로 전화하여 그 패키지 투어의 상세사항에 관해서 듣고 여
행 신청을 했다. 센고 씨는 여행회사의 상용고객 우대제도(Frequent
Flyer Program)*의 회원이다. 그런 이유로 센고 씨는 그 항공회사의

★　　Frequent Flyer Program이란 항공회사가 제공하고 있는 단골 탑승고객을 위한
회원제도의 포인트 시스템을 말한다. 고객로열티를 창조하기 위한 로열티 프로그
램의 대표적 사례라 할 수 있다. 회원은 탑승거리(마일)를 모아서 일정한 마일수에

여행기를 적극적으로 이용하였다. 왜냐면 이용할 때마다 미일리지가 쌓여 어느 일정 마일리지로 구매한 무료 항공권으로 다시 여행을 떠나는 재미가 있었기 때문이었다.

　이러한 사토 씨와 센고 씨가 어느 특정 기업을 이용하게 된 것은, 그 기업의 마케팅*의 힘이 크다. 이 마케팅에 의해서 사토 씨는 자신이 흥미를 지닌 여행의 정보를 얻을 수 있었고, 센고 씨는 회원제의 프로그램이 제공하는 무료 항공권으로 자유롭게 여행을 즐길 수 있었다. 이와 같은 마케팅은 고객의 니즈를 탐색하여, 그것에 응답할 수 있는 제품이나 서비스를 창출하여 그 정보를 발신함으로써 판매하는 구조를 만든다. 이 점에서, 이번 장에서는 기업의 마케팅 중에서도 서비스 마케팅 및 고객과의 관계성을 유지, 강화를 목적으로 하는 릴레이션십 마케팅(Relationship Marketing)에 초점을 두어 생각해보고자 한다. 또한 서비스 마케팅 중에서도 서비스의 프로모션, 가격을 다루어보고자 한다.

다다르면 자신의 희망하는 항공구간의 탑승권을 무료로 쓸 수 있다. 고객은 무료 항공권을 받기 위해서 가능한 한 그 항공회사를 이용하게 되어, 항공회사에 있어서 그 회원과의 관계성을 유지·강화하기 위한 기업 메리트가 크다고 여겨지고 있다 (DeKay, et al., 2009).

　* 　아메리카 마케팅협회가 2004년에 재개정한 마케팅의 정의는, "마케팅이란 조직과 스테이크홀더(주주, 고객, 종업원, 거래처, 지역주민 등)의 양자에 있어서 유익할 수 있도록, 고객을 향하여 가치를 창조, 전달, 제공하여 고객과의 관계성을 구축하기 위한 조직적인 움직임과 그 일련의 과정"이라고 정의된다(cf . 다케우치, 카타야마, 2011). 이 정의에서는 고객의 가치의 창조와 고객과의 관계성이 강조된다.

| 1 | 서비스 마케팅과 릴레이션십 마케팅

(1) 서비스 마케팅

1) 서비스의 특성

서비스 마케팅은 1장에서 밝힌 바와 같이 서비스가 지닌 특성 중에서, 특히 ① 무형성 ② 동시성 ③ 불균질성 ④ 소멸성에 의해서 생기는 특질적인 과제를 지니고 있다.

① 무형성

서비스는 사람의 행위나 활동의 제공이기에, 그 자체는 무형의 성질을 지닌다. 그러나 서비스가 제공될 때에는, 무형인 활동과 함께, 눈에 보이는 형태인 유형재도 함께 제공된다. 다시 말해서 서비스는 그것을 제공할 때 장소나 공간, 내지는 서비스를 제공하는 사람 등의 유형재를 사용하고 있다. 따라서 서비스 마케팅에서는, 무형인 서비스를 상징하는 것과 같은 유형재를 어떻게 고객에게 보일지가 과제가 된다.

② 동시성

소비재의 제공은, 기업이 생산한 제품을 별도의 유통기업에 도매하여, 고객이 소비하는 일방통행의 프로세스 속에서 행해진다. 그러나 서비스의 제공은 생산, 유통, 소비가 동시에 행해진다. 서비스의 제공자인 종업원과 고객은 그 장소에서 만나서 쌍방향의 프로세스 속에서 서비스를 생산, 유통, 소비한다. 그렇기에 종업원은 서비스의 일부이며, 또한 고객도 서비스의 일부를 담당하게 된다.

예를 들면 고급 레스토랑에서 서비스 제공 시에 종업원의 예의 바른 태도는 서비스 그 자체의 품질을 향상시킬 것이며, 또한 레스토랑의 분위기에 맞는 고객의 복장도 거기에서 제공되는 서비스의 품질을 향상시킨다. 따라서 서비스 마케팅에서는 어떠한 서비스의 생산, 유통, 소비가 이뤄지는 것으로 고객만족을 향상시키며, 그 서비스를 제공하는 시스템을 어떻게 관리할 수 있는가가 과제가 된다.

③ 불균질성

서비스는, 생산과 소비가 동시에 이뤄지기에 품질의 관리가 어렵다. 같은 종업원에 의해서 제공되는 서비스는 그날의 종업원의 몸 상태에 따라서도 미묘하게 달라질 수도 있고, 같은 서비스를 받더라도 고객에 따라서 좋게 평가할 수도, 내지는 나쁘게 평가할 수도 있다. 이에 서비스의 불균질성을 가능한 한 배제하여 제공하는 서비스의 품질관리를 실행할 필요성이 도출된다. 따라서 서비스 마케팅에서는 제공되는 서비스의 일관성을 유지하기 위해 어떠한 관리를 진행하는가가 과제가 된다.

④ 소비성

서비스는 저장해둘 수 없다. 예를 들면 그날의 항공기에는 100석의 공석이 있다 하더라도, 100석분의 좌석을 비워 둔 채 이륙하지 않으면 안 된다. 그 결과 고객에 제공할 수 있었던 서비스와 거기에서부터 얻을 수 있었던 수익을 잃게 된다. 결정된 장소와 시간에서 제공되는 서비스는 물재(物財)와 비교하여 수요와 공급의 일치가 어렵다. 서비스 마케팅은 그 특성으로부터 수요와 공급을 관리하는 것을 과제로 한다.

이와 같이 서비스 마케팅은 서비스가 지니는 특성으로부터 종래의 마케팅에는 없는 특징적인 과제를 지닌다.

2) 서비스 마케팅과 서벅션*(Servuction = Service + Production) 프레임워크(체계)

구체적인 서비스 마케팅으로서 기업이 시장에 작용하는 활동으로서, 종래의 마케팅믹스**인 4P, ① Pruduct(제품), ② Price(가격), ③ Promotion(판매촉진), ④ Place(유통경로)에 더하여, 3P 다시 말해서 ⑤ Participant(참가자), ⑥ Process of service assembly(서비스의 제공과정), ⑦ Physical evidence(물적인 환경)가 중요하다고 여겨지고 있다(Booms & Bitner, 1981). 이것들은, 서비스 마케팅믹스라고 불리어지고 있다.

① Pruduct(제품)란 품질이나 상표명, 포장, 보증 등을 포함하여 어떠한 서비스를 만들면 고객의 니즈를 만족시킬 수 있을까를 생각하는 영역이다. 제품이란 주목, 취득, 사용, 소비를 목적으로 시장에 제공되는 것으로, 유형, 무형재, 퍼스낼리티, 장소, 조직, 그리고 아이디어를 포함한다고 정의하고 있다(cf. Kotler, 1980).

② Price(가격)란 제공하는 서비스에 대한 가격을 의미한다. 가격의 설정방법과 그 관리경영에 대해서 생각하는 것이다. 서비스가 무형이기에, 고객은 가격을 보고 어느 정도의 서비스를 받을 것인가 상상한다. 또한 서비스가 지닌 소멸성으로부터 예를 들면 항공회사에서 그 날에 팔고 남은 항공권을 다음 주에 팔 수 없는 것에

---

*   servuction은 service production system의 조어

**   마케팅믹스란 마케팅의 수단을 조합시키는 것을 말한다. Product(제품), Price(가격), Promotion(판매촉진), Place(유통경로)의 4가지를 포함하고 있다. 그 머리글자로부터 4P로 불리고 있고, 어떠한 제품을 만들고, 가격을 정하여, 어떠한 정보전달을 하여, 판매루트는 무엇을 사용하여 판매하여야 고객이 구매해 줄지 등을 생각하는 것을 말한다.

서, 비수기나 성수기 등의 수요에 맞춰 가격설정을 바꿔나가는 것이다.

③ Promotion(판매촉진)이란 고객에 서비스에 대한 정보를 제공하는 것으로, 그 구입을 촉진하는 활동을 말한다. 기존고객이나 신규고객을 획득하기 위해서, 광고, 퍼블리시티, 인적판매, 전시회나 쇼 등의 판매촉진을 실시하여, 고객에 어떠한 서비스를 받는 것이 가능할지를 보여주어, 서비스의 구입을 촉진하는 활동이다.

④ Place(유통경로)란 서비스를 유통시키는 경로를 의미한다. 마케팅의 목표에 따라서 어떠한 경로를 사용할지, 서비스가 고객에 도달할지를 생각하는 영역이다. 예를 들면 여행회사나 항공회사에서는 자사 홈페이지의 사용 내지, 계열사의 숙박시설이나 여행회사를 경유시키는 등의 다양한 유통경로를 생각할 필요가 있다.

⑤ Participant(참가자)란 서비스의 생산과 소비에 관여하는 모든 사람을 지칭한다. 항공회사에서는 직접 고객에 대응하는 지상직원이나 스튜어디스를 시작으로 하여 파일럿, 정비원 등 이동이라는 활동을 안전하고도 쾌적하게 하기 위한 많은 사람들이 중요한 역할을 짊어지고 있다. 고객도 서비스의 생산에 관여하고 있다. 예를 들면 기내에서 난동을 부리는 고객이 있다면 쾌적한 비행에 방해받게 되기에, 이렇듯 고객의 적절한 참가에 의해 서비스의 품질이 좌우된다.

⑥ Process of service assembly(서비스의 제공과정)란 서비스를 제공하는 활동의 수순이나 흐름을 의미한다. 서비스를 제공하고 있을 때에 고객에게 평가받는 일이 많은 점을 생각하여, 어떠한 순서와 방법으로 어느 정도까지 제공할지 등의 서비스 활동의 프로세스를 결정한다.

⑦ Physical evidence(물적인 환경)란 서비스의 생산과 소비에 관한 물리적인 환경요소를 의미하며, 서비스의 품질을 보증하는 역

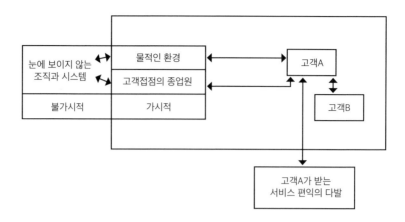

그림2-1 서벅션(servuction) 프레임워크
(Langeard et al., 1981에서 작성, p. 38)

할을 맡는 모든 것을 포함한다. 항공회사의 체크인 카운터가 개방적이며 청결한 동시에, 미소로 응대하고 있는 지상직 직원이 있는 것을 보았을 때, 고객은 기내에서도 기분 좋은 시간을 보낼 수 있을 것으로 추측하게 된다. 기내 의자의 포켓에 들어있는 잡지나 기내식 메뉴가 더럽혀져 있거나 하면, 고객은 청소를 하지 않은 것은 아닌가, 이 여행회사의 운영은 잘 되어가고 있는 것인가 하는 불안을 느끼게 된다. 여관이나 호텔에서 ISO9000[*] 등의 품질보증 인증서를 프런트에 장식해두고 있는 것도 고객에 서비스의 품질을 시사하기 위한 하나의 방법이다.

이상과 같이 서비스 마케팅이란 ⑤ 참가자, ⑥ 서비스의 구조,

---

[*] ISO9000이란 ISO(국제표준기구)가 설정한 국제적인 품질관리기준으로, 공장이나 사무소의 품질관리시스템을 제3자기관에 의해, 상품의 설계로부터 부품조달, 제조, 검사, 출하, 애프터서비스에 이르기까지 품질관리와 상품의 보증체제를 검토한다. 최근에는, 고객에 대해서 서비스나 품질의 안심감을 부여할 수 있도록 사회적신용의 메리트로부터 호텔이나 여관 등에도 확산되고 있다(cf. 디지털용어사전, 2013).

⑦ 물적인 환경의 요소가 추가되어, 물재(物財)와는 다른 마케팅이 필요하다. 이러한 3P에 의하여 고객이 경험하는 서비스의 품질이 좌우된다.

이와 같이 고객이 경험하는 서비스에 대해서, 랭기어드, 베이트슨, 러브록, 에길리에(Langeard, Bateson, Lovelock & Eiglier, 1981)는 서벅션 프레임워크를 언급하고 있다(그림2-1).

거기에서는, 고객이 경험하는 서비스의 요소로서 고객이 직접 눈에 접하는 것이 불가능한 서비스를 생산하기 위해서 필요한 눈에 보이지 않는 조직과 시스템, 더 나아가 고객의 눈에 보이는 가시적인 요소로서, 물적인 환경과 고객과의 접점을 지닌 종업원이 언급된다. 더하여, 가시적 요소인 그 서비스를 받는 고객A와 마침 그 자리에 있는 그 외의 고객 B가 언급된다. 고객A는 종업원과의 상호작용, 물적인 환경으로부터, 서비스를 경험하여 편익을 얻는다. 또한 서비스를 지탱하는 종업원이나 물적인 환경은, 조직의 존재양식이나 시스템의 영향을 받는다.

예를 들면 레스토랑의 종업원이 인재관리시스템이 불충분하였기에, 어려운 시프트 교대 스케줄로 일을 하고 있다고 한다면, 지쳐 있는 종업원은 고객과의 상호작용을 적절히 주고받는 것이 어려울 것이다. 내지는, 조직의 환경관리가 불충분하다면, 테이블 크로스에 먼지가 있거나, 바닥이 더러워지거나 하는 일이 생겨, 이와 같은 환경의 레스토랑에서 고객이 받는 서비스의 편익은 손상 받을 것이다. 더 나아가 서비스가 제공되는 장소에 같이 있는 다른 고객도, 고객이 경험하는 서비스의 품질에 영향을 끼친다. 고객A가 조용히 식사를 하고 싶다고 생각하고 있음에도 불구하고, 고객B가 큰소리로 대화를 하고 있다면, 거기에서 경험하는 서비스의 품질은 손상 받게 될 것이다. 그러한 고객이 받는 서비스의 편익의 다발은 다양한 요소에 의해 영향을 받는다. 이 프레임워크는 서비스가 그 수행에 관한 다양한 요소를 쌓아간 결과라는 것을 시사한다.

위와 같이 서비스 마케팅을 실시할 때에는, 고객이 받는 서비스가 다양한 요소를 쌓아간 결과라는 것을 확인한 후에, 고객과의 장기적인 관계성을 쌓을 필요가 있다. 이와 같은 고객과 종업원의 관계성에 주목하여, 장기적 관계를 쌓는 것을 목적으로 한 마케팅으로서, 릴레이션십 마케팅이 거론된다. 그런 점에서 다음은 릴레이션십 마케팅에 대해서 알아보고자 한다.

(2) 릴레이션십 마케팅

릴레이션십 마케팅은, 파는 쪽과 사는 쪽, 제공자와 고객과의 관계성에 주목하여, 고객획득, 고객만족, 장기적 관계를 유지시키는 것에 주안을 둔 마케팅 사고이다(cf. 다케우치, 카타야마, 2011). 릴레이션십 마케팅이 필요한 이유로서, 첫 번째로 시장이 성숙화하여 다양한 제품이나 서비스가 증가하여 경쟁이 격화되어가기에 신규고객을 획득하는 것이 어려운 시대가 되어가고 있는 것이 거론되며, 두 번째로는 정보기술의 발전에 의해서, 대량의 데이터의 수집, 축적, 가공으로 개개의 고객의 특성 등에 대해서 정보를 수집하여, 수집된 정보로 기존고객에 새로운 서비스를 제공하는 것 등이 가능하게 된 점이 거론된다.

릴레이션십 마케팅을 실시하여 기존고객과의 좋은 관계를 장기적으로 쌓는 것으로 기업의 이익률은 크게 향상된다. 새서, 헤스켓, 슐레진저, 러브맨과 존스(Sasser, Heskett, Schlesinger, Loveman & Jones, 1994)는, 서비스 이익 사슬 모델(상세한 내용은 제5장의 종업원만족을 참조할 것)로부터, 고객만족과 고객로열티가 기업의 이익률에 영향을 끼치는 것을 분명히 하고 있다. 기존고객이 재구매를 해주게 하기 위

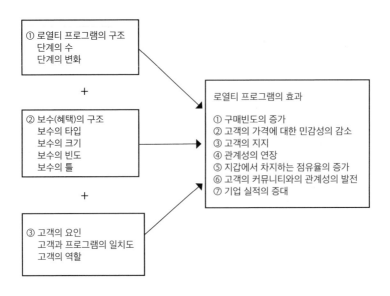

그림2-2 로열티 프로그램의 효과의 개념모델

(McCall & Voorhees, 2010을 일부 수정하여 작성, p. 38)

해 드는 비용은, 신규고객을 획득하기 위해 드는 비용의 1/5이라
는 보고도 있다(Heskett, Sasser & Hart, 1990).

맥콜과 부히스(McCall & Voorhees, 2010)는 릴레이션십 마케팅으로
서 고객의 로열티(상세한 내용은 제4장의 고객만족을 참조할 것)를 높이기
위해 로열티 프로그램의 효과를 검토한 선행 연구를 개관하여, 그
프로그램의 성공요인과 효과를 분명히 하고 있다(그림2-2).

로열티 프로그램의 성공요인이 되는 요소로서 ① 로열티 프로그
램의 구조, ② 보수(혜택)의 구조 ③ 고객의 요인이 언급되고 있다.

① 로열티 프로그램의 구조에서는 몇 개의 단계를 거치는 것으
로 고객의 만족도가 높아지고, 단계의 변화가 고객에 어떠한 행동
변화를 가져오는가를 고려할 필요가 있는 것이 확인되고 있다. 프
로그램에 단계가 있는 것을 보여주는 것으로, 고객의 기업의 프로

그램이나 회사로의 책무가 싹트는 것이다. 회사에서는 또한 단계에 따라 고객에 적절한 보수를 제공하는 것도 가능해진다. 고객에 제공하는 단계는 2단계보다 3단계 쪽이 효과적으로 확인되고 있다(Dreze & Nunes, 2009).

② 보수(혜택)의 구조에서는 보수의 타입이나 크기, 빈도, 어떠한 구조로 보수를 제공하는가를 언급하고 있다. 보수의 타입으로서 고객은 호텔의 무료숙박권 등의 직접적인 것을 선호한다(Verhoef, 2003)지만, 고객과 기업과의 관계성의 질을 유지하기 위해서는 한계가 있다(Kristof Oderkerken-Schroder & Iacobucci, 2001). 예를 들자면, 무료숙박권을 가지고 있어도 그것을 써 버린 후에는, 다른 기업을 이용하는 일도 있을 수 있다는 이야기다.

보수의 크기나 빈도는 고객의 기업에 대한 태도나 프로그램으로의 참가에 직접적인 영향을 끼치며, 기업에 만족하고 있는 고객은 보수가 늦더라도 가치가 있는 보수를 원한다(Keh & Lee, 2006)고 생각되고 있다. 여기에 비하여, 호텔의 서비스에 불만을 지니고 있는 고객일수록, 바로 보수를 받는 쪽이 고객로열티가 높아지는 것이 확인되고 있다(그림2-3)(Hu, Huang & Chen, 2010). 바로 넘겨주는 보수는 고객의 불만을 진정시키는 기능을 가지고 있는 것이다(Mazur, 1993).

③ 고객의 요인에서는, 프로그램이 고객의 니즈에 맞는지, 고객이 지닌 어떠한 특질이 프로그램의 평가에 영향을 끼치는지의 요인을 검토할 필요가 있다고 언급하고 있다. 처음에 그 프로그램에 참가할지 어떨지는, 그 보수가 좋을지에 의해 결정된다(Kivetz & Simonson, 2002), 이런 점에서, 고객의 특질이나 니즈를 파악할 필요가 있는 것이다. 이러한 요소가 적절히 검토되는 것으로 로열티 프로그램은 ① 구매빈도의 증가 ② 고객의 가격에 대한 민감성 감소, ③ 고객의 지지, ④ 관계성의 연장 ⑤ 지갑 속에서의 점유율 증가,

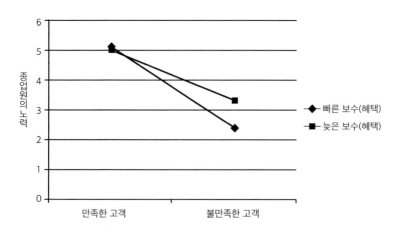

그림2-3 보수(혜택)의 타이밍과 고객로열티, 만족도와의 관계
(Hu et al., 2010에서 작성. p. 133)

⑥ 고객의 커뮤니티와의 관계성의 개발, ⑦ 기업의 업적 증대 등의 효과를 낳는 것이 확인되고 있다.

　로열티 프로그램의 효과성에 대해서는 디케이, 토, 레이븐(DeKay, Toh & Raven, 2009)이 항공회사와 호텔을 거론하여 검토하고 있다. 미국의 시애틀에 있는 호텔의 숙박객 304명에 설문지조사를 실시한 결과, 호텔을 자주 이용하는 고객은 그 호텔과 항공회사의 로열티 프로그램의 회원이며, 그 회원인지 아닌지는 연간수입과 관련 있는 것이 확인되었다. 또한 고객은 호텔보다도 항공회사의 프로그램회원이 되는 쪽에 보다 호감을 느끼고 있는 것도 알 수 있었다. 이러한 것으로부터 로열티 프로그램의 효과성은 고객에 있어 항공회사 쪽이 더 높은 점이 시사되고 있었다.

　릴레이션십 마케팅의 실시는 두 가지 단계로 실시해야 한다고 말하고 있다(Kristof et al., 2001). 제1단계는 가격 인센티브에 의해 고객을 유지하는 것이다. 다시 말해서 항공회사의 상용고객 우대제도나 LCC의 캠페인 등으로 무료 내지는 저가격으로 기존고객의 재구입을 촉진하는 마케팅이다. 그러나 이 가격 인센티브는 경쟁 회사에 모방되기 쉽고, 한층 더 싼 항공권을 제시하는 경우, 기존고 객이 그쪽 항공회사로 갈아탈 수 있는 점도 예상할 수 있다. 가격 인센티브는 고객의 유지에는 효과가 있으나, 고객의 태도가 바뀌 는 등의, 다시 말해 고객로열티의 향상에는 효과가 낮다고 말해지 고 있다. 제2단계는 고객과 정기적으로 커뮤니케이션을 취하는 것 등으로 기존고객과의 친교를 촉진하는 마케팅이다. 개개의 고객의 특성과 니즈를 간파하여, 그것에 대응하는 것으로 기업과 기존고 객과의 사이에서의 신뢰관계가 생겨나, 그것이 고객로열티를 쌓게 되는 것이다. 또한 릴레이션십 마케팅을 한층 더 진행시켜 기존고 객을 유지하여 로열 커스터머를 창출하는 것뿐 아니라 고객의 의 욕에 동기를 부여하여 적극적 참가행동을 계속적으로 지속해나가 게 하기 위해서는 파트너십 마케팅이 필요하다고 언급하고 있다(아 사이, 2003).

고객과의 정기적인 커뮤니케이션에는 기업으로부터 적절한 서 비스에 관한 정보제공은 결여될 수 없을 것이다. 이런 점에서 다음 절에서는 고객에 서비스에 대해서 정보를 제공하여 그 구입을 촉 진하는 활동인 프로모션에 대해서 생각하도록 하자.

| 2 | 서비스 프로모션

서두에서 이야기했던 사토 씨는 우연히 본 신문광고에서 여행 정보를 얻을 수 있었다. 센고 씨는 상용고객 우대제도의 회원이므로 항공회사에서 보내온 디렉트메일로부터 자신의 유효 마일리지나 그 항공회사의 캠페인정보를 알 수 있었을 것이다. 또한 사토 씨도 센고 씨도 각각 회사의 홈페이지로부터 정보를 얻을지도 모른다. 이렇듯 기업은 고객에 어떠한 서비스를 받을 수 있을지를 알리기 위해서 다양한 프로모션을 행하고 있다.

(1) 프로모션의 종류와 특징

서비스 프로모션을 통해 무형의 활동인 서비스를 가시화하는 것으로, 서비스나 그 이미지를 고객에게 전할 수 있다. 그 프로모션의 종류로서 주로 ① 광고, ② 판매촉진, ③ 인적판매, ④ 홍보활동 등을 언급할 수 있다.

① 광고

광고란 특정한 스폰서에 의한 아이디어나 재화, 서비스 중 사람을 쓰지 않는 프레젠테이션 및 프로모션(Kotler, Bowen & Makens, 1996)이라고 정의되고 있다. 광고의 종류에는 티비·라디오 광고, 신문·잡지 광고, 전단지 광고, 인터넷 광고, 포스터, 간판, 교통광고, 디렉트메일 등이 있다. 사용하는 미디어에 따라 대량의 정보를 고객에 제공하는 것이 가능하다.

② 판매촉진

판매촉진이란 세일즈 프로모션이라 불리는 것으로 제품이나 서비스의 구입을 촉진하는 단기적 유인으로 구성되어 있다. 그 종류로서는 할인쿠폰이나 가격할인, 덤이나 경품 등의 프리미엄, 기념품 등의 노벨티 증정품, 카탈로그나 팸플릿, 시연 등이 거론된다.

③ 인적판매

인적판매란 제공하는 서비스에 대해서 설명하여, 고객에 구입의 의사결정을 촉진시켜 실제 구입에 이르게 하는 제반활동이다(코미야지, 2012). 그 종류로는, 판매원이나 영업담당자에 의한 설명이나 카운슬링 판매가 있다. 쌍방향성의 커뮤니케이션이 가능하게 되기에 인적판매를 담당하는 종업원의 커뮤니케이션 능력이 중요하게 된다.

④ 홍보활동

홍보활동이란 PR(Public Relation)이라 불리는 것으로, 개인이나 조직이 그 실태나 스스로의 주장을 상대에게 이해시켜, 상대가 그때까지 자신들에 대해 지녔던 생각을 바꾸게 하거나, 수정하게 하기 위한 계획적인 정보제공활동이다(다케우치, 카타야마, 2011). 따라서 홍보활동의 대상자는 고객뿐만이 아니라, 종업원, 주주, 거래처나 지역커뮤니티이기도 하다. 그 종류로서는, 프레스발표나 기자회견, 전시회나 발표회, 스포츠나 콘서트 등 협찬이나 메세나활동* 사회공헌활동**, 사보나 연차보고 등이 있다. 여기에 더하여 퍼블리시티

★   메세나활동이란 기업에 의한 예술, 문화의 후원활동을 말한다(아라이, 1993) 구체적인 활동으로는, 이벤트의 주최, 문화나 학술에 대한 조성 등이 있다.

★★   사회공헌활동이란 법인, 내지는 단체, 개인에 의한 공익 내지는 공공익에 가치하는 활동일반을 의미한다.

(publicity)라는 활동은, 티비·라디오, 신문·잡지 등 미디어에 자사의 활동내용이나 이벤트, 신제품 등의 정보를 제공하는 것으로 미디어에 뉴스나 기사가 취재되는 것을 목적으로 한 정보제공활동이다. 퍼블리시티(publicity)는 원칙적으로 무료로서, 제3자인 미디어가 취재하는 것으로 고객의 정보에 대한 신뢰성이 높다. 그러나 반드시 미디어가 취재해준다고는 단정할 수 없는 것과 내용이나 소개방법에 따라 충분히 컨트롤할 수 없다는 것을 이해해 둘 필요가 있다.

위와 같이 프로모션에는 다양한 종류와 방법이 있다. 그것들 중 하나를 택일하여 프로모션을 실시하는 일은 그다지 없고, 통상적으로 몇 개의 수단을 조합하여 실시하는 경우가 많다. 이러한 프로모션의 수단을 조합하여 시너지효과를 노리는 것을 프로모션 믹스라고 한다. 다음 절에서는 상기의 프로모션의 종류 중에서도 프로모션의 기초라 말하는 광고에 대해서 상세히 알아보도록 하자.

(2) 광고란

광고는, AIDA 다시 말해서 Attention(주의), Interest(흥미), Desire(욕망), Action(행동)이라는 4개의 목표를 지닌다(Fisk, Grove & John, 2004). 광고에 의해 고객의 주의를 끌거나, 고객의 흥미를 불러일으키거나 거기에 더하여 서비스에 대한 욕망을 자극하여 이용하거나, 숙박해보거나 하는 등의 고객의 행동으로 이어지도록 하는 것이다.

그렇다면 실제로 고객이 광고를 보았을 때, 어떠한 평가를 하고, 감정적인 반응을 하여, 그 서비스를 이용하고 싶다고 생각하게 되는 것인가? 현, 김, 이(Hyun, Kim, Lee, 2011)가 레스토랑의 고객에 대한 평가와 그 광고로부터 생기는 감정적 반응, 고객이 인지한 가치와 다시 가게를 찾는 것의 관계에 대해서 검토하고 있다. 거기에서는 광고에 대한 평가로서, 6가지의 평가측면('적절한 정보', '브랜드강화', '자극', '공감', '친밀하기 쉬움', '혼란*')이 거론되고 있다. 그 결과, 광고의 평가측면 중, '적절한 정보', '브랜드강화', '자극', '공감', '친밀하기 쉬움'의 평가가 높은 것이 감정적 반응인 기쁨의 감정을 불러일으켜, 그것이 실리적인 가치나 흥미로움 등의 가치에 영향을 끼쳐, 다시 가게를 찾는 데에도 영향을 끼치는 것이 명백하게 드러났다. 다시 말해서 레스토랑의 광고에는, 제공하는 요리의 금액이나 요리에 대해서 적절한 설명이 있고, 먹어보고 싶다는 자극이나 공감을 떠올리게 하여, 친밀해지기 쉽도록 느끼게 만드는 것이 필요하며, 그 결과 즐거워 보이기에 레스토랑에 갈 만한 가치가 있다고 느끼고 다시금 레스토랑으로 향하게 되는 것이다.

서비스의 광고를 행하는 때의 주의해야 할 가이드라인으로서 6가지 항목이 있다(George & Berry, 1981). 그 항목이란 ① 유형의 실마리를 부여한다. ② 평판 소문 등을 이용한다. ③ 서비스를 이해하게 만든다. ④ 광고의 계속성을 확립한다. ⑤ 종업원을 향해서 광고한다. ⑥ 무엇이 가능할지 약속한다이다. ① 유형의 실마리를 부여한다란 무형인 서비스를 고객에 보이는 형태로 제시하는 것이다. 호텔의 객실의 사진을 광고에서 보여주는 등, 고객에 어떠한 객실인지 보임으로써 서비스의 실마리를 부여한다. ② 평판, 소문 등을 이용한다란 서비스가 지닌 불균질성으로부터 신용할 수 있는 개인으로부터 서비스 경험에 대한 코멘트를 기재받는 것으로 고객이 서비스에 신뢰감을 지녀주는 것이 가능하게 되는 것을 뜻한다. ③ 서비스를 이해하게 만든다는 말은 어떠한 서비스를 제공하고 있

★　광고의 평가측면은, Viewer Response Profile(VRP)에 의해 평가하는 것이 가능하다. Schlinger(1979)에 의해 개발된 척도이다.

는가를 일기 쉬운 형태로 설명하는 것을 말한다. ④ 광고의 계속성을 확립한다는 것은, 고객의 마음 속에 광고에 기재된 정보를 계속하여 남기는 것이다. 예를 들면 포스터나 미디어 등의 광고뿐만 아니라, 로고나 심벌 등 다양한 것을 사용하는 것으로 고객의 인상에 남도록 하는 것이다. ⑤ 종업원을 향해 광고하는 것이란 고객뿐만이 아니라 종업원에 대해서도, 광고를 통해서 자사기업을 이해할 수 있는 광고제작을 하는 것이다. 자사의 종업원을 광고에 등장시키는 것으로 기업이 종업원을 어떻게 취급하고 있는지를 종업원에 알려주는 것도 가능하다. ⑥ 무엇이 가능할지 약속한다란 가능하지 않은 약속을 하지 않는다는 것을 보여주는 것이다. 과대광고를 한 것으로 생기는 불충분한 서비스는 부정적인 평판을 불러온다.

위와 같은 가이드라인에 따라서 제공되는 광고이지만, 그 결과의 유지성 등에 대해서는, 장기간 유지된다(Yiannaka, Giannakas & Tran, 2002), 장기간 유지되는지 어떤지 의문이다(Wang Zhang & Ouyang 2009), 광고는 브랜드인지와 고객의 지식, 태도를 형성시킨다(Smith, 1993), 광고에 의해 일어나는 고객의 행동은 고객의 로열티의 행동보다도 약하다(Vakratsas & Ambler, 1999) 등, 다양한 검토결과가 나오고 있다.

서비스 마케팅에 있어서 광고와 같이 중요시되는 것이 가격이다. 그 이유는 가격은 고객에 서비스의 질을 추측할 수 있게 하는 하나의 중요한 실마리가 되기 때문이다. 이런 점에서 다음 절에서는 서비스의 가격에 대해서, 그 설정, 서비스의 수익관리, 서비스의 가치에 대해서 검토해보자.

| 3 | 서비스와 가격

(1) 서비스의 가격설정의 프로세스

럭셔리 호텔의 높은 가격은 저가격을 제시하고 있는 비즈니스 호텔보다도 고객에 고품질의 서비스를 연상시키는 것처럼 서비스의 가격은 고객에 그 서비스의 품질을 전하는 중요한 요소의 하나이다.

서비스의 가격설정은, 어떠한 가격목표를 걸고 있는지에 따라서 달라진다. 가격목표란 예를 들면 이익의 최대화(단기적 이익인가, 장기적 이익인가), 시장셰어의 획득, 수요의 증대, 로열고객의 획득 등을 시작으로 하는 다양한 종류의 다양한 목표가 떠오를 수 있다. 그것들 중 어떤 목표를 설정할지를 결정하여, 그 목표에 맞게 서비스의 가격을 설정한다.

서비스의 가격설정을 하는 방법으로서, 이하의 3가지가 거론된다(cf. 아사이, 2003; Fisk et al., 2005; cf. Looy, Dierdonck & Gemmel 2004).

① 비용에 기초한 방법

서비스를 제공하는 쪽의 비용에 기초한 가격설정으로, 서비스를 제공하는 모든 비용을 공급 가능한 최저가격으로 가격을 설정하는 방법을 말한다. 가격을 계산하여, 그 총액에 이익 마진을 더한 가격설정을 한다. 한계이익방식이라고도 불린다.

② 고객에 기초한 방법

고객이 수용할 수 있는 가격으로 고객이 지각하는 서비스의 가치를 반영하여 가격을 설정하는 방법을 말한다. 고객이 지각하는 서비스의 가치는 그 서비스로부터 일어지는 편익과 서비스 비용(실제로 지불하는 금액, 서비스를 받는 장소에 가기 위한 교통비, 시간이나 노력, 심리적 불안 등)과의 차로서 평가된다. 서비스로부터 얻어지는 편익이 크다고 고객 다수가 판단하는 경우에는 가격을 인상하는 것도 가능하다.

③ 경쟁에 기초한 방법

경쟁이란 면에서 가격을 정한다. 경쟁타사가 제공하는 가격을 기준으로 하여, 같은 가격을 설정하거나, 내지는 자사의 서비스의 특징을 고객에 어필하여 타사보다 높은 가격을 설정할지를 정한다.

이러한 가격설정 방법을 조합하여, 고객(customer), 가격(costs), 경쟁(competition)이라는 3C의 요소를 사용하여 가격을 설정하는 것이 권장된다.

(2) 서비스의 수익관리와 Yield Management

당신은 다음과 같은 경험을 한 적은 없는가?

① 직장에서 토요일에 영화관에서 본 최신 영화가 화제가 된 때에, 당신은 1,600엔을 내고 보았는데 수요일에 연차를 냈던 동료는 같은 영화를 1,000엔에 보았다.

② 오키나와 여행 시 나와 친구는 사전 할인 예약 항공권을 구매했으나, 갑자기 그 여행에 가기로 결정한 또 한 사람의 친구는 나보다도 높은 가격을 내고 같은 비행기로 여행을 떠났다.

이와 같이 같은 서비스를 받는데도 불구하고, 서비스의 가격이 다른 것은 어째서일까? 그것은 서비스가 지닌 특성인 '동시성'과

'소멸성'에 기인한다. 서비스는 서비스 제공자와 고객의 상호작용에 의해 성립하기에, 고객이 서비스를 받는 장소에까지 올 필요가 있다. 또한 서비스는 보관할 수 없기에, 당일 공석이 많이 발생했다 하더라도 영화관은 상영을 중지하거나, 항공기는 운행을 취소하거나 할 수는 없다.

또한 반대로, 영화관의 좌석수나 비행기의 좌석수 이상의 고객이 와준다 하더라도, 유감스럽게도 그 고객을 추가로 받을 수도 없다. 따라서 공석은 가능한 한 적게 만들도록 하여, 고객에 서비스 활동이 이뤄지는 곳으로 오게 하여 서비스를 받게 할 필요가 있다. 그렇기에 다양한 종류의 가격설정이 이루어져, 고객의 참가를 촉진하는 것이다.

이와 같이 영화관이나 항공회사, 호텔 등 서비스의 제공능력에 제약이 있는 비즈니스에 있어서는, 서비스가 지닌 특성으로부터, 고객이 없는데도 불구하고 서비스를 제공하는 일이 없도록 서비스의 수익관리를 실시할 필요가 있다. 그런 점에서 이번 절에서는 서비스의 수익관리의 방법으로서 Yield Management(Revenue Management라고도 불린다)에 대해서 생각해보도록 하자.

Yield Management는 고객의 세그먼트*와 예약기간, 예약 타이밍별 차별가격을 잘 조합시키는 것으로 서비스의 공급능력의 가동률과 평균판매가격의 양쪽을 확립해가며, 공급능력의 제공단위 당 수익을 최대화하도록 관리하는 수법이다(코미야지 2012). 이 매니지먼트는, 예를 들면 항공회사가 여행회사 여행객이나 조기구입고객을 위해서, 어느 정도 좌석을 비워두면 좋을지, 정규요금의 항공권을 구입해주는 비즈니스고객은 당일 어느 정도 이용해줄 것인지,

---

* 고객 세그먼트란 시장 속에서 공통의 니즈를 지니고, 제품의 인식의 방법, 가격 적용, 사용방법, 구매에 이르기까지의 프로세스, 다시 말해서 구매활동에 있어서 비슷하게 움직이는 고객층집단을 의미한다.

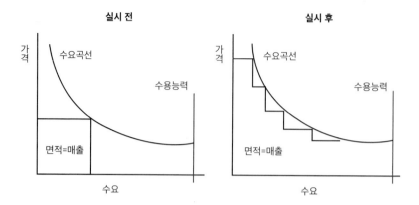

그림2-4 Yield Management 실시 전과 실시 후의 매출의 비교
(이마에다, 2010을 일부 수정하여 작성. p. 101)

등의 문제에 대응하기 위해 창출되었다. 즉, 이것은 항공권을 어떻게 해서든지 구입하고 싶다고 생각하는 고객에게는 정규요금을, 남은 것을 할인 요금으로 고객에게 판매하여 이익의 최대화를 꾀하려는 것이다(그림2-4).

그렇게 하기 위해, 고객 세그먼트별로 수요예측과 예약 타이밍별 차별가격에의 반응도에 대해서 수식 모델이 필요하게 되고, 기업은 그 모델을 조합한 시스템이나 소프트웨어를 이용하고 있다.

Yield Management는 호텔이나 항공회사(Cross, Higbie & Cross, 2009)뿐 아니라, 레스토랑(Thompson, 2009), 스파(Kimes & Singh, 2008), 테마파크(Heo & Lee, 2009) 등에서도 이뤄지고 있다.

(3) 서비스의 가치와 서비스 비용

고객에게 서비스로부터 얻어지는 편익이 서비스 비용, 다시 말해서 서비스를 받을 때에 소요되는 가격, 시간이나 수고 등을 상회할 때에, 그 서비스는 가치 있는 것으로 인식된다. 다시 말해서 고객이 그 서비스에 의해서 자신이 지니고 있는 니즈가 충족되고, 그것이 충족되는 것이 서비스 비용을 상회한다면, 그 서비스는 가치가 있다고 인식된다. 서비스는 동시성을 지니기에 사전에 고객은 그 서비스가 자신의 니즈를 충족시켜 줄지 판단하는 것은 어렵다. 예를 들면 당신이 분위기 좋은 레스토랑에서 식사를 하고 싶다는 니즈를 지니고 있을 경우, 홈페이지 등의 사진이나 코멘트를 보거나, 메뉴나 그 가격을 보거나하며 교통비를 써가면서까지 니즈를 만족시킬 만한지 판단한다. 가격은 품질평가의 중요한 지표가 되기에, 당신은 그 정도의 가격이 든다면 좋은 식재를 사용한 분위기 좋은 레스토랑이지 않을까 판단하여, 예약을 한다. 다시 말해서 당신은 가깝고도 싼 레스토랑보다도, 지하철로 2코스 떨어진 레스토랑 쪽이 지각가치가 높다고 판단하게 된다.

서비스 제공의 지각가치는 수요의 가격탄력성에 반영된다(Fisk et al., 2004). 수요의 가격탄력성이란 가격을 높이고 낮추는 변화율에 대해서 수요량이 어느 정도 변화하는가를 비율로 표시한 것이다. 따라서 가격을 높이는 것에 의해 수요량이 크게 변화하는 서비스는 가격탄력성이 높은 서비스이며, 가격을 높여도 수요량이 그 정도로 변화하지 않는 서비스는 가격탄력성이 낮은 서비스라 하겠다. 가격탄력성이 높은 서비스는 일반적으로 해외여행 등 고급품을 의미하며, 고객의 변화에 따라 수요가 변화한다. 그러나 전화 서비스 등 일상생활에서 필요한 서비스는 가격이 높더라도 사용하므로, 수요는 그 정도로 변화하지 않기에 가격탄력성이 낮은 서비스라 할 수 있다. 이와 같이 가격을 설정할 때에는 수요의 가격탄력성을 생각할 필요가 있다.

위와 같이 서비스 마케팅이란 서비스가 지닌 특성으로부터 물건과는 다른 특질적인 과제를 지니며, 고객이 받고 있는 서비스가 다양한 요소가 쌓인 결과인 것을 의식해가며, 효과적인 마케팅을 실시하는 것이 중요하다.

자기효력감과 직업의식

자기효력감[*]이란 과제에 필요한 행동을 스스로가 성공적으로 실행할 수 있다는 확신을 뜻한다(Bandura, 1977). 이 자기효력감은, 사람들의 노력의 정도, 환경의 선택, 장애물에 직면했을 때의 끈질김 등 다양한 행동에 영향을 끼친다(Bandura, 1995). 자기효력감이 높은 사람은, 직업에 대한 흥미, 직업에 대한 생각과 직업선택을 명확히 판정할 수 있기에(Betz & Hackett, 1981) 직업의식도 높고, 새로운 사업에 뛰어들거나, 불가능하다 싶은 장애물도 극복하려는 노력이나 도전에 뛰어들 수 있다고 평가된다(카메가와, 이노우에, 쇼지, 야마구치, 야마나카, 2005). 자기효력감에는 두 가지의 수준[**]이 있으나, 여기에서는 구체적인 과제나 장면에 의존하지 않고 보다 장기적으로, 일반화된 일상장면에서의 행동에 영향을 주는 자기효력감인 특성적 자기효력감을 사용하여 당신의 자기효력감의 높이를 측정해보자.

[*]   자기효력감에 영향을 끼치는 요인으로서, ①제어체험, ②대리체험, ③사회적 설득, ④생리적·감정적 상황이 거론된다(Bandura, 1995).

[**]   자기효력감의 또 하나의 레벨은, 문제나 장면에 있어서 특이적으로 행동에 영향을 끼치는 자기효력감을 뜻한다. 예를 들면 공포반응(Bandura, Adams & Beyer, 1977)이나 불안반응(Kendrick, Craig, Lawson & Davidson, 1982) 등, 임상장면에 대한 자기효력감의 영향 등을 시작으로 한 많은 연구가 있다.

특성적 자기효력감 척도(Generalized Self-efficacy inventory)

Sherer, Maddux, Mercandante, Prentice-Dunn, Jacobs & Rogers(1982)가 작성한 척도로서, 그것을 나리타, 나카자토, 카와이, 사토, 나가타(1995)가 작성한 것.

실시 순서
: 합계점을 계산한다. 역전 항목(●)은 회답숫자를 역산한 숫자(5점->1점, 4점->2점, 3점->3점, 2점->4점, 1점->5점)를 가산한다.

결과의 해석
: 득점이 높은 사람일수록 자기효력감이 높다고 말할 수 있다.

특질적 자기효력감 척도

아래의 문장을 읽고 자신에게 어느 정도 맞는지 ○표 하여 보자.

아니다 - 1 | 대체로 아니다 - 2 | 보통 - 3 | 대체로 그렇다 - 4 | 항상 그렇다 - 5

---

1. 자신이 세운 계획은 잘 되리라는 자신이 있다.　　　　　　　1-2-3-4-5

---

2. 하지 않으면 안 되는 일이 있어도 쉽게 손이 가지 않는다. ●　1-2-3-4-5

---

3. 처음엔 잘 되지 않는 일이라 하더라도 될 때까지 지속한다.　1-2-3-4-5

---

4. 새로운 친구를 사귀는 것이 어렵다. ●　　　　　　　　　　1-2-3-4-5

---

5. 중요한 목표를 정해도 성공한 적이 잘 없다. ●　　　　　　1-2-3-4-5

---

6. 무언가를 마무리 짓기 전에 포기해버린다. ●　　　　　　　1-2-3-4-5

---

7. 만나고 싶었던 사람을 찾으면
   상대가 오기 전에 먼저 다가간다.　　　　　　　　　　　　1-2-3-4-5

| 8. | 곤란을 겪는 것을 피한다. ● | 1-2-3-4-5 |

| 9. | 매우 까다롭게 보이는 일에는 손을 대고 싶지 않다. ● | 1-2-3-4-5 |

| 10. | 친구가 되고 싶은 사람이라도 친구가 되는 게 쉽지 않아 보이면 바로 그만둔다. ● | 1-2-3-4-5 |

| 11. | 재미없는 일을 할 때도 그 일이 끝날 때까지 최선을 다한다. | 1-2-3-4-5 |

| 12. | 일을 위한 마음에 여유가 없게 되었다고 느낄 때가 있다. ● | 1-2-3-4-5 |

| 13. | 새로운 것을 시작하려고 하다가도, 조그만 난관에도 쉽게 그만둬버린다. ● | 1-2-3-4-5 |

| 14. | 첫인상이 별로 친해지고 싶지 않던 사람이라도, 바로 포기하지 않고 친해지려 노력한다. | 1-2-3-4-5 |

| 15. | 생각지도 못한 문제가 일어나면 잘 처리하지 못한다. ● | 1-2-3-4-5 |

| 16. | 어려울 듯 싶으면 새로 배우려 하지 않는다. ● | 1-2-3-4-5 |

| 17. | 실패했을 때에도 있는 힘껏 해내려 한다. | 1-2-3-4-5 |

| 18. | 사람이 모여 있는 곳에서는 잘 행동하지 못한다. ● | 1-2-3-4-5 |

| 19. | 무언가를 하려고 할 때에, 본인에게 가능할지 불안해진다. ● | 1-2-3-4-5 |

| 20. | 다른 사람에게 사과하지 않는 편이다. | 1-2-3-4-5 |

| 21. | 주도적으로 친구관계를 넓혀가는 데에 능숙하다. | 1-2-3-4-5 |

| 22. | 쉽게 포기해버리는 편이다. ● | 1-2-3-4-5 |

| 23. | 인생에서 일어나는 문제의 많은 것들은 해결할 수 있는 것이라 생각되지 않는다. ● | 1-2-3-4-5 |

제 3 장

서비스 회복(service recovery), 권한위양(empowerment), 리더십(leadership)

만일 당신이 레스토랑에 갔을 때 주문한 요리와 다른 요리를 가져왔다면, 당신은 어떻게 할 것인가. 아마 다시 가져오라고 할 것이다. 그러나 다시금 주문했음에도 요리가 시간이 꽤 흘러도 나오지 않는다면 당신은 이윽고 클레임을 걸게 될 것이다. 이러한 경험을 겪었다고 한다면, 당신은 그 레스토랑에 다시 가고 싶다고 생각하겠는가?

레스토랑의 종업원은 당신의 클레임에 대해서, 어떤 대응을 하면 좋았을까. 예를 들면 종업원이 다른 요리를 가져온 점에 대해서 사과하고, 바로 주문한 요리를 가져와, 종업원의 판단으로 무료 음료 등을 제공하는 등의 응대를 했다면, 당신의 불쾌함은 조금은 누그러들었을 것이다. 이러한 종업원의 대응은, 종업원이 자신이 판단가능한 만큼의 지식과 능력을 지니고, 판단을 가능히게 하는 권한을 위양받지 않으면 안 된다.

또한 그것을 장려하는 직장의 매니저가 존재하거나 조직구조의 바람직한 형태가 필요할 것이다.

제3장에서는, 클레임에 대해서 어떠한 대응을 하여, 고객의 신뢰를 회복시킬지, 다시 말해서 서비스 회복하는 것이 가능할지를 분명히 한 후에, 종업원이 자신의 판단으로 신속히 서비스를 제공할 때에 중요한 역할을 하는 권한위양과 리더십에 대해서 알아보고자 한다.

| 1 | 서비스 회복(service recovery)

(1) 서비스 회복이란

기업에 있어서 고객으로부터의 클레임은 없는 쪽이 바람직하겠지만, 전혀 없는 것은 불가능에 가깝다. 이 클레임을, 곤란하니까 대응이 귀찮다고 생각하는 기업의 경영자가 있다고 한다면, 그 경영자는 경영자로써 실격이라 할 수 있다. 어째서냐면, 클레임은 기업에 있어서 개선의 여지를 시사해주는 '보물섬'이기 때문이다(기시가와, 2011). 클레임이란 그 원인을 분석하여, 대응책을 생각하여 개선하는 것으로 보다 나은 서비스를 제공하는 기회를 가져다주는 것이다.

실패한 서비스로 일단 고객을 잃은 경우, 기업은 그것으로 큰 손실을 입게 된다. 다시 말해서 잃어버린 고객의 분만큼 새로운 고객을 획득하지 않으면 안 되기에, 신규고객을 획득하는 데에는 기존 고객의 3~5배의 비용이 들게 된다(Fisk, Grove & John, 2004)는 점에 서, 기업이 입는 경제적 부담은 크다. 또한 기존고객이 로열티도 높은 고객이었다고 한다면, 계속적으로 서비스를 이용해주었을 뿐만 아니라 구매금액도 컸을 것이다. 이러한 이유에서도, 클레임 에 대한 대응을 신속한 동시에 성실히 하여, 일단 실패한 서비스 로 잃어버린 고객의 신용을 되찾는 서비스 회복을 행하는 것이 중 요하다.

서스킨드(Susskind, 2005)는, 레스토랑에서의 클레임과 회복에 대한 검토를 행하고 있다. 여기에서는, 쇼핑몰에 와 있는 고객 358명에 대하여 과거 6개월간에 일어난 레스토랑에 있어서의 클 레임의 종류, 클레임의 대응 방법, 서비스 회복의 유무를 조사했 다. 그 결과, 클레임의 종류로서 요리에 관한 것(요리가 맛없다. 요리에 머리카락이 들어가 있었다.)보다도, 서비스에 대한 것(서비스 제공자가 주문 을 잘못 받았다. 주문했는데 주방에 주문을 넣지 않았다. 칠칠맞다. 기분 나쁘다.) 의 클레임이 더 많았다. 또한 클레임의 대응 방법으로서, 바로 문제해결을 해주는 경우에는, 서비스 회복이 된 고객이 이해해주 는 사실도 명백히 알 수 있었다. 고객에 있어서 특히 결정적인 사 건(Critical incidents)*인 서비스의 실패로 클레임이 일어난 경우에는, 식사대금을 할인해주는 것보다도 담당자의 신속한 대응 쪽이 서비 스 회복으로서 중요한 것으로 확인되었다. 서비스의 실패가 있었 더라도 적절한 대응을 하는 것으로, 고객이 만족한 고객으로 바뀔 수 있기도 하다(Bitner Boom & Tetreault, 1990; Sundaram, Jurowski & Web-ster, 1997).

----

    *   결정적인 사건(critical incident)이란 고객에 있어서 중요한 순간을 말한다. 고객에 있어서 중요한 만큼, 고객의 지각이 높아지고, 대응의 여하에 따라서 기업의 평판 을 크게 떨어뜨리게 되는 순간·장면을 말한다.

서비스의 실패는 다양한 장면에서 일어날 수 있다. 따라서 서비스의 실패가 일어나지 않도록, 기업은 서비스의 콘셉트에 기초하여 어떤 서비스를 어떻게 제공할지에 대한 기본적인 서비스 프로세스가 중요하게 된다. 서비스 프로세스란 4개의 프로세스 '프로세스 설계', '프로세스 감시', '평가', '재설계'를 거친다. 다시 말해서 어떠한 흐름으로 서비스가 제공되는가라는 '프로세스 설계'를 실행하는 것으로부터 시작되어, 그 서비스가 잘 실행되어 있는지 '프로세스 감시'를 한다. 서비스는 종업원과 고객 사이의 상호작용으로 이뤄지는 것이기에 언제든 똑같은 서비스를 제공할 수 있다고는 할 수 없으나, 고객에 서비스의 품질을 보증하기 위한 프로세스의 감시를 하는 것이다. '평가'에서는, 서비스의 평가를 행한다. 서비스의 실패가 일어났다고 한다면, 어느 프로세스에서 일어났는지 탐색하여, 관리불능상태를 없애도록 힘쓸 필요가 있다. 거기에 더하여, 업무프로세스를 기초에서부터 재검토하여 서비스의 품질을 개선한 '재설계'를 실행하는 것이 필요하게 된다(cf. 기시가와, 2011 ; Looy, Gemmel & Dierdonck, 2003).

(2) 클레임 대응의 스텝

서비스 회복을 하기 위해서 구체적인 클레임 대응의 스텝은 어떻게 하면 좋을지를, 피스크 등(Fisk et al., 2004)이 젬케와 샤프(Zemke & Schaaf, 1989)의 클레임 대응의 효과적인 스텝으로서, 5단계의 순서를 소개하고 있다(그림3-1).

① 사죄
기업이 고객의 불만족에 눈치를 챘다면, 먼저 사죄를 한다. 기업

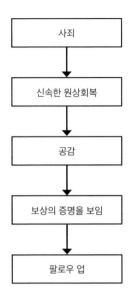

그림3-1 클레임 대응의 스텝

(Fisk et al., 2004에서 작성, pp. 228-230)

에 있어서 스스로의 실패를 인정하는 것은 중요하다.

② 신속한 원상회복

기대하고 있던 서비스가 얻어지지 않아, 불만스럽게 생각하고 있는 마음을 돌리게 하기 위한 노력과 행동을 신속하게 행한다. 신속한 대응은, 기업이 고객의 클레임을 진지하게 받아들이고 있는 자세를 보여준다.

③ 공감

고객을 향한 공감의 마음을 표현한다. 다시 말해서 기업은 화나 있는 고객의 요구에 대해서 스스로가 어느 정도 실패였는지 이해하고 있다는 것을 보여주는 것이다. 종업원이 고객의 입장에 서서 생각하여, 느끼는 것도 중요하다.

④ 보상의 증명

고객에 보상의 증명을 보인다. 구체적으로는 무료 디저트권, 호텔숙박의 업그레이드 등 고객이 받은 서비스의 실패를 개선하는 의미를 지닌 것이 좋다고 여겨진다.

⑤ 팔로우 업

고객의 호의가 원래대로 돌아올지 아닌지를 체크해보자. 이에, 보상의 증명을 보인 후, 구두로 문의하거나, 수 시간 후에 전화를 하거나, 수일 후에 편지나 이메일을 보내는 등의 방법으로, 고객의 마음을 진정시킬 수 있었는지 확인할 필요가 있다.

위와 같은 스텝을 밟는 것으로, 고객의 클레임에 대응하는 것이 가능하다. 이러한 스텝은, 종업원의 고객과의 커뮤니케이션을 통해서 이뤄지는 것이다. 따라서 이러한 스텝에 있어서 종업원의 커뮤니케이션을 취하는 방법이 중요해진다.

서비스 회복에 있어서의 커뮤니케이션을 취하는 방법의 중요성은, 스파크스와 칼란(Sparks & Callan, 1996), 스파크스와 브래들리(Sparks & Bradeley, 1997)가 호텔에서의 서비스 회복을 거론하여 검토하고 있다.

스파크스와 칼란(Sparks & Callan, 1996)은, 프로 배우 6명(남녀 3명씩)에게 호텔에서의 서비스 실패와 서비스 회복의 상황을 연기하도록 하여, 비디오촬영을 한 후, 그 비디오를 292명의 비즈니스맨에 보여주고 평가하도록 했다. 구체적으로는 서비스 회복 시에 종업원이 하는 설명으로서, 자신들의 책임을 표명하는 설명인 '이것은 저희들의 과실입니다'와, 책임은 자신들의 탓이 아니라 다른 데 있음을 표명하는 '이것은 저희들의 과실이 아닙니다'라는 설명과, 아무런 설명을 하지 않는 3종류의 방식을, 고객에게 구체적으로 보여주는 보상으로서는 3레벨(아무것도 주지 않음, 무료 음료권, 가격 20% 할인권)을 설정하였다. 또한 커뮤니케이션 스타일로서는 커뮤니케이션 수용 이론(Communication Accommodation Theory)*으로부터 수용적 태도(Accommodation Style)로 커뮤니케이션을 하는(고객의 이름을 부르며 말을 건다, 공감을 보인다, 친해지기 쉽게 말을 건다 등) 것과, 수용적 태도(Accommodation Style)를 쓰지 않는(고객의 이름을 부르지 않는다, 공감을 보이지 않는다, 전문용어를 사용하여 말을 한다. 등) 것의 2가지 커뮤니케이션 스타일을 설정하였다. 그런 뒤에, 수용적 태도(Accommodation Style)로 자신들의 책임을 인정하는 설명을 하고, 보상으로서 무료 드링크권을 제공하는 대응을 한 경우 등 각각 다른 조건으로 촬영한 비디오를 만들어, 상영을 하였다. 그 결과, 수용적 태도(Accommodation Style)의 커뮤니케이션으로, 자신들의 책임을 인정하는 설명과 가격 20% 할인쿠폰을 제시한 종업원은, 고객으로부터 서비스 회복을 위한 노력을 하고 있다는 평가를 받았다. 서비스 회복에 있어서는, 설명의 방법과 보상의 레벨에 더하여서 종업원이 공감을 표하는 등의 커뮤니케이션 스타일이 중요한 것이 분명해졌다. 또한 자신들의 책임을 인정하는 설명이, 그 호텔의 방침(policy)에 따라서 이뤄지고 있다고 고객에 평가받게 되어, 실패에 대해 기업 측이 자신들의 책임을 인정하는 것이 기업이 당연히 해야 할 처사라고 고

---

*   Communication Accommodation Theory(이하 CAT로 표기)란 가깝게 만들거나, 멀리 떨어뜨려 놓거나 하는 것이라고 정의된다(Giles & Ogay, 2007). CAT에서는, 타자(대화자)와의 커뮤니케이션을 조정하는 방법으로서, 자신의 이야기하는 방법을 상대에 맞춰 조정하는 '수속(收束)'과 자신과 타자와의 언어적, 비언어적 차이를 강조하는 '분기(分岐)', 및 보통의 자신의 스타일을 그대로 지닌 채 이야기하는 방식인 '유지(維持)'가 있다. 이야기하는 상대가 수속을 했을 때에는, 듣는 쪽도 답례로서 호의를 보이기 위해서 수속하기 쉽다(cf. 쿠리바야시, 2010).

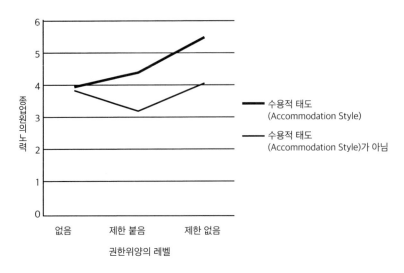

그림3-2 권한위양(Empowerment), 수용적 태도(Accommodation Style), 종업원 노력과의 관계
(Sparks & Bradley, 1997에서 작성, p. 25)

객이 이해하고 있음을 추측할 수 있다.

다음으로 스파크스와 브래들리(Sparks & Bradeley, 1997)는, 호텔에서 서비스 회복에 있어서의 종업원의 커뮤니케이션 스타일에 더하여, 권한위양(empowerment:상세한 점은 2.권한위양을 참조할 것)의 정도와 고객만족과의 관계를 검토하고 있다. 체크인이 늦어져 예약한 방과 다른 방타입의 방을 제공받게 되었거나, 선전에서 명기한 서비스가 포함되지 않았거나 하는 등의, 서비스가 실패했을 때의 서비스 회복을 검토하였다. 그 결과 수용적 태도(Accommodation Style)의 커뮤니케이션으로 제한을 정하지 않은 권한위양이 부여되어 있는 종업원이 가장 노력하고 있다고 고객에 인정되어(그림3-2) 고객의 만족도도 높은 것이 드러났다.

이와 같은 서비스 회복에는 종업원의 고객에 대한 대응 방법이 중요하고, 그것을 가능하게 해주기 위해서는 기업 전사적(全社的) 차원에서 지원을 아끼지 않는 것이 중요하다. 이를 위한 시스템 구축으로서, 기시카와(2011)은 3가지의 축 ① 클레임을 말하기 쉬운 환경 조성, ② 서비스 회복의 원활화, ③ 서비스 회복의 종합적 관리를 언급하고 있다.

① 클레임을 말하기 쉬운 환경정리란 불만을 떠올린 고객이 클레임을 말하기 쉬운 환경을 만드는 것이다. 불만을 떠올렸음에도 그 사정을 말하지 못하는 고객이 떠나는 것으로 의사를 표명하여, 그대로 다른 기업에 옮겨간다(Looy, et al., 2003). 그렇게 되지않도록, 고객이 클레임을 말하기 위해 지불하는 물리적, 심리적, 금전적 비용을 줄이는 것이다.

② 서비스 회복의 원활화란 클레임에 대해서 신속하게 대응하기 위해서 클레임을 사전에 예측해두는 것이나, 종업원을 향한 권한위양, 우선순위를 정하여 대응하는 것이다.

③ 서비스 회복의 종합적 관리란 서비스 회복의 결과를 이후의 대응에도 활용하기 위해서, 클레임 대응을 분석하여, 그 결과를 종업원이 공유하여, 서비스를 개선하는 것이다.

위와 같이 신속한 동시에 적절한 클레임 대응을 행하기 위해서는, 종업원의 커뮤니케이션 능력을 포함한 인재육성에 더하여서, 기업이 서비스 회복 시스템을 구축하는 것이 필요하다. 또한 신속한 클레임 대응을 위한 권한위양의 중요성이 드러난 점으로부터, 다음 절에서는 권한위양을 다루고자 한다.

| 2 | 권한위양(empowerment)

(1) 권한위양이 종업원에 끼치는 영향

권한위양이란 고객이 만족하기 위해서 필요한 것은 무엇이든 권한을 사원에게 부여하는 것 - 단, 기업의 정책과 절차상 가능한 범위 내의 것 - 이란 정의를 내릴 수 있다(cf 카네코, 2002). 예를 들면 레스토랑에서 결혼기념 축하연을 하려고 하는 커플에게 레스토랑으로부터 축하 케이크를 제공하는 등, 고객이 기대하지 않았던 것을 제공하거나, 주문한 메뉴가 늦어지는 고객의 클레임에 대해서 와인을 무료로 제공하는 등의 서비스를 상사의 허가 없이, 종업원이 자신이 판단하여 제공하는 것이 가능한 것 등을 예로 들 수 있다.

이러한 권한위양이 종업원에 있어서 필요한 것은, 제공하는 서비스가 '동시성'과 '불균질성'이라는 특성을 지니고 있기 때문이다. 서비스는 생산과 활동이 동시에 이뤄져 분리할 수 없으며, 다시 말해서 종업원과 고객이 동시에 서비스의 제공과정에 참가하기에, 양자의 행동이 상호 간에 영향을 준다. 그렇기에 표준화된 작업 절차로 모든 상호작용에 대응하는 것은 어려운 일이다. 따라서 종업원이 고객과의 상호작용 속에 임기응변과 동시에 신속히 대응해가기 위해서는 종업원 자신이 판단하여, 적절한 대응을 해갈 필요가 있고, 권한위양이 중요한 기능을 하게 된다.

권한위양에 관한 선행 연구에 따르면, 권한위양이 부여되고 있다고 인식하고 있는 종업원이, 보다 나은 서비스를 제공하는 것이 가능하여, 고객에 제공하는 서비스의 품질이 높고, 고객만족도 높다. 또한 서비스 회복도 적절히 실시하여, 일에 대한 만족도 높고,

연구자 \ 요인	좋은 서비스	서비스 품질	고객 만족	서비스 회복	직무 만족	책무	번아웃	대상 업계
브래들리, 스파크스 (2000)			○	○				호텔
가졸리, 핸서와 박 (2010)		○			○			레스 토랑
가졸리, 핸서와 박 (2012)					○	○		레스 토랑
굿데일, 쾨르너 (1997)		○						소매업
핸서, 조지 (2003)	○							레스 토랑
호컷, 스톤 (1998)				○				레스 토랑
린든, 웨인, 스패로 (2000)					○	○		호스피탈 리티업계
야길(2006)			○				○	헬스케어 센터 등

표3-1 권한위양의 효과

번아웃 증후군이 일어날 염려도 적어, 조직으로의 책무가 높아지는 것도 명백히 드러나고 있다(표3-1).

권한위양과 고객만족, 서비스 회복에 대해 브래들리와 스파크스(Bradley & Sparks, 2000)는 호텔에서 서비스가 실패했을 시의 권한위양의 정도로서, '제한 없는 권한위양', '제한이 붙은 권한위양', '권한위양이 없음'의 세 가지 경우에 따라서 고객만족이 어떻게 변화하는지 검토를 하였다. 그 결과, '제한 없는 권한위양'을 부여한 경우에 있어서 고객만족이 가장 높다는 결과가 나타났다. 호컷과 스톤(Hocutt & Stone, 1998)은 권한위양이 부여된 종업원이 서비스 회복을 할 시에 자주적으로 해결가능한 것이나, 서비스 회복할 때에 어떠한 대응을 할지에 대해서 훈련이나 교육을 받은 경우에는, 종업원의 일에 대한 만족도에 해당사항이 영향을 주는 것을 명백히 하고 있다. 권한위양이 부여되는 것으로, 종업원이 보다 좋은 서비스를 고객에 제공하는 것이 가능해지고, 그러한 좋은 서비스를 받은 고객이 만족하는 것을 시사하고 있다.

권한위양과 일에 대한 만족도에 관한 검토는, 가졸리, 핸서와 박(Gazzoli, Hancer & Park, 2010)의 연구에서 확인할 수 있다. 연구에서는 권한위양과 고객으로부터 본 서비스의 품질에, 일에 대한 만족이 어느 정도 영향을 끼치고 있는가를 검토하고 있다. 스테이크하우스 레스토랑의 종업원 474명과 1,289명의 고객에 설문지조사를 실시한 결과, 권한위양이 높은 것이 일에 대한 만족도에 영향을 끼치고 있었다. 이 결과는 선행 연구를 지지하는 결과였다(이이다, 오구치, 2013; Spreitzer, Kizilos & Nason, 1997). 또한 일에 대한 만족이 고객이 인지하는 서비스의 품질에 영향을 끼치는 것도 명백하였다. 권한위양이 높은 것으로, 자신의 일에 대한 능력에 자신을 가지는 것뿐만이 아니라, 일에 보람을 느끼기에 일에 대한 만족도도 높고, 따라서 고객의 니즈에 맞는 서비스를 제공하고 있는 것으로부터 고객의 인지하는 서비스의 품질이 높은 것을 추측할 수 있다.

더 나아가서, 가졸리, 핸서와 박(Gazzoli, Hancer & Park, 2012)은, 권한위양과 일의 만족도에 더하여, 고객의 니즈나 문제를 자기 일처럼 받아들이는 고객지향, 조직으로의 책무(commitment)*, 직무관여가 어떠한 관계를 지니고 있는지, 레스토랑의 종업원 308명을 대상으로 설문지조사를 행하고 있다(그림3-3).

결과적으로, 권한위양이 높은 것이 고객지향에 영향을 끼치고, 그것이 조직으로의 책무, 조직만족, 직무관여에 각각 영향을 끼친다는 것이 드러났다. 권한위양이 높은 것에 의해 고객의 니즈에

★ 책무(commitment)란 약속, 공약, 의무, 책임 내지는 관계, 참가, 정도 등 다양한 의미를 뜻한다. 그렇기에 커미트먼트(commitment)라는 영어단어 그대로 쓰이는 경우가 많다.

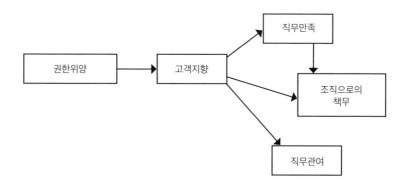

그림3-3 권한위양과 고객지향, 고객만족, 조직으로의 책무, 직무관여와의 관계

(Gazzoli et al., 2012에서 작성, p. 17)

답하는 것이 가능하기에 일에 대한 만족도가 높아지는 것은, 린든, 웨인, 스패로(Linden, Wayne & Sparrowe, 2000)도 밝히고 있다. 또한 권한위양은 종업원의 번아웃(자세한 내용은 5장 종업원만족을 참조할 것)을 완화시키는 완충제로서의 역할이 있는 것(Yagil, 2006)도 시사되고 있다.

(2) 사이콜로지컬 권한위양(psychological empowerment)

임파워먼트(empowerment)란 위에서 설명한 바와 같이, 권한위양과 거의 같은 동의어로서 쓰여지는 경우가 많다. 그러나 그런 한편, 콩거와 카눈고(Conger & Kanungo, 1988)에 의하면, 임파워먼트에는 사회학적인 관계개념으로서의 권한위양의 인식과 심리학적인 동기의 개념으로서의 인식, 2가지로 나누어진다고 지적되고 있다(cf. 와타나베, 기딘즈, 콘타, 2010). 다시 말해서 임파워먼트는 권한위양이라는 의미를 지니지만, 그것만의 의미라면 권한위양이라는 단어로

표현할 수 있다. 권한위양이란 단어를 사용할 시에는 동기, 다시 말해서 인간의 내발적인 힘의 증강을 의미하며, 자신이 과제를 달성할 수 있다는 자신이 높아지는 심리상태를 의미하는 것으로 인식해야 할 것이다. 더 나아가 토머스와 벨트하우스(Tomas & Velthouse, 1990)는, 권한위양을 내발적인 과업 동기로 인식하여, 과업을 달성하는 것에 동기를 부여하는 활동을 좌우하는 것이라는 위치 부여를 하고 있다(cf. 와타나베 등, 2010).

이 내발적인 동기(심리적 상태를 의미하는 것)를 사이콜로지컬 권한위양(psychological empowerment)이라 한다. 이 권한위양을 원천으로, 스프라이처(Spreitzer, 1995)는, 자신이 행하고 있는 일이 의미 있는 것이라고 느끼는 '유의미감(유의의감)', 종업원이 일을 수행할 수 있다는 자신이 높아지는 심리상태인 '유능감(competence)', 자신의 재량으로 일을 해나아가는 방법을 결정할 수 있는 '자기결정감', 자신의 발언이 직무환경에 영향을 끼친다는 확신인 '영향력(impect)' 이렇게 4가지를 거론하였다. 이러한 4가지의 감정이 높아지는 상태는 권한위양(empowerment)을 느끼는 상태이고, 동기(motivation)가 높아지는 상태이기도 하다. 다시 말해서 권한위양을 부여한 종업원은, 일을 하는 방법을 자신이 결정하는 것이 가능하고, 그 일을 성취할 자신도 있다. 또한 자신의 일은 의미 있는 것으로, 자신의 발언으로 일하는 방법도 바뀔 수 있다고 느끼게 된다.

다시 말해서 일에 대한 동기가 높아지는 상태이기에, 스스로 나서서 행동을 하여 의사결정을 행하게 되는 것이다. 이와 같은 사이콜로지컬 권한위양을 종업원 스스로 어느 정도 지각하고 있는지를 측정하는 척도를 스프라이처(Spreitzer, 1995)가 작성하고 있다(척도의 상세한 내용은 칼럼을 참조할 것). 최근의 연구에서는, 권한위양의 원천으로서, 위에 언급한 4가지에 더하여 일의 내용을 자주적으로 결정하는 것이 가능한 '전략적 자주성'이 언급되고 있다(Looy, Desmet,

Krols & Dierdonck, 1998).

사이콜로지컬 권한위양에 대한 검토는, 핸서와 조지(Hancer & George, 2003)가 행하고 있다. 여기에서는, 레스토랑에서의 종업원의 권한위양과 보다 나은 서비스의 제공과의 관계를 검토하여, 상사의 허가를 얻을 필요 없이 자신의 판단으로 대응할 수 있는 권한위양이 부여된 종업원이, 사이콜로지컬 권한위양 중 '유의미감', '유능감', '영향력'이 높다는 결과가 확인되고 있다. 권한위양이 부여된 종업원은, 자신이 관여하고 있는 일이 의미 있는 것이라는 인식이 있고, 숙련된 매너로 보다 나은 서비스를 고객에 제공하게 되는 것이다.

사이콜로지컬 권한위양과 서비스의 품질과의 관계에 대해서, 굿데일과 쾨르너(Goodale & Koerner, 1997)의 연구를 보도록 하자. 여기에서는, 사이콜로지컬 권한위양과 종업원이 인식하고 있는 서비스의 품질, 더 나아가 그 서비스의 품질이 보수나 조직문화와 어떠한 관계가 있는가를 검토하고 있다. 여기서는, 소매업 종업원의 사이콜로지컬 권한위양을 측정하여, 특히 '영향력'과 '유능감'이 높은 종업원이, 자신이 제공하는 서비스의 품질이 높다고 인식하고 있는 것을 명백히 알 수 있었다. 고객에 제공하는 서비스의 품질을 높이기 위해서는, 자신의 재량으로 서비스를 제공하는 방법을 정하는 것이 가능하고, 좋은 서비스를 제공할 수 있다는 자신이 중요할 것이다. 또한 금전적인 보수보다도, '칭찬해준다', '인정해준다'라는 본질적인 보수와 서비스의 품질을 높이도록 하는 조직문화가, 종업원에 인식되어 있는 서비스의 품질에 영향을 주는 것이 확인되고 있다. 금전적인 보수는 일에 대한 동기부여로 이어지기는 힘들고, 이 결과는 선행 연구(Herzberg, 2003)를 지지하는 결과이기도 했다. 또한 서비스의 품질을 높이려는 조직문화를 지닌 조직은, 제공하는 서비스의 품질이 높아지는 점도 시사하고 있다.

위와 같이 권한위양은 종업원만족이나 서비스의 품질향상 등이 영향을 끼치는 주요한 요인인 것이 명확해졌다. 그러나 이러한 권한위양이 실제로 종업원에 의해 이뤄지기 위해서는, 조직전체의 대처가 필요하다. 이런 점에서 다음으로는 조직으로서의 권한위양에 대해서 생각해보자.

(3) 조직으로서의 권한위양

고객에 대응을 할 때에, 그 고객의 정보를 바로 입수하여, 그 정보로부터 어떻게 대응을 할지를 정하거나, 새로운 서비스를 제안하거나 할 때에는, 그러한 것들이 조직 내에서 다뤄질 수 있는 환경이 아니라면, 권한위양을 행사하는 것은 어렵다. 그렇다면 권한위양을 행사하기 위해서 조직이 지니고 있어야 할 요건이란 무엇일까. 또한 권한위양을 행사할 수 있는 조직구조와, 조직의 구성원 간 공통의 양해와 태도라고 할 수 있는 조직문화도 중요하다. 조직문화의 중요성은, 전에 거론한 굿데일과 쾨르너(Goodale & Koerner, 1997)의 검토에서도 명확히 언급되고 있다. 그런 점에서, 여기에서는 권한위양을 행하기 위해 조직이 지녀야 할 요건, 조직구조, 조직문화에 대해서 명확히 하고자 한다.

권한위양을 실행하기 위해서 조직이 지녀야 할 요건에 대해서, 로이 등(Looy et al., 2003)이 권한의 위양에 더하여, 다음의 세 가지를 언급하고 있다. 그것들은 1)정보공유, 2)지식과 업무수행능력(competency)*의 개발, 3)보장제도의 재검토이다. 1)정보공유란 종업

---

* 업무수행능력(competency)이란 특정한 직무를 수행하고, 높은 수준의 업무를 달성할 수 있도록 개인의 내적인 능력 내지는 탁월한 업적을 낳은 원인과 관련되어 있는 개인의 근원적 특성이라 정의된다(후루카와, 2002). 높은 업적을 달성한 인재(high

원에 적절하고도 충분한 정보를 제공하는 것이다. 그 정보에는 ①
달성해야 할 기업의 목표와 가치기준을 명확히 표시한 서비스 콘
셉트에 대한 정보, ② 각자의 담당영역만이 아닌 서비스 제공 전체
의 프로세스의 정보, ③ 조직전체의 과거로부터 현재까지의 결과
와 장래적 목표의 정보, ④ 스스로의 목표설정에 관한 정보이다. 정
보 중에서도, 스스로의 목표설정에 관한 정보는 중요하며, 종업원
이 무엇을 기대하여, 무엇을 해야 할 것인가를 알기 위해서도 명확
한 목표설정을 행할 필요가 있다. 또한 일상의 업무 중에서는 종업
원이 컴퓨터 네트워크를 사용하여, 고객으로부터의 문의나 서비스
를 제공하기 위한 정보에 자유로이 접근하여, 습득할 수 있는 환경
을 만들 필요가 있다. 2)지식과 업무수행능력의 개발이란 종업원
에 필요한 지식과 폭넓은 업무수행능력를 몸에 지니게 하기 위한
연수의 기회를 제공하는 것이다. 종업원 스스로 새로운 서비스를
창조·제안하여, 실행하기 위해서는 폭넓은 지식이나 업무수행능
력를 획득할 필요가 있다. 이를 위해서는, 클레임에 대한 대처 방법
등의 기술적인 스킬 습득, 재고관리의 지식 습득이나 매니지먼트
의 연수 등, 폭넓은 지식이나 업무수행능력를 개발하는 기회를 종
업원에 제공할 필요가 있다. 3)보장제도의 재검토란 종래의 급여
체계의 재검토를 하는 것이다. 정해진 것만을 실행하는 종래형의
일하는 방식에서, 스스로 생각하여 실행하여 가도록 종업원의 역
할을 확대하는 것과 맞춰, 급여의 대부분을 성과에 직결시킨 업적
급(業績給)의 도입 등이 필요하다.

종업원이 권한위양을 발휘할 수 있는 조직구조로서는, 역피라미
드형 조직이라고 불리는 조직구조가 중요하다고 말하고 있다(그림
3-4).

performer)라 인정되는 행동, 태도, 사고의 패턴, 판단기준 등을 특성으로서 열거한
것을 뜻한다.

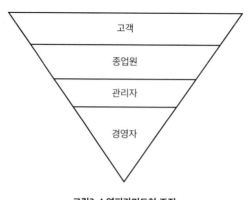

그림3-4 역피라미드형 조직

(기시가와, 2011에서 일부 수정하여 작성, p. 174)

이 조직구조에서는, 고객의 니즈가 조직전체를 움직이는 점에서, 고객이 조직구조의 최상부에 위치하고 있다. 그 고객에 가장 가까운 장소에 있는 것이 종업원으로, 고객의 니즈를 처음 확인하는 것이 가능한 인물이다. 권한위양이 부여되어 있는 종업원이라면, 고객의 니즈에 신속한 동시에 적절히 답하는 것이 가능하다.

조직문화란 ① 조직구성원과의 사이에서 공유되는 암묵적인 양해, 태도 내지는 고유의 개념, ② 조직 멤버에 의해 공유되고 있는 가치 규범, 신념의 집합체 등, 조직의 눈에 보이지 않는 측면을 의미한다(기시가와, 1999). 고객의 니즈에 맞춘 서비스를 제공하기 위한 조직의 구성원 전체 간의 양해나 태도는, 권한위양을 실시할 때에 중요하다.

권한을 주는(empower) 것은 단순히 종업원에 '권한'을 부여하거나, 직무를 '위임'하거나 하는 것이 아니다. 사람들의 잠재능력을 끄집어내어, 자유로이 해방시켜, 숭고한 목적이나 자기실현을 가능하도록 하는 환경을 창출하는 것이다(cf. 와타나베 등 2010). 이러한 종업원을 임파워하는 지원형의 조직에서는, 종래의 관리형의 그것과 다른 리더십이 중요하다. 제3절에서는, 기업에 있어서의 리더십의 바람직한 모습에 대해서 생각해보고자 한다.

|3| 리더십(leadership)

(1) 권한위양 리더십

기업에 있어서 리더십이란 경영상의 중요한 도구의 하나이다. 리더가 적절한 리더십 스타일을 사용하는 것으로, 종업원과의 원활한 관계의 구축, 조직풍토의 개선, 보다 나은 서비스의 제공을 촉진하는 것이 가능하기 때문이다. 리더로서 유능한 매니저는 종업원이 지니는 잠재능력을 끌어내어 해낼 수 있는 일을 인정하며 일을 향한 동기부여를 높이는 것이 가능하다. 지원형의 리더에 있어서, 리더십으로서 권한위양 리더십의 중요성이 지적되고 있다. 권한위양 리더십이란 종업원에 대해서 관심을 기울이며, 의사결정의 장소에 참가시키며, 필요한 정보를 부여하는 등의 코칭*을 하는 등, 종업원이 권한위양을 발휘할 수 있는 리더십을 가지는 것을 뜻한다.

롭과 로버트(Raub & Robert, 2012)는, 호텔의 프런트 스태프와 매

★   코칭(coaching)이란 인간의 가능성을 믿고, 각각의 개성을 존중해나가며 신뢰관계를 쌓아, 부하를 자율형인재로 키우기 위한 커뮤니케이션 스킬이다. 또한 코칭은, 페이스 투 페이스로 발휘되는, 리더십으로, 다양한 경력, 재능, 경험, 관심을 지닌 사람들을 모아, 한층 더 책임을 다하여 계속적인 업적을 높이도록 부하직원에게 용기를 북돋아 주거나 부하직원을 전면적으로 파트너이자 임무에 빠져서는 안 될 존재로 소중히 취급하는 것이라 정의된다(혼마, 마쓰세, 2007).

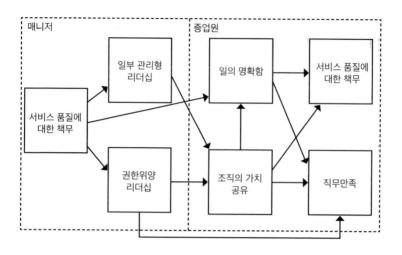

그림3-5 종업원의 반응에 있어서의 리더십의 영향

(Clark et al., 2009에서 일부 수정하여 작성, p. 223)

니저를 대상으로, 권한위양 리더십, 프런트 스태프의 사이콜로지컬 권한위양, 조직으로의 책무와의 관계를 검토하고 있다. 그 결과, 권한위양 리더십은 프런트 스태프의 사이콜로지컬 권한위양에 영향을 주어, 그것은 조직으로의 책무에 영향을 주는 것이 확인되었다. 권한위양을 발휘할 수 있게 하는 리더십의 자세를 지니는 것으로, 프런트 스태프는 자신감을 지니고 일을 수행할 수 있고, 자신의 의견을 현장에서 채택해 줄 것으로 믿을 수 있게 되어 이에 조직에 대한 책무가 높아지는 점이 시사되었다.

또한 클라크, 하틀라인, 존스(Clark, Hartline & Jones, 2009)는, 호텔의 매니저의 서비스 품질에 대한 책무와 2종류의 리더십 스타일(① 권한위양 리더십, ② 일부 관리형을 넣은 리더십)이, 종업원의 '일의 명확함', 고객중심주의라는 '조직의 가치공유', '서비스 품질에 대한 책무', '조직만족'에 끼치는 영향을 검토하고 있다. 그 결과, 매니저의 서비스 품질에 대한 책무가 높을 시, 권한위양 리더십에 영향을 주어, 그것이 종업원의 조직의 가치공유에 영향을 끼쳐, 조직만족 및 종업원의 서비스 품질에 대한 책무에 영향을 끼치는 것이 명백히 확인되었다(그림3-5).

매니저가 고객의 니즈에 맞춰 서비스를 제공하는 것이 중요하다고 생각하는 것이, 매니저의 리더십 스타일에 영향을 끼쳐, 이에 의해 종업원이 고객을 제일로 생각하는 조직의 가치관을 이해하여, 서비스 품질에 대한 책무도 높아지고 직무만족도 높아지게 되는 것이다.

또한 일부 관리형을 도입한 리더십 스타일도 같은 경과를 보였던 것으로부터, 종업원에 따라 때때로 지시와 명령 등을 행하는 관리형 리더십이 유효한 것도 보여지고 있다. 또한 제약회사의 경영담당자를 대상으로 한 연구에서는 경험이나 지식이 낮은 자는 권한위양을 촉진하는 리더십 스타일의 매니저의 지도를 받은 것으로 자기효력감이나 적응력이 높아지는 결과가 명확히 나타나고 있다 (Ahearne, Marthieu & Rapp, 2005). 이 결과는, 업종이나 종업원의 경험에 따라, 리더십 스타일을 고려할 필요가 있는 점을 시사하고 있다.

(2) 상황대응형 리더십II 모델

개인의 성장 정도에 따라, 매니저가 리더십 스타일을 바꿔가야 하는 모델로서, 현상대응형 리더십II 모델이 언급되고 있다 (Blanchard, 2007)(그림3-6).

거기에서는, 개인의 발달레벨을, '열심인 초보자(D1)', '환멸을 느낀 학습자(D2)', '유능하지만 자신이 결여된 실천자(D3)', '자립한 달성자(D4)' 4단계로 나뉘어진다. '열심인 초보자(D1)'는, 스킬도 지식

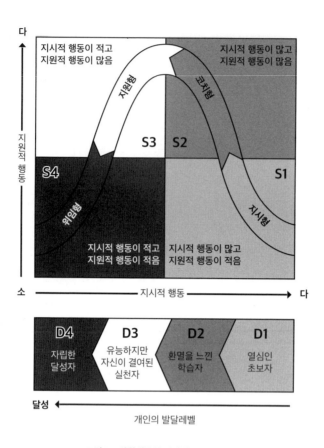

그림3-6 상황대응형 리더십II(SLII) 모델

(Blanchard, 2007에서 기재, p. 124)

도 아직 없으나, 열심인 학습의욕이 있는 자를 뜻한다. '환멸을 느낀 학습자(D2)'는, 스킬이나 지식이 늘어가고 있으나, 성장이 정체상태로 생각대로 진행되지 않아 짜증스러움을 지니고 있는 자를 뜻한다. '유능하지만 자신이 결여된 실천자(D3)'는, 매일매일 하는 일의 내용도 숙지하고 고객과의 대응도 가능하나, 아직 자신감을 지니지 않은 자를 뜻한다. '자립한 달성자(D4)'는 자신의 스킬도 지식도 충분히 지니고 있기에, 직장에서의 모범이 되며 자신의 일에도 자신을 지니고 있는 자를 뜻한다.

이러한 4가지의 달성레벨에 맞춘 리더십 스타일로서, 4가지 형태가 언급될 수 있다. ① '지시형(S1)은, 지시적 행동이 많고 지원적 행동이 적은 형태이다. ② '코치형(S2)'은 지시적 행동이 많고 지원적 행동도 많은 형태이다. ③ '지원형(S3)'은 지시적 행동이 적고, 지원적 행동이 많은 형태이다. ④ '위임형(S4)'은 지시적 행동이 적고, 지원적 행동도 적은 형태이다.

예를 들면 당신이 신입사원으로 여행회사에 입사했다고 하자, 당신은 학생 시절에 여행회사에 인턴십을 경험한 적이 있었기에 여행회사의 일에 대해 알고는 있었지만 그 지식이나 경험만으로는 실제 일을 하는 데는 불충분하다. 또 당신은 원래 지리에 흥미가 많아서, 학생 시절에는 시간이 있으면 다양한 지역을 조사해보고 여행을 떠나거나 했고, 그를 위해서 국가자격인 여행관리자 주임 자격시험에도 도전하여 자격도 취득하고 있다. 그리고 염원이 이루어져 여행회사에 취직하였고, 수학여행도 담당하고 싶었기에 희망과 자신감이 넘치고 있다. 이러한 당신은 '열심인 초심자(D1)'의 발달레벨이기에, '지시형(S1)'의 리더십 스타일이 필요하다. 다시 말해서 리더는 영업의 프로세스를 가르치는 것과 더불어, 함께 영업활동을 나서, 고교나 중학교 선생님에 대한 수학여행의 영업방법을 실연해 보인다. 신입사원으로서의 영업활동을 자세히 지시하여, 계획을 짜도록 가르치는 등의 지도가 필요하게 되는 것이다. 한편, 당신의 대선배인 오노데라 씨는, 영업과에도 톱세일즈맨으로 언제나 모두의 모델이 되는 분이다. 고객으로부터의 지명도 많고, 자신의 일에 자신감을 지니고 있다. 후배도 잘 돌봐주고, 후배에 잘 어드바이스도 해 준다. 이러한 오노데라 씨에게는, '위임형(S4)'의 리더십 스타일이 들어맞는다. 다시 말해 오노데라 씨에게는, 매일의 의사결정이나 문제해결을 맡기는 등의 권한위임을 줌과 동시에, 오노데라 씨의 자질을 인정하고 신뢰하여, 오노데라 씨가 영업활동을 하는 데 있어서 필요한 정보 등을 부여해 한층 더한 영업 스킬을 닦도록 격려하는 것과 같은 대응이 필요하다. 다시 말해 권한위양 리더십이 필요할 것이다. 이렇게 매니저는 개인의 발달레벨에 맞는 리더십의 스타일을 갖추는 것이 중요하다.

　제3장에서는 서비스 회복을 하기 위한 대응이나 그를 위해 필요한 권한위양에 대해서 확인함과 동시에, 또한 권한위양을 기능하게 하기 위해서는 조직과 리더십의 바람직한 모습을 확립하는 것이 중요한 것을 명확히 알 수 있었다. 권한위양의 중요성에 대해서 금후로도 더 깊은 검토가 필요할 것이다.

일은 당신에게 의미가 있는가?

　만약 당신이 자신의 일을 의미 있는 것이라고 생각하고 자신의 일에 자신감을 가지고 직장에서 자신의 의견이 채택되고, 스스로 자신의 업무 방식을 결정할 수 있다고 하면, 당신은 심리적으로 동기(motivation)가 높은 상태, 즉 사이콜로지컬 권한위양(내발적인 동기)이 높은 상태라고 할 수 있다. 당신의 일에 대한 심리적 동기를 측정해보자.

사이콜로지컬 권한위양 척도(Psychological empowerment inventory)

스프라이처(Spreitzer, 1995)가 만든 척도에 기초하여 히라노(1999) 다카사카, 와타나베(2005)가 작성한 일본어판으로부터 다나카(2007)가 고른 15 항목으로 구성된 척도이며, 사이콜로지컬 권한위양을 4가지 하위 차원에서 해석하고 있다. 또한 요소의 명칭은 스프라이처(Spreitzer, 1995)의 요소의 명칭을 기재했다. ( ) 안은 스프라이처와는 다른 다나카(2007)에 의한 요소의 명칭이다.

① 유의미감(유의의감) : 일에 대한 개인적인 관계와 목적에 대한 인식의 정도를 나타낸다.(문항 1 ~ 4)
② 유능감 : 자신의 일을 수행하기 위한 기술과 능력이 있다고 자신이 믿고 있는 정도를 나타낸다.(문항 5 ~ 8)
③ 자기결정감 : 어느 정도 자기 자신의 일을 해나갈 자유가 있는지에 대한 감각을 나타낸다.(문항 9 ~ 12)
④ 영향력 : 종업원이 소속된 시스템에 영향을 끼치는 것이 가능하다는 신념의 정도를 나타낸다.(문항 13 ~ 15)

실시 절차

: 4개의 차원별 합계점을 산출한다.

결과의 해석

: 득점이 높은 사람일수록 심리적 동기가 높고 사이콜로지컬 권한위양(내발적인 동기)을 인식하고 있는 상태라고 할 수 있다.

<사이콜로지컬 권한위양 척도>

밑의 문장을 읽고, 자신이 어디에 해당하는지, 해당하는 숫자에 ○표 하여 보자.

아니다 – 1 | 대체로 아니다 – 2 | 보통 – 3 | 대체로 그렇다 – 4 | 항상 그렇다 – 5

1.	자신이 지금 하고 있는 일에 가치를 인정하고 있다.	1-2-3-4-5
2.	지금의 일에 의의를 인정하고 있다.	1-2-3-4-5
3.	지금의 일에 프라이드를 가지고 있다.	1-2-3-4-5
4.	지금의 일은 자신에게 보람이 있다.	1-2-3-4-5
5.	자신이 직장이나 조직을 지탱하고 있다고 실감하고 있다.	1-2-3-4-5
6.	이것만은 누구에게도 뒤지지 않는다고 생각하는 업무 영역을 가지고 있다.	1-2-3-4-5

7.	자신의 의견이 직장이나 조직 운영에 반영되고 있다.	1-2-3-4-5
8.	자신의 일에 필요한 기술과 지식을 마스터하고 있다.	1-2-3-4-5
9.	직장의 의사결정에 자신의 의견이 존중되고 있다.	1-2-3-4-5
10.	일의 중요성과 일의 우선순위는 자신의 판단으로 결정할 수 있다.	1-2-3-4-5
11.	하고 싶은 일은 스스로 제안하여 자발적으로 몰두하고 있다.	1-2-3-4-5
12.	자신의 일에 구체적으로 어떻게 종사해야 하는지 자신이 결정할 수 있다.	1-2-3-4-5
13.	일을 통해 자신의 행동이 주변에 미치는 영향은 적지 않다.	1-2-3-4-5
14.	자신이 담당하고 있는 업무는 회사에 적지 않은 영향를 끼치고 있다.	1-2-3-4-5
15.	내 업무가 직장이나 회사에 어떠한 긍정적인 영향을 주고 있다고 실감할 수 있다.	1-2-3-4-5

제 4 장

고객만족

　당신이 A호텔에 숙박하고 있을 때에 방에서 관내시설의 안내서에 '고객앙케트'가 끼여 있음을 눈치챘다. 호텔 측은 어째서 당신이 이 호텔을 선택하였으며, 무엇에 만족인지 무엇에 불만을 느꼈는지를 듣고 싶은 것으로, 기업은 당신을 포함한 고객들에게 제공하는 서비스의 품질을 개선하고, 고객만족을 향상시켜, 다시 A호텔을 이용해주었으면 하고 생각하고 있다. 그렇다면 여기에서 말하는 고객들에게 제공하는 서비스의 품질이란 무엇인가, 그 서비스의 품질은 어떻게 고객만족에 영향을 끼치고, 고객의 재방문을 촉진시키는가, 그것들에 대해서 연구는 어느 정도 진행되어 있는가, 또한 애당초 당신은 어째서 그 호텔에 숙박하려 한 것인가.

　이상과 같은 의문에 답하기 위해서, 제4장에서는, 고객이 그 서비스를 선택하는 행동에 대해서 명확히 알아본 후에, 고객이 인지하는 서비스의 품질과 고객만족, 재방문, 고객로열티와의 관계에 대해서 선행 연구로부터 확실히 규정짓고자 한다.

| 1 | 고객의 선택행동과 심리

많은 호텔 중에서 당신은 어느 과정을 거쳐서 A호텔로 결정하게 된 선택행동을 한 것인가, 소비자행동의 의사결정모델을 사용해 생각해보자.

먼저, 소비자의 의사결정모델 중에서도, 엥겔, 백웰, 미니아드 (Engel, Backwell & Miniard, 1995)의 의사결정모델을 언급하고자 한다.

이 모델은, 소비자의 의사결정과정으로서 7개의 과정을 언급하고 있다. 이것들은 ① 욕구인식, ② 정보탐색, ③ 구매 전 대안평가, ④ 구매, ⑤ 소비, ⑥ 구매 후 대안평가, ⑦ 처분이다. 또한 모델은, 광고 등의 마케팅활동인 외부자극과 그러한 정보를 처리하는 기억과정으로 구성되어져 있다(그림4-1).

소비자의 의사결정의 7개의 과정에 영향을 끼치는 요인으로서 개인차와 환경의 영향이 거론될 수 있다. 먼저 개인차로서는 ① 소비자의 자원(의사결정에 소비하는 것이 가능한 시간이나 비용, 정보처리능력 등), ② 동기부여와 관여, ③ 지식, ④ 태도, ⑤ 퍼스낼리티, 가치와 라이프스타일이 거론된다. 환경의 영향으로는 ① 문화, ② 사회계층, ③ 대인적 영향, ④ 가족, ⑤ 상황이 거론된다. 예를 들면 A호텔을 선택할 때, 당신이 바빠서 시간이 없는 때에는 그 호텔에 관한 정보를 수집하는 것도 할 수 없을 것이고, 느긋하게 쉬고 싶다고 생각하고 있는 당신에게 패밀리 스타일의 호텔은 머물고 싶지 않게 여겨지는 것처럼 개인차나 당신이 놓여 있는 환경은 의사결정에 영향을 끼친다.

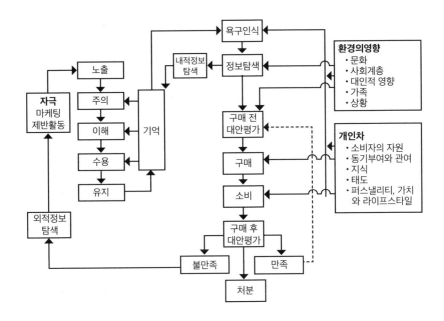

그림4-1 소비자의 의사결정과정의 개념모델

(스기모토, 2009에서 기재, p. 37)

의사결정과정의 ① 욕구인식이란 자신의 욕구를 인식하는 것이다. 여름휴가 때 3박 4일로 오키나와 여행을 떠나기로 결정했다면, 먼저 숙박시설을 선택할 필요가 있다. 특히 여름휴가는 어느 호텔이든 붐비기에, 빨리 결정해두지 않으면 안 된다. 불안한 상태로부터 바람직한 상태로 만들기 위해서는, 호텔을 결정하는 것으로, 그 불안을 해소하고 싶다는 욕구를 인식하는 과정이다. ② 정보탐색이란 소비자가 자신의 장기기억*에 저장되어 있는 지식을 탐색하

---

* 　　장기기억이란 정보를 영속적으로 저장하기 위해 무제한의 용량을 지니며, 의미적 정보나 시각정보가 저장된다. 의미적 정보란 말이나 일어난 일, 대상, 심벌에 추가된 언어적 의미의 집단을 뜻하며, 장기기억에는 그 의미적 정보, 개인적 경험의 정보, 감각에 관한 정보(시각, 후각, 촉각), 감정이나 정서적 콘텐츠에 관한 정보가 저장되어 있다(cf. 타나하시, 2009).

거나(내적정보탐색), 광고나 여행대리점의 팸플릿으로부터의 정보 내지는 지인이나 가족 등으로부터 정보를 탐색하는 것(외적정보탐색)을 뜻한다. 당신이 이전에 잡지에서 보고 한 번쯤 갔으면 좋겠다고 생각하고 기억하고 있는 호텔이 있다고 한다면, 그 정보(내적정보탐색) 내지 지인이 머물렀던 호텔에 대해서 정보(외적정보탐색)를 모으고 있는 것이다. ③ 구매 전 대안평가란 소비자가 정보로부터 얻은 몇 개의 선택지에 대해서 평가를 하는 것이다. 이전에 잡지에서 본 호텔의 가격이나 서비스의 내용과 지인으로부터 들었던 호텔에 대한 정보를 비교하여 어느 쪽을 선택할지 평가하는 것이다. ④ 구매란 구매 전의 대안평가에 기초하여 그것을 언제, 어디에서, 어느 정도의 가격으로 구매할지를 결정하는 것이다. 당신이 이전에 잡지에서 본 A호텔 쪽이 지인으로부터 들은 호텔보다도 가격이 알맞았기에 그 호텔에 예약을 넣기로 한 것이 여기에 해당된다. ⑤ 소비란 구입한 상품을 쓰는 것이다. 선택한 A호텔에 실제로 숙박을 하는 것이다. ⑥ 구매 후 대안평가란 소비자가 구입한 상품을 사용한 결과, 그 평가를 하는 것이다. 구입 후의 평가가 선택하기 이전의 수준을 상회하는 경우는 만족하게 된다. A호텔에 숙박한 당신은, 기대 이상의 서비스를 받아 감격하여, 이에 코멘트를 남기거나 하는 행동을 할지 모른다. ⑦ 처분이란 구매된 상품이 보관되지 않는 경우, 파기하거나 경우에 따라서 재구입하는 결정을 하는 것이다. 숙박한 A호텔에 만족하지 않은 경우에는 다시 그 호텔에 머무르려 하지 않거나(파기), 만족한 경우는 다시 그 호텔에 머무르려 결정(재구입)할지 모른다.

위와 같은 과정을 거쳐서 당신은 A호텔에 숙박을 결정한 것이다. 그러나 당신이 가족이나 지인 등 집단으로 여행을 가는 경우에는, 그 집단의 멤버와 상의하여 의사결정을 한다. 이와 같이 집단으로 여행에 가는 경우에 의사결정의 과정에 있어서 서로 상담을 하

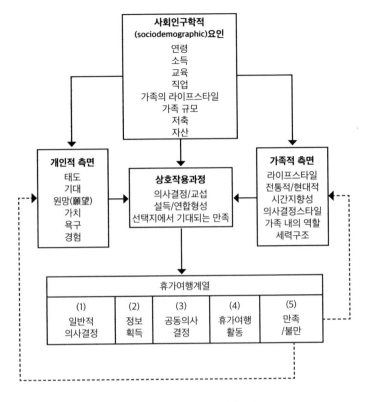

그림4-2 휴가여행계열과 그 영향요인

(아키야마, 2006에서 기재, p. 64)

는 등의 과정에 반 라지, 프랑켄(van Raaji, Francken, 1984)이 '휴가여행계열'이라 이름붙인 5단계 모델이 이를 보여주고 있고, 사사키(2000), 아키야마(2006)가 소개하고 있다(그림4-2).

여기에서는 집단으로 가는 경우에 각각의 멤버끼리의 상담, 교섭이나 설득 등의 상호작용과정을 거론하고 있으며, 그 과정이 휴가여행계열에 영향을 끼치는 것이 나타나고 있다. 또한 상호작용과정에는, 연령, 소득 등 사회인구학적(sociodemographic)요인, 태도나 기대, 경험 등의 개인적 요인, 라이프스타일이나 가정 내의 역할 등의 가족적 측면이 영향을 끼치는 것도 나타나고 있다.

휴가여행계열에는 ① 일반적 의사결정, ② 정보획득, ③ 공동의 사결정, ④ 휴가여행활동, ⑤ 만족/불만의 5단계를 거친다고 나와 있다. ① 일반적 의사결정은 여행을 갈지 말지 결정하는 단계, ② 정보획득은 여행에 관한 정보를 탐색하며 모으는 단계, ③ 공동의 사결정은 멤버 간에 얻은 정보들 중 하나를 선택하는 단계, ④ 휴가여행활동은 실제로 휴가여행에 간 때의 활동의 단계, ⑤ 만족/불만은 휴가여행을 간 후에 여행의 내용 등을 평가하는 단계이다.

이와 같은 단계를 거쳐, 고객은 호텔이나 투어상품을 선택하나, 여행상품 등은 그것을 소비하기(여행활동을 행하는)까지 수일에서 수주간 시일이 남아있는 경우가 많다. 그 사이에 다른 좋아보이는 호텔의 광고를 발견하거나, 자신이 구입한 투어보다도 싼 가격의 투어를 발견하여 자신의 선택이 잘못되지 않았는지 불안해지는 경우도 종종 있다. 이것은 호스피탈리티산업이 지니는 특성인 '무형성', 다시 말해서 고객이 사전에 그 상품을 손에 넣어보는 것이 불가능한 점에서 기인하는 상황이다.

전술한 것과 같이 당신은 A호텔이 좋아보인다고 생각하여 예약했지만, 나중에 보다 더 좋아보이는 B호텔을 알게 되었다. A호텔을 예약한 행동과, B호텔 쪽이 좋아보인다고 생각하는 인지와의 사이에는 정합성이 없다. 어떻게 할지 불안해지거나 이제와서 A호텔의 예약을 취소할 수 없는 등의 심리적 긴장이 높아진다. 이와 같은 심리를 인지적 불협화라 부른다.

페스팅거(Festinger, 1957)는 이 심리상태를 인지적 불협화 이론으로 설명하고 있다. 이 인지적 불협화가 일어나면, 행동을 바꾸거나 인지를 바꾸거나 하여, 그 불협화를 저감시키려 한다. 예를 들면 예약을 취소하는 행동을 취하거나, 그것이 불가능한 경우에는 당신은 A호텔이 B호텔보다도 금액이 싸다는 장점을 찾으려 한다거나, B호텔이 역에서 멀리 있는 것을 단점으로 들거나 하는 것으로 자신이 선택한 호텔이 옳은 것이었다는 양 인지를 바꾸려 하는 것으로, 인지적 불협화를 저감시키려 하는 것이다. 사람은 구입한 상품을, 구입하지 않은 상품보다 높게 평가한다.

이 절에서는 고객의 선택행동에 대해서 개념모델을 사용하여 생각해보았다. 개념모델은 구조적으로 사람의 행동을 이해하여, 관계하는 변수나 환경의 변화가 시각적으로도 이해하기 쉬운 점이 이점이다. 그러나 모델은 어느 쪽도 완성된 모델이 아니라 가설적 모델로서, 다양한 상황에 있어서의 고객의 행동이 설명가능한 것은 아니다. 이와 같은 문제점에 입각하여 고객의 행동을 전체적으로 이해하여, 연구가설의 발견이나 창조에 개념모델을 적절하게 이용하는 것이 권장된다(cf. 스기모토, 2009).

위와 같이 고객은 서비스를 선택하여, 서비스의 제공을 받으나, 그 과정에서 어떠한 서비스의 품질을 인지하는 것으로 만족스럽게 평가하는 것일까, 제2장에서는 고객이 인지하는 서비스의 품질과 고객만족과의 관계에 대해서 생각해보고자 한다.

| 2 | 서비스의 품질과 고객만족

(1) 서비스의 품질과 그 평가

파라수라만, 자이다믈, 베리(Parasuraman, Zeithaml, Berry, 1985)는 서비스의 품질이 고객의 기대와 실현한 서비스와의 차이(Gap)에 의해 규정된다고 정의하고 있다. 고객이 기대한 서비스보다도 실제로 경험한 서비스가 좋았던 경우, 그 갭은 커진다. 이는 기대하던 이상의 서비스였다고 고객이 인식한 것이기도 하며, 고객이 높은 만족을 얻은 것이기도 하다.

당신이 머문 호텔에서 '고객앙케트'를 실시하고 있는 것은, 당신이 대체 어느 서비스에 대해서 갭이 크다고 생각하는지 알고 싶기 때문이다. 호텔이 '고객앙케트'로, 당신이 경험한 진실의 순간* 전부를 추측한다면, 호텔은 제공하는 서비스의 모든 평가를 받는 것도 가능하다. 그러나 당신이 본 광고, 호텔의 프런트의 대응, 벨보이의 안내, 객실의 어메니티, 레스토랑의 예약 시의 전화대응 등, 당신이 경험한 수많은 진실의 순간이 있고, 그것들 전부를 청취한다면 질문의 숫자가 방대해져 많은 조사비용이 소요될 것이다. 이러한 단점을 피하기 위해서, 보다 포괄적이며 보편적인 앙케트(척도모델)가 필요하다. 이와 같은 서비스의 품질을 측정하는 이상적인 척도모델은 현재로서는 존재하지 않는다고 생각되고 있지만

---

* 　진실의 순간(moment of truth)이란 고객이 종업원이 제공하는 서비스를 접한 순간을 의미한다. 1980년에 스칸디나비아 항공의 사장이었던 얀 칼슨이 고객중심의 항공회사를 만들어 적자를 안고 있던 스칸디나비아 항공을 흑자 전환하는 것에 성공했다. 칼슨은, 고객이 종업원이 제공하는 서비스에 만난 순간을 '진실의 순간'이라 명명하여, 그 순간에 스칸디나비아 항공이 가장 좋은 선택이었음을 고객에 납득시킬 필요가 있다고 설명하며 일련의 조직개혁을 단행했다(cf. Carlzon, 1985).

(Looy, Gemmel & Dierdonck, 2003), 그중에서도 대표적인 서비스의 품질을 측정하는 척도모델로서는, 앞에 언급한 파라수라만(Parasuraman, 1985) 등이 작성한 SERVQUAL(Service quality를 단축)모델이 거론된다.

서브퀄(SERVQUAL)모델에는, 같은 평가항목에서 서비스에 대한 고객의 기대와 서비스를 경험한 뒤의 실적을 찾는 질문항목을 각각 작성하여, 그 차이를 가지고 실적이 기대를 상회한다면, 그 품질기준에 대해서 높게 평가한다.

파라수라만, 자이다믈, 베리(Parasuraman, Zeithaml, Berry, 1988)는 서비스 품질의 평가를 5가지의 차원으로 측정하고 있다. 그것들은 ① 유형성(tangibles), ② 확실성(assurance), ③ 신뢰성(reliability), ④ 공감성(empathy), ⑤ 반응성(reponsiveness)이다.

① 유형성이란 건물의 외관이나 객실의 내장, 종업원의 몸가짐 등 눈에 보이는 것을 지칭한다. 고객은 자신이 앞으로 숙박하려 하는 호텔이 고급스러운 외관인지, 객실은 기분 좋은지, 종업원은 청결한 몸가짐을 지니고 있는지 등의 시각에 의한 정보로부터 그 호텔을 평가한다. ② 확실성이란 고객에 제공하는 서비스의 품질이 확실한 것인지를 확신시키는 기업이나 종업원의 능력에 관해서 평가한다. 예를 들면 고객이 레스토랑의 종업원에게 오늘의 추천요리가 무엇인지 물었을 때에, 막힘없이 대답한다면, 고객입장에서는 앞으로도 구입하려 하는 서비스가 확실한 것으로 추측할 수 있다. ③ 신뢰성이란 기업이 제공하기로 약속한 서비스를 잘 제공할 수 있는 능력에 대한 신뢰감을 의미한다. 메뉴에 게재되어 있는 샘플요리와 실제 서비스된 요리가 같은 것인지, 팸플릿에 기재된 객실과 실제 숙박한 객실이 같은 것인지 등 서비스의 결과에 대한 평가이다. ④ 공감성이란 종업원이 고객의 마음을 이해하고, 고객의 입장에 서서 행동을 하는 것이 가능한지에 대한 평가이다. 예를 들

면 옷가게에서 원하는 사이즈가 그 짐포에 없는 경우, 종업원은 다른 지점에 연락을 해서 구해오거나, 그럴 수 없는 경우 다른 점포를 소개해 주어 고객이 그 사이즈를 구입할 수 있도록 해주는 행동은 공감성의 차원에서 평가될 수 있다. ⑤ 반응성이란 고객의 요청에 대해 적극적인 동시에 신속한 대응을 할 수 있는지에 대한 평가이다. 호텔의 프런트에서 급하게 체크아웃을 하려고 하는 고객에 대해서, 신속히 대응을 해주는 행동이 여기에 해당된다.

이 SERVQUAL모델에 대해서는 다양한 연구자가 그 타당성이나 유효성을 검증하고 있다. 픽과 리치(Fick & Ritchie, 1991)는 5가지의 평가차원 중에서도 호텔에 있어서 호텔의 방이 호화로운지 객실이 청결한지 등의 '유형성'과 종업원이 적절한 정보를 지니고 있는지 등의 '확실성'이, 비뉴, 마르티네스, 미켈과 앤드류(Bigne, Martinez, Miquel & Andreu, 2003)는 여행업에 있어서, 여행회사가 기획한 투어가 표시되어 있는 대로 제대로 실행되는지 등의 '신뢰성'에 관한 평가가, 각각 가장 중요하다는 결과를 보여주고 있다.

그러나 호텔의 평가는 5가지의 차원으로 평가하는 것이 아니라, 유형의 것(객실, 인테리어, 식사 등)과 무형의 것(고객과의 상호작용 등)의 2가지 차원에서 평가해야 한다는 지적(Ekinci, Prokopaki & Cobanoglu, 2003)이 있다. 또한 카먼(Carman, 1990)은 치과클리닉, 비즈니스스쿨 센터, 병원 등에서 이 모델의 타당성을 검토하여, 평가하는 차원이 5개로는 충분히 평가할 수 없으며, 고객의 사전기대를 평가할 필요가 있지 않은가 등의 의문을 들고 있다. 이러한 지적이나 의문으로부터, 크로닌과 테일러(Cronin & Taylor, 1992)는 SERVPERF(Service Performance의 약어)라 불리는 실현치, 다시 말해 고객이 서비스를 경험한 뒤의 평가만을 사용한 척도의 유효성을 주장하고 있다.

또한 호스피탈리티산업의 종류에 따라서 평가해야 할 차원이 다르다는 의견으로, 크누트슨, 스티븐스, 올라르트과 요코야마(Knutson, Stevens, Wullaert, Yokoyama, 1990)가 숙박산업에 있어서의 척도로서 LODGSERV를, 매카이와 크롬프튼(Mackay, Crompton, 1990)은 레크리에이션 센터에 있어서의 척도로서 REQUAL을, 스티븐스, 크누트슨, 패튼(Stevens, Knutson, Patton, 1995)은 레스토랑의 서비스 품질을 측정하기 위해서 DINESERV를 각각 작성하고 있다.

이와 같이, SERVQUAL모델에 있어서는 다양한 비판이나 개정판 등이 나오고 있으나, 의료기관, 소매점, 은행, 패스트푸드점 등의 기업에서 서비스의 품질평가척도로서 사용되고 있다(cf. Looy et al., 2003).

여기에 비해서 그론루스(Gronroos, 1984), 레티넨과 레티넨(Lethinen & Lethinen, 1991)은, 서비스의 품질은 보다 포괄적인 2가지의 차원으로 평가해야 한다고 주장하고 있다. 각각의 차원은, 고객이 기업으로부터 얻은 것을 보여주는 물리적 품질과 고객이 어떠한 방법으로 그 서비스를 얻었는지를 평가하는 상호적 품질이다. SERVQUAL모델이 보여주는 5가지의 차원은 호스피탈리티산업에 있어서는 맞지 않는 것도 있으므로, 포괄적인 평가차원을 통한 실시를 통해 보다 많은 호스피탈리티산업에서 평가가 가능할 것이라고 주장하고 있다.

이와 같이 다양한 방법으로 서비스의 품질은 평가되고 있다. 그러나 여기에서 잊어서는 안 되는 것은 이러한 평가가 고객평가의 산정이라는 것이다. 이러한 평가는 서비스가 실제로 제공되는 장면에서 생겨나는 고객의 심리의 영향을 받는다. 또한 서비스가 제공될 때까지 느낀 것이나 기대대로의 서비스가 제공되었는지에 대한 고객의 심리를 포함하여 '과정'과 '결과'의 양쪽이 서비스 품질의 평가에 영향을 끼치는 것이다(cf. 기시가와, 2011 ; 코야마, 2005).

(2) 서비스의 품질과 고객만족과의 관계

고객이 평가한 서비스의 품질이 좋다면, 고객만족은 높아지는 것인가? 그것을 확인하기 전에 고객만족이란 무엇인지 확인해보자.

고객만족은 고객의 인지적 판단과 정서적 반응의 결합으로, 즐거움을 충족한 상태에 대한 고객의 만족한 판단이다(Oliver, 1997). 따라서 고객만족은 주관적인 것이다(Looy et al., 2003). 다시 말해서 조용히 지내고 싶다고 생각하여 숙박한 호텔에서, 로비에서 아이들이 뛰어다닌다면 아무리 기분 좋게 웃는 얼굴로 응대해준다 하더라도 만족도는 저하되는 것처럼, 그 고객의 목적이나 니즈에 따라 그 평가는 달라지게 되는 것이다. 따라서 기업은 기업이 제공하는 서비스와 일치한 서비스를 받고 싶다고 바라고 있는 고객을 골라, 그 고객에 대해서 보다 좋은 서비스를 제공해가는 것이 중요하다.

그럼, 이러한 고객만족과 고객이 평가한 서비스의 품질과는 어떠한 관련이 있는 것인가. 이러한 관계에 대해서는, 선행 연구로부터 3가지 그룹의 주장으로 분류할 수 있다(Gonzalez, Comesana & Brea, 2007)(그림4-3).

제1그룹의 주장은, 고객만족이 서비스 품질의 선행지표(antecedent)이라는 주장이다(Bitner, 1990 ; Bitner & Hubert, 1994 ; Bolton & Drew 1991; Carman, 1990; Parasuraman et al., 1988). 만족스러운 경험은, 서비스의 품질의 평가에 영향을 끼친다는 것이다. 제2그룹의 주장은, 서비스의 품질이 고객만족의 선행지표라는 주장이다(Cronin & Taylor, 1992; Cronin, Brady & Hult, 2000 ; Dabholkar, Shepherd & Thrope, 2000 ; Ekinci, 2004 ; Oliver, 1993, Shemwell, Yavas & Bilgin, 1998 ; Taylor & Baker, 1994 ; Woodside, Frey, Daly, 1989). 서비스의 품질이 좋은 것이 고객만족에 영향을 끼친다. 당신이 호텔에 숙박할 때에 당신이 느끼거

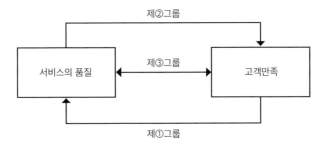

그림4-3 서비스의 품질과 고객만족과의 인과관계

(Gonzalez et al., 2007을 일부 수정하여 작성, p. 154)

나 경험한 서비스의 품질이 직접 당신의 만족에 영향을 끼친다는 것이다. 제3그룹의 주장은 서비스의 품질은 고객만족의 선행지표이며, 고객만족도 서비스 품질의 선행지표라는 주장이다(Iacobucci, Ostrom & Grayson, 1995 ; McAlexander, Kaldenburg & Koenig, 1994 ; Teas, 1993). 다시 말해서 서비스 품질과 고객만족은 상호 영향을 주는 것이다.

이와 같이, 연구에 따라 서비스 품질과 고객만족과의 관계에 대해서는 각각 주장을 달리하고 있으나, 어느 연구결과든 고객이 평가한 서비스의 품질과 고객만족에는 관계가 있다는 점을 보여주고 있다.

고객만족이 기업에 중요한 이유는, 그것이 다음 구매행동에 영향을 준다고 생각되기 때문이다. 이런 점에서. 제3절에서는 고객만족과, 이어지는 행동(재방문), 고객로열티에 끼치는 영향, 이 세 가지에 관하여 선행 연구를 통해서 밝히고자 한다.

| 3 | 고객만족, 재방문, 고객로열티와의 관계

(1) 고객만족은 재방문을 예측할 수 있는 것인가?

강, 오카모토, 도노반(Kang, Okamoto & Donovan, 2004)은 호텔과 여관에 있어서의 서비스의 품질과 고객만족 및 재방문과의 관계를 검토하고 있다. 3개의 호텔과 4개의 여관에서 설문지조사를 행한 결과, 그러한 숙박시설이 제공하는 서비스의 품질이 고객만족에 영향을 끼쳐, 그 결과 재방문에 영향을 주는 것이 명백히 드러나고 있다. 서비스의 품질 중에서도, 첫 번째로 고객만족에 영향을 주는 요인으로서 매력적인 객실이나 모던한 설비, 종업원의 청결한 몸가짐 등의 물리적 환경이 언급된다. 이것은 레스토랑 내의 레이아웃, 청결감, 종업원의 몸가짐 등이 고객만족에 영향을 끼친다는 선행 연구(Bitner, 1990 ; Parasuraman et al, 1988)를 지지하는 결과였다. 두 번째로, 고객만족에 영향을 끼치는 요인으로서, 고객의 기대에 답해주는 다른 숙박시설에서는 기대할 수 없었던 서비스를 받는 것 등의 창조성(creativeness)이 명확히 보여지고 있었다.

자브카, 브렌식, 드미트로빅(Zabkar, Brencic & Dmitrovic, 2010)은 해변 리조트 등을 시작으로 하는 4개의 관광지에서 인터뷰조사를 실시하여, 숙박시설의 질이 높은 것과 관광지로의 접근성 등이 고객이 평가한 서비스의 품질에, 평가된 높은 품질이 고객만족에, 높은 고객만족이 재방문에, 각각 영향을 끼치는 점을 밝혀냈다. 동일한 연구의 결과로 콜과 일룸(Cole & Illum, 2006), 도볼카르 등(Dobholkar et al., 2000)도 같은 점을 밝히고 있다.

류와 한(Ryu & Han, 2012)은 캐주얼 레스토랑에서의 서비스의 품질과 가격이 고객만족과 재방문에 끼치는 영향을 검토하고 있다.

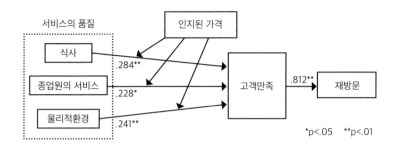

그림4-4 서비스의 품질, 가격이 고객만족과 재방문에 끼치는 영향
(Ryu & Han, 2010에서 작성, p. 317)

(주) 수치는 패스계수로, 인과의 강함을 나타냄.

여기에서는 같은 정도의 식사나 서비스를 제공하고 있는 여러 브랜드의 레스토랑에 재방문을 행하여, 341명으로부터 회답을 받고 있다. 서비스의 품질로서는 식사, 종업원의 서비스, 물리적 환경(매장 안이 청결한 것 등)을 거론하여, 그것들을 평가할 때 가격에 의한 영향을 받는가, 그것들이 고객만족에 어떤 영향을 끼쳐, 고객의 다음 행동에 영향을 끼치는가를 검토하였다(그림4-4).

　그 결과, 서비스의 품질(식사, 종업원의 서비스, 물리적 환경)은, 적절한 가격이라고 고객이 인지한 영향을 받아, 고객만족에 영향을 끼치며, 그것이 재방문에 영향을 끼치는 점이 명백히 드러났다. 서비스의 품질은, 식사, 물리적 환경, 종업원의 서비스 순으로 고객만족에 영향을 끼쳤다. 숙박시설과는 다르게, 레스토랑은 고객만족을 촉진시키기 위해서, 맛있는 식사가 가장 중요한 요인이며, 청결한 장소에서 좋은 서비스로 식사가 제공되어야 한다. 또한 가격이 적절하다면, 식사의 질에 대해 만족도가 보다 촉진되어, 그것에 수반하는 고객만족도가 높아지는 것도 보여지고 있다.

　위와 같이 서비스의 좋은 품질이 고객만족에 영향을 끼쳐, 재방문에 영향을 준다고 할 수 있다. 또한 고객만족에 영향을 끼치는 서비스의 품질의 요인은 호스피탈리티산업의 업계에 따라 다른 점도 유의해둘 필요가 있다. 그러나 고객만족이 높음에도 불구하고 고객이 그 기업으로부터 멀어지는 경우도 있다(Oliver, 1999). 그렇기에 기업은 고객만족뿐 아니라 고객로열티에도 주의를 해야 한다는 의견도 있다.

(2) 고객만족과 고객로열티

고객로열티란 고객이나 사원 등이 금전 내지는 개인적인 희생을 베풀면서까지 기업과의 관계(relationship)를 강화하고 싶다고 바라는 것(Reichheld, 2003)이라 정의된다.

어느 날 아사마츠 씨는 출장을 가서, 전국에 체인을 확장하는 C호텔에 머물렀다. C호텔에서의 서비스에 만족했으므로, 다음에 오사카에 출장 갈 때에도 같은 호텔에 머물렀다. 그때도 굉장히 좋은 서비스를 받았으므로, 그 이후에는 지방에 출장을 갈 때에는 언제나 C호텔을 예약하고 있다. 또 만약 C호텔이 역에서 조금 떨어져 있다 하더라도, 그 호텔을 이용하려고 생각하고 있다. 지인으로부터 좋은 비즈니스 호텔을 소개해줬으면 한다는 말을 들으면 망설임 없이 C호텔을 소개한다.

이와 같은 상태가 되었을 때에, 아사마츠 씨는 C호텔에 있어 로열티가 높은 고객이라고 할 수 있겠다. 이 아사마츠 씨의 행동으로부터 알 수 있는 것처럼, 고객로열티는 기업과 그 제품 내지는 서비스에 대해 긍정적인 태도를 지닌 고객의 행동을 지칭하고, 긴 시간에 걸친 적극적인 구매패턴이 특징으로서 보여진다.

　고객만족이 높은 점이 고객로열티에 영향을 끼치는 것은 많은 연구로부터 밝혀진 사실이다(Cronin & Taylor, 1992 ; Fecikova, 2004 ; McDougall & Levesque, 2000). 고객로열티가 기업에 있어 중요한 이유로, 몇 번이든 이용해주는 고객에 대해서 행하는 선전이, 신규고객을 개척하기 위한 광고선전비보다 적게 드는 것을 들 수 있다. 또한 훌륭한 서비스에 감동을 받은 고객은 그 점을 주변사람들에 이야기하는 등, 입소문의 효과도 있는 것(cf. 콘도, 2010) 등이 언급되고 있다.

　곤잘레스 등(Gonzalez et al., 2007)은, 스페인의 슈퍼리조트를 방문한 여행자 270명을 대상으로, SERVQUAL척도를 포함하여 질문지에 회답을 요구하여, 여행자가 평가한 서비스의 품질과 여행자만족이 어떻게 재방문이나 입소문 등의 고객로열티에 관계를 끼치는지 검토했다. 그 결과, 여행자의 서비스평가를 높이는 것이 여행자만족에 영향을 끼쳐 그 결과 재방문, 입소문, 가격에 대한 만족도(예를 들면 가격이 높더라도 다시 이용하는 등)에 영향을 끼치고 있는 것이 확실해졌다. 여행자가 굉장히 만족하였기에, 자기 자신도 다시 그 리조트를 방문하고 싶다고 생각함과 동시에, 그 괜찮았던 경험을 입소문을 내거나 할 것이다. 이와 같은 경우, 가격이 다소 높더라도 다시 이용하는 로열 커스터머가 되는 결과가 도출되었다.

　최근의 연구로서는, 한과 정(Han & Jeong, 2013)이 고급 레스토랑의 고객(유효 회답 수 324명: 평균연령 44.3세)을 대상으로, 레스토랑이 제공하는 종합적 서비스의 품질과 레스토랑의 전체적 이미지가 고객이 경험하는 감정적인 요인(마음 편함, 짜증, 자극, 센티멘털)에 끼치는 영향, 그러한 감정적인 요인과 고객만족, 고객로열티와의 관계를 검토하고 있다. 더하여, 레스토랑에 대한 신뢰와 책무(Commitment)를 다루어, 그것들이 고객만족과 고객로열티와의 조정요인으로서

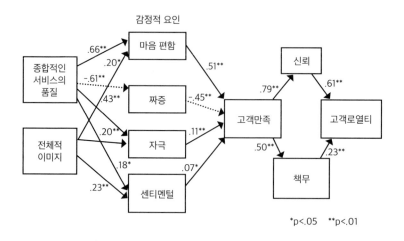

감정적 요인

**그림4-5 서비스의 품질, 이미지가 고객의 감정적 요인,
고객만족, 고객로열티에 끼치는 영향**
(Han & Jeong 2013에서 일부 수정하여 작성, p. 67)

(주)수치는 패스계수로, 인과의 강함을 나타냄.

기능하고 있는지 검토했다. 그 결과, 종합적인 서비스의 품질과 레스토랑의 전체적 이미지는 고객이 경험하는 감정적 요인에 영향을 끼치며, 그러한 요인이 고객만족에 영향을 끼치는 점이 드러났다. 여기에 더하여 고객만족은, 고객의 레스토랑으로의 신뢰와 책무를 매개로하는 고객로열티에 영향을 끼치는 것이 명백히 확인되고 있다(그림4-5).

서비스의 품질이나 이미지에 따라서 기분 좋음, 마음의 편안함 등의 감정을 낳고, 그것이 고객만족에 이어지는 결과가 나타났다. 가격이 고객만족에 중요한 역할을 하는 캐주얼 레스토랑(Ryu & Han, 2010)과 비교하여, 고급 레스토랑에서는 고객이 그 고급 레스토랑에 원하는 서비스(마음 편하면서 우아한 서비스)를 받아, 기분 좋은 감정이 드는 것이 고객만족을 향상시키기 위해 중요한 점임이 확

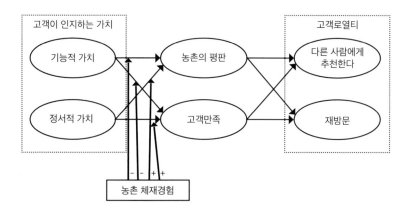

**그림4-6 고객이 인지하는 가치, 농촌의 평판,
고객만족, 고객로열티, 체재경험과의 관계**

(Pena et al., 2013에서 일부 수정하여 작성, p. 133)

인되었다. 또한 고객만족은 레스토랑에 대한 신뢰와 책무에도 이어져, 그것이 로열티가 있는 태도에 영향을 끼친다는 결과에서, 고객과의 신뢰관계를 구축하여 책무를 촉진시키는 점의 중요성이 보여진다고 할 수 있겠다.

최근 일본에서 주목을 받고 있는, 농촌 투어리즘에서의 고객로열티의 검토도 행해지고 있다. 페냐, 자밀레나, 몰리나(Pena, Jamilena & Molina, 2013)는 농촌에 체재하여 고객이 인지한 가치(고객이 서비스에 대해서 가치가 있는 것이라고 인지한 것)와 체재방문 경험이, 고객만족과 그 농촌에 대한 평판에 어느 정도 영향을 주고, 그것이 고객로열티에 영향을 끼치는가를 검토하고 있다. 고객이 인지한 가치로서 기능적 가치(시설의 설비, 종업원의 배치, 편리함)와 정서적 가치(감정적, 사교적, 지식적)를 언급하여 방문 경험은 처음인가, 처음이 아닌가에 대하여 각각의 설문지에 회답을 하도록 하였다. 그 결과, 고객에 인지된 가격이 높은 것이 고객만족과 농촌의 평판에 영향을 끼쳐 높을수록 고객로열티에 영향을 끼치고 있는 점이 확인되었다. 고객 만족에 더하여 농촌의 평판이 고객로열티에 대한 선행지표라는 가설을 지지하는 결과였다. 또한 농촌에서의 체재를 이전에도 경험한 적이 있는 고객은 고객의 인지한 가치 중에서도 특히 정서적 가치 쪽을 보다 높이 평가하고, 처음 농촌을 방문한 고객은 농촌의 시설, 종업원의 배려 있는 행동, 접근성의 편리함 등의 기능적 가치를 각각 평가하고 있는 결과가 도출되었다(그림4-6).

단골고객(repeater)은 농촌에서 편안히 보내거나, 농촌에서 사는 사람들과 접해가며 감동을 받으며, 그 사람들과 한층 더 관계를 깊게 하고 싶다고 생각하여 재방문하는 것일 것이다. 이 결과는 선행 연구를 지지하는 결과였다(Petrick, 2004).

에킨시(Ekinci. 2008)는 서비스 품질의 평가, 고객만족, 고객로열티 등과의 관계를 검토한 선행 연구를 개관하여, 호스피탈리티산업의 고객만족모델을 만들고 있다(그림4-7). 여기서는 '고객로열티의 행동'(다른 사람에 권한다, 다시 방문 내지는 다시 이용)과 '기업에 대한 고객의 태도'(신뢰나 책무)를 언급하며, 더하여 '고객만족'에 영향을 주는 요인으로 '서비스의 품질'(인지한 가치)이 자신이 바라고 있던 것과 일치하고 있는지 등의 '희망일치', 자신의 가치관이나 생각에 일치하고 있는지 등의 '자기일치'를 다루고 있다. 또한 서비스의 품질은 서비스를 구입한 뒤에 얻는 것이 가능한 결과품질(output quality)과 서비스의 제공을 받고 있을 때의 상호품질(interaction quality)의 2가지의 품질에 따라 결정된다. '서비스의 품질', '인지한 가치', '희망일치', '자기일치'는 각각 '고객만족'에 영향을 끼치고, '고객로열티의 행동'에 영향을 끼친다.

다시 말해 ① '고객이 서비스의 품질이 좋다고 평가한다.' ② '그 서비스를 가치가 있다고 인정한다.' ③ '자신이 받은 서비스가 자신이 희망한 것과 일치하는 서비스라고 평가한다.' ④ '그 서비스는

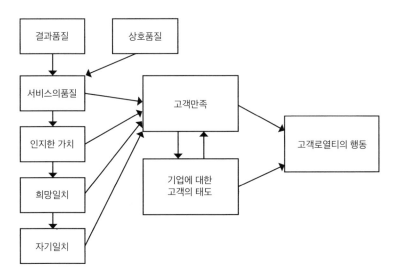

그림4-7 호스피탈리티기업의 고객만족모델
(Ekinci, 2008에서 일부 수정하여 작성, p. 325)

자신의 가치관에도 일치하고 있다.' 앞서 말한 ① ~ ④ 중 어느 한 항목이 일치하고 있다면, 고객만족은 올라간다. 또한 고객의 서비스의 품질평가는, 서비스의 품질이 단순히 좋다는 평가로부터, 그 서비스가 자신의 가치관이나 생각에 일치하고 있다는 평가를 향해, 평가가 심화되어가는 것이 보여지고 있다. 또한 '고객만족'은 그 '기업에 대한 고객의 태도', 다시 말해 신뢰나 책무에 영향을 끼치고, 그것이 '고객로열티의 행동'에 영향을 끼친다. 기업에 대한 신뢰나 책무가 높다는 긍정적인 태도가 형성되어 있다면, 때로는 그 기업이 제공하는 서비스가 기대보다 낮은 경우에도 계속해서 그 서비스를 이용하는 행동에 대해서도 설명할 수 있게 된다.

위와 같이 많은 선행 연구로부터 서비스의 품질이 높을 시, 고객 만족에 영향을 끼쳐, 그것이 고객로열티에 영향을 주는 것이 확인되고 있다. 그러나 서비스의 품질이 높을 시 고객만족보다도 고객로열티에 강한 영향을 준다는 연구결과(Baker & Crompton, 2000)도 있기에, 금후 심도 깊은 연구를 기다릴 필요가 있을 것이다.

　제4장에서는 고객의 선택행동과 그 심리에 대해 정의한 후, 서비스 품질의 평가, 고객만족, 재방문, 고객로열티와의 관련성에 대하여, 선행 연구를 통해서 명확히 하였다. 향후 기업에 있어서도 제공하는 서비스를 어떻게 고객에게 평가받아, 고객만족을 향상시킬 것이며, 또한 방문 행동에도 영향을 끼치게 하여, 고객로열티로 이어지게 하는 것이 가능할지, 그를 위해 고객의 기업을 향한 신뢰나 책무를 어떻게 촉진시킬 것인지 등에 대한 다양한 연구가 이뤄질 필요가 있을 것이다.

교류분석과 행동

    교류분석(Transactional Analsyis : TA)*이란 자기발견과 인간이해에 의해 '보다 깊은 인간관계를 만들도록 인식하는 과학'이라 불리며, 상대를 바꾸는 것보다 먼저 자신의 행동이나 태도를 인식하고, 자신을 바꾸는 것을 선결로 하고 있다. 이 논리는 집단치료법으로서뿐만 아니라, 가정이나 직장 등에서 사람과 사람이 교류할 때에 인간관계의 개선이나 행동 개선을 위해서도 이용되고 있다.

    교류분석이론의 자아상태분석에서는 자신의 자아상태, 다시 말해 '이것이 자신이다'의 '이것'을 아는 것으로, 자신의 생각이나 행동양식, 감정의 근원을 깨닫는 것을 목적으로 하고 있다.

    자아상태는 세 가지의 구조, 부모(Parent : P), 성인(Adult : A), 어린이(Child : C)로 만들어지는데, 사람과의 교류의 과정에서 더 나아가 5개로 분리되어, 비판적인 부모(Critical Parent : CP), 보호적인 부모(Nurturing Parent : NP), 성인(Audult : A), 자유로운 어린이(Free Child : FC), 순응하는 어린이(Adapted Child : AC)로 나뉘어진다(그림4-1).

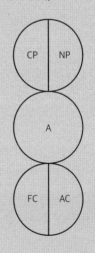

그림4-1 자아상태의 구조

    ★   교류분석은 정신분석학자인 미국의 에릭 번(Eric Berne)에 의해 창시된 인간의 행동에 관한 이론 체계의 하나이다.

P의 자아상태는, 낭신이 어린이일 때에 부모가 잘 했던 행동이나 감정과 같이 행동하는 상태이다. 그 안에서도 CP는 꾸짖음 당하거나 교육을 받았거나 하는 것에 의해 형성되어, 질서나 행동을 컨트롤할 때에 중요하게 되는 것이다. NP는 격려받거나, 칭찬받거나 하는 것으로 형성되는 것으로, 배려의 마음을 지니고 타인의 일에 개입하거나 사람을 향한 기본적 신뢰감을 키우는 것이다. A의 자아상태는 냉정히 판단하는 성인으로서의 상태로, 현실적으로 계획을 세우고 일에 냉정하게 대처할 때에 필요한 것이다. C의 자아상태는, 어린이 때의 감정적 체험이 그대로 재현된 상태로, 천진난만하며 자기중심적이다. 본능적으로 호기심 왕성한 행동을 하는 FC와, 부모의 기대를 따르는 것 같은 행동을 하려 하는 AC로 나뉘어진다. 이러한 5가지는 어느 것이 좋고 나쁜 것은 아니며, 각각 장점과 단점을 지니고 있다.

위의 내용을 이해한 뒤에, 에고그램*을 사용하여 자아상태를 체크하여, 자신의 생각이나 행동양식이 어떠한 것인지 밝혀보자.

---

* 에고그램 체크리스트로서, 스기타(1990), TEG II(도쿄 대학 의학부 심료내과 TEG 연구회 2012) 등이 있다.

표4-1 에고그램 자기진단 테스트(이하라(2001)로부터 작성, pp. 17-20)

이하의 질문에, 예(○), 어느쪽도 아니다(△) 아니오(x)로 답하십시오.
전부 50문항입니다.

C **P**	1. 다른 사람의 말을 도중에 끊고 자신의 생각을 말할 수 있습니까?	
	2. 다른 사람을 엄격하게 비판하는 사람입니까?	
	3. 약속 시간을 엄수하고 있습니까?	
	4. 이상을 가지고 그 실현에 노력하고 있습니까?	
	5. 사회의 규칙 윤리, 도덕을 중시합니까?	
	6. 책임감을 강하게 다른 사람에게 요구합니까?	
	7. 작은 부정도 흐지부지 넘어가지 않는 편입니까?	
	8. 자식이나 부하를 엄하게 교육하는 편입니까?	
	9. 권리를 주장하기 전에 의무를 다하고 있습니까?	
	10. '...해야 한다', '...하지 않으면 안 된다'라는 말을 자주 합니까?	

N **P**	1.	타인에 대한 동정심이 강한 편입니까?	
	2.	의리와 인정을 중시합니까?	
	3.	상대의 장점에 눈이 잘 가는 편입니까?	
	4.	타인으로부터 요청받은 경우 거절을 잘 못하는 편입니까?	
	5.	아이들이나 다른 사람을 돌보는 것을 좋아합니까?	
	6.	융통성이 있는 편입니까?	
	7.	자식이나 부하의 실패에 관대합니까?	
	8.	상대방의 이야기에 귀를 기울여 공감하는 편입니까?	
	9.	요리, 세탁, 청소 등을 좋아하는 사람입니까?	
	10.	사회봉사적인 일에 참여하는 것을 좋아합니까?	
A	1.	자신의 손익을 생각하고 행동하는 사람입니까?	
	2.	대화에서 감정적으로 나오는 것은 적은 편입니까?	
	3.	일을 분석적으로 깊게 생각하고 나서 결정합니까?	
	4.	다른 사람의 의견은 찬반양론을 듣고 결정합니까?	
	5.	어떤 일도 사실에 기초하여 판단합니까?	
	6.	정서적이기보다는 이론적인 분입니까?	
	7.	일의 결정을 어려움 없이 신속하게 해낼 수 있습니까?	
	8.	능력적으로 척척 일을 처리해 나가는 편입니까?	
	9.	미래를 냉정하게 예측하고 행동합니까?	
	10.	몸 상태가 나쁠 때 자중하고 무리한 행동은 자제할 수 있습니까?	

F **C**	1.	자신을 제멋대로라고 생각합니까?	
	2.	호기심이 강한 편입니까?	
	3.	오락이나 음식 등은 만족할 때까지 즐기는 편입니까?	
	4.	하고 싶은 말은 거리낌 없이 말해 버리는 편입니까?	
	5.	원하는 건 손에 넣지 않으면 기분이 풀리지 않는 편입니까?	
	6.	"우와" "대단하다" "대박" 등의 감탄사를 자주 사용하는 편입니까?	
	7.	직관적으로 판단하는 편입니까?	
	8.	흥에 겨운 나머지 도를 넘어 버리는 편입니까?	
	9.	화내기 쉬운 편입니까?	
	10.	눈물이 많은 편입니까?	
A **C**	1.	생각하는 것을 입 밖으로 내지 못하는 편입니까?	
	2.	다른 사람의 마음에 들고 싶다고 생각하는 편입니까?	
	3.	수줍어하며 소극적인 사람입니까?	
	4.	자신의 생각을 관철하는 것보다 타협하는 쪽이 많습니까?	
	5.	타인의 안색이나 자신이 말하고 있는 데에 신경을 많이 쓰십니까?	
	6.	괴로울 때는 인내해버리는 편입니까?	
	7.	타인의 기대에 부응하도록, 과도한 노력을 하는 편입니까?	
	8.	자신의 감정을 억제하는 편입니까?	
	9.	열등감이 강한 편입니까?	
	10.	현재 '자기다운 자신' '진정한 자신'과 멀리 떨어져 있는 것처럼 느껴집니까?	

채점방법

○ 2점, △ 1점, X를 0점으로 각각 항목별로 합계점을 도출하여, 이하의 그래프에 꺾은선 그래프를 그려주십시오

	CP	NP	A	FC	AC
20					
19					
18					
17					
16					
15					
14					
13					
12					
11					
10					
9					
8					
7					
6					
5					
4					
3					
2					
1					
0					

에고그램을 읽는 법

① CP가 높은 경우에는, 도덕심이 강해 명령이나 지시를 내리는 등 일정한 가치관을 사람들에게 강요하는 경향이 있다.

② NP가 높은 경우에는, 사람이 도움을 필요로 할 때 적극적으로 지원해주고 돌봐주며, 친절히 말을 거는 등의 행동을 하는 경향이 있다.

③ A가 높은 경우에는, 이성적이고 사실에 따라 데이터를 정리·통합하는 능력이 풍부하고 가장 적절한 행동을 취하기 위하여 심사숙고하여 그 행동의 가능성이나 결과를 미리 예측할 수 있다.

④ FC가 높은 경우에는, 본능적이고 적극적인 호기심과 창의력이 풍부하고, 솔직히 감정을 표현하는 경향이 있다.

⑤ AC가 높은 경우에는, 상대방의 기대에 부응하며 순응성 높게 행동을 하는 반면, 자신을 억압하는 나머지 스트레스를 쌓는 경향이 있다.

제 5 장

종업원만족

　나카무라 씨는 호텔에서 프런트 담당을 하고 있다. 그런 그녀는 직장에 불만이 있어, 일을 그만두고 싶다고 생각하고 있다. 그 이유는 고객으로부터의 클레임에 어떻게 대응하면 좋을지 알 수 없을 때가 있음에도, 선배에게 물어도 가르쳐 주지 않는 점, 또한 자신의 일의 범위가 명확하지 않기에 일에 성취감을 얻을 수 없는 점으로 인해 스트레스가 쌓여 있기 때문이다.

　이러한 종업원만족이나 직원만족이 낮은 호텔에서는 고객만족도 낮다. 종업원이 직장이나 자신의 일에 불만을 지니고 있어서는 마음을 담은 좋은 서비스를 제공하는 것은 어렵고 그 결과, 고객이 인지하는 서비스의 품질이 낮아지고(Gazzoli, Hancer & Park, 2010), 따라서 고객만족도 낮아지게 된다. 그렇다면 종업원이 자신의 일에 의욕을 지니고 뛰어들기 위해서는, 어떠한 요인이 중요하게 되는 것인가, 제5장에서는 종업원만족을 향상시키는 요인과 그 프로세스, 고객만족과의 관련 관계를 명확히 한 뒤에, 종업원만족에 영향을 준다고 생각되는 감정노동과 스트레스, 번아웃에 대해서 검토하고자 한다.

| 1 | 종업원만족과 동기부여

(1) 종업원만족과 서비스 이익 사슬(Service Profit Chain)

종업원만족을 높이는 것이 고객만족을 높이고, 그것이 고객로열티를 높이며 그 결과로서 기업의 매상이나 이익으로도 이어진다는 것을 보여준 모델로서 서비스 이익 사슬이 널리 알려져 있다(Sasser, Heskett, Schlesinger, Loveman & Jones, 1994)(그림5-1).

새서 등(Sasser et al., 1994)은 고객만족이 높은 성공한 기업을 분석하여, 다음과 같은 점을 발견하였다. ① 직장의 설계 등 사내 서비스의 질이 종업원만족에 영향을 끼쳐, ② 그로 인한 높은 종업원만족도가 종업원의 기업 정착률과 종업원의 생산성에 영향을 끼치며, ③ 그러한 것들이 고객서비스의 질에 영향을 끼친다. ④ 높은 서비스 품질은 고객만족도에 영향을 끼치며 ⑤ 고객로열티에 영향을 끼쳐, 높은 로열티를 지니는 고객이 많은 점은 ⑥ 그 기업의 매출과 이익률에 영향을 끼친다. 논문에서는 이렇게 기업의 매출과 이익률이 높으면 사내 서비스의 질이나 종업원만족에 영향을 끼칠 수 있는 환경이 만들어진다는 결과를 도출하고 있다.

종업원이 자신의 일이나 직장에 만족하고 있음으로 인해 기업이 목표하는 고객만족과 고객로열티를 높임으로써 결과적으로 기업

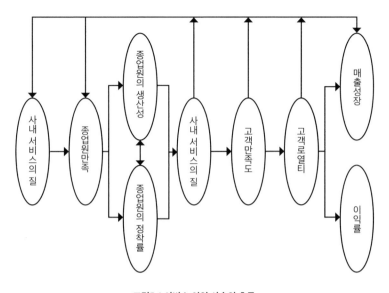

그림5-1 서비스 이익 사슬의 흐름

(Sasser et al. 1994에서 일부 수정하여 작성, p. 18)

의 매상이나 성장, 그리고 이익이 기대된다는 것이다.

종업원만족을 높이기 위해서, 새서(Sasser) 등은 사내 서비스의 질에 대해, 서비스를 제공할 때의 자유도 등 일을 하기 쉬운 직장의 정비와 직무설계, 우수한 종업원의 선발과 육성, 적정한 종업원의 보수와 인지, IT설비 및 고객정보 파일 등의 지원체제를 그 요건으로 언급하고 있다. 이러한 사항들의 정비가 잘 되어 있으면, 종업원은 서비스를 제공할 때에 일을 원활히 진행하는 것이 가능하게 되어 일에 대한 동기나 직무만족도가 오르게 되고, 이것은 일을 향한 생산성의 향상에도 이어진다. 원활히 일이 가능한 직장의 이직률은 감소하여, 그럼으로써 그 종업원이 담당하는 고객을 잃지 않고 유지하는 것이 가능하다. 새서(Sasser) 등에 의하면, 증권회사의 예시로서, 우수한 중개인을 한 사람 잃어 발생하는 손실을 대충 계산하면 한 사람의 중개인이 연간 100만 달러의 위탁 수수료를 받는 고객과 다시 관계를 구축할 때까지 대략 5년의 기간이 필요하고 누계로는 250만 달러의 위탁수수료를 잃어버린다고 설명하고 있다.

사내의 서비스의 질이 종업원만족에 끼치는 영향에 대해서, 스피넬리와 카나보스(Spinalli & Canavos, 2000)가 미국의 호텔 종업원을 대상으로 어떠한 요인이 종업원만족에 영향을 끼치는가를 검토하였다. 그 결과, 종업원이 기업의 의사결정에 참여하여, 자유로이 의견을 개진하는 것이 가능한 점, 권한위양이 부여되어 적절한 종업원의 교육훈련과 충분한 복리후생이 부여되고 있는 점, 유능한 제네럴매니저가 있는 점 등이 종업원만족에 영향을 끼치고 있었다.

종업원이 만족하기 위해서는 새서(Sasser) 등이 지적하고 있는 것과 같이 권한위양이 부여되고 있는 일하기 쉬운 직장의 정비나, 종업원의 교육훈련이나 보장제도의 재검토가 중요한 것과 함께 매니저의 리더십이 중요한 것이 시사되고 있다. 이는 호스피탈리티산업에 있어서 리더십이 중요한 것을 증명하는 선행 연구(Blanchard, 2007 ; Ranb & Robert, 2012)를 지지하는 결과였다.

코헨과 올슨(Cohen & Olsen, 2013)은, 사내 서비스의 질적인 면에서 IT 정보가 종업원의 일의 결과나 기업의 실적에 영향을 끼치는가를 검토하고 있다. 호텔, 모텔 등의 숙박시설의 소유자나 매니저 112명을 대상으로 하여, 설문지조사를 실시했다. 그 결과, IT설비가 있어, 거기서부터 고객정보를 자유롭게 취합해낼 수 있는 경우 기업의 실적(객실 가동률, 신규고객획득, 시장점유율, 이익률, 매출 등)에 영향을 주는 점이 드러났다. 또한 IT정보가 존재할 시 고객의 만족도나 로열티가 높아져, 그것이 기업의 실적에 영향을 끼치고 있는 것을 확인할 수 있었다. 고객 각각의 니즈에 대응하기 위해서는 고객정보의 축적과 그것들을 사내에서 공유하여 자유롭게 공유하는 기회가 부여되는 것이 필요하며 이것이 고객만족을 향상시켜 결과적으로는 기업의 매출, 성장, 이익률에 이어지는 것이 드러났다.

정과 윤(Jung & Yoon, 2013)의 연구에서는, 종업원만족도를 향상시키는 요인(일의 내용, 슈퍼바이저, 급여, 동료)이 고객만족 및 고객로열티에 끼치는 영향을 검토하고 있다. 패밀리레스토랑의 종업원 69명과 그들 종업원의 서비스를 받은 고객 258명을 대상으로 설문지 조사를 실시한 결과, 종업원만족을 향상시키는 요소에 대한 높은 평가는 고객만족에 영향을 끼치고, 높은 고객만족도는 고객로열티에 영향을 끼치는 것이 명확히 드러났다. 상사가 자신을 공평하게 대우하며 자신의 일의 내용이 명확하고 보람을 느끼고, 일의 동료나 급여에도 만족하고 있는 것에서 고객에 제공하는 서비스의 품질도 높아지고, 그러한 점이 고객만족에 영향을 끼쳐, 그 결과 고객로열티가 높아지는 것을 추측할 수 있다.

이상의 3가지 선행 연구로부터, 종업원만족에 영향을 끼치는 요인으로서 새서(Sasser) 등이 지적한 것과 같이 권한위양이 부여되어 자신의 의견을 일에 반영할 수 있는 등의 자유도가 확보되어 있는 직장이나, IT설비가 정비되어 있는 것, 적절한 대응을 하기 위해 필요한 교육훈련, 적정한 보수제도나 복리후생이 행해지는 것, 거기에 더하여 상사나 동료의 역할이 중요한 것으로 시사되고 있다.

또한 직무만족이 고객이 평가한 서비스의 품질, 고객만족, 고객로열티에 어떻게 관련되는지에 대한 검토도 행해지고 있다. 고나리스와 부키(Gounaris & Boukis, 2013)는 은행의 창구담당자와 그 담당자가 담당하였던 고객을 검토하여, 창구담당자의 '직무만족'과 고객의 평가('서비스 품질'의 평가와 '고객만족'), 고객의 로얄티('관계의 전환 비용(Switching cost)'과 '재이용')와의 관계를 검토하고 있다. '관계적 전환 비용'이란, 만일 그 은행과의 거래를 그만둔 경우, 새로운 은행을 찾아서, 담당자와 관계를 구축하는 데에 필요한 시간적, 금전

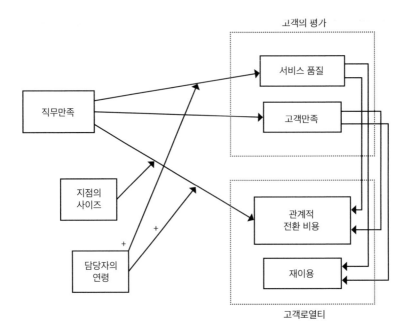

고객의 평가

서비스 품질

고객만족

직무만족

지점의
사이즈

관계적
전환 비용

담당자의
연령

재이용

고객로열티

그림5-2 고객만족과 고객의 평가, 고객의 로열티와의 관계
(Gounaris & Boukis, 2013에서 일부 수정하여 작성, p. 29)

적 비용을 의미한다.

고객은 그 은행에 만족하고 있는 등의 이유로 전환 비용이 높아지는 점에서, 거래를 그만두었을 때에 입는 손실이 크다고 생각하게 된다. 검토의 결과로 '직무만족'이 높은 것은 고객의 평가에도 영향을 끼쳐, 그것이 고객의 로열티에 영향을 끼친다는 점이 드러났다. 또한 '직무만족'이 높을 시, 고객의 평가인 '서비스 품질'의 평가와 '고객만족', 고객로열티의 '관계적 전환 비용'에 각각 직접적인 영향을 끼치고 있었다(그림5-2).

이것은 직무만족이 높은 담당자가 각각의 고객의 니즈에 맞는 서비스를 제공하고 있는 점에서, 고객의 서비스의 품질의 평가나 고객만족도 높고, 담당자와의 관계에 만족하기에 그 관계성을 잃어버리고 싶지 않다고 생각하고 있는 것에서 나타나고 있다. 또한 '직무만족'과 '관계적 전환 비용'과의 관계는 은행 지점의 규모가 작을수록 강하다는 결과가 드러났다.

　지점의 규모가 작고 담당자의 수도 한정되어 있는 점으로부터, 담당자로부터 개별적인 대응을 받는 것이 가능하기 때문에, 그 관계성을 유지하고 싶다고 생각하고 있는 점이 나타났고, 또한 '직무만족'과 '서비스 품질', '관계적 전환 비용' 등의 관계는, 담당자의 연령이 높을수록 강하다는 결과가 나타났다. 자신의 일에 자신을 지닌 연령이 높은 담당자 쪽이 일의 경험연수도 길고, 보다 개개의 니즈에 맞춘 대응을 하고 있었을 것이다. 연령이 높은 담당자가 보다 좋은 서비스를 제공하고, 고객으로부터 평가도 높다는 선행 연구를 지지하는 결과였다(야마구치, 오구치, 2001).

　위와 같이 종업원만족을 향상시키는 요인, 고객만족, 고객로열티와의 관계, 더 나아가 직무만족과 서비스의 품질, 고객로열티와의 관계를 명확히 했다. 그렇다면 종업원만족을 향상시키는 요인 중에서도, 특히 어느 요인에 의해 종업원의 일을 향한 동기가 높아지고 솔선해서 일하고 그것에서 기쁨을 찾을 수 있을까. 다음 절에서는, 직무만족에 초점을 두어, 그 동기부여 및 개인의 특성의 측면으로부터 검토하고자 한다.

(2) 직무만족과 동기부여

　직무만족이란 무엇인가에 대해 여기에서 한번 확인해두고자 한다. 직무만족이란 일에 대한 만족, 일에 관한 태도를 의미한다(다카기, 2001). 또한 직무만족이란 일이나 일에 있어서의 경험에 대한 승

인의 결과로서 일어나는 긍정적인 감정, 예를 들면 행복이나 기쁨
이라 정의되고 있다(Edward & Scullion, 1982 ; Locke, 1976).

이와 같이 직무만족은 태도나 감정이며, 직무만족이 낮으면 그
일에 대한 동기부여가 저하된다. 직무만족과 동기부여와의 관계에
대해서는 허즈버그(Herzberg, 2003)에 의해 제창된 이론인 2요인 이
론*에 기초하여 생각해보고자 한다.

이 이론은, 어떻게 하면 부하나 종업원에게 동기를 부여하여, 일
에 의욕을 부여하는 것이 가능할지를 검토한 이론으로서, 동기부
여이론이라 불리고 있다. 허즈버그(Herzberg)는 인터뷰조사를 실시
하여, 인간에게는 두 가지 다른 욕구가 있는 점을 확인했다. 그 욕
구들에 대해 검토한 결과, 굶주림 등의 환경으로부터의 어려움을
회피하고 싶다는 욕구와, 달성을 통한 정신적 성장을 경험하고 싶
다는 욕구가 존재하는 것을 알 수 있었다. 직장에 있어서의 고통을
회피하고 싶다는 욕구의 요인에는 기업의 관리, 감독, 대인관계, 작
업조건, 급여, 신분이나 복리후생 등 직장환경이 거론되었고, 그것
들을 '위생요소'로 분류했다.

또한 직장에서의 과업을 달성하는 것으로 정신적 성장을 경험하
고 싶다는 욕구를 만족시키는 요인으로서, 달성, 달성의 승인, 일
그 자체, 책임, 성장 내지 승진 등의 업무의 내용을 거론하여, 그것
들을 '동기부여 요인'으로 분류했다.

'위생요인'은 그것이 없으면 불만족(고통)을 가져오는 요인이지
만, 그것이 있다고 하더라도 완전히 만족하는 것은 아니다. 다시
말해서 급여가 굉장히 낮으면 불만족으로 이어지나 급여가 올라
갔다 하더라도 급여가 올라간 그때만 기쁘게 만족하고 올라간 급

---

*　　허즈버그(Herzberg)의 2요인 이론은, 1969년에 하버드 비즈니스 리뷰에 논문이 게
　　재된 고전적 이론이나, 현재에도 다양한 인사관리제도에 공헌하고 있다(cf. DIA-
　　MOND 하버드 비즈니스 리뷰 편집부, 2009).

여에 익숙해져 버린 뒤에는 마음속으로 한층 더 높은 급여를 원하게 된다.

위와 대비되는 '동기부여'의 요인은 내발적인 고차원적인 욕구로서, 그것이 있으면 만족을 가져오는 요인이다. 다시 말해서 사람은 목표를 달성할 수 있거나 달성한 것을 타인에 인정받고자 하는 때에 만족을 느끼고, 인정을 받고 싶다고 생각하면 한층 더 자신의 목표를 향해서 몰두하게 되는 것이다.

아다치(1998)는 판매직에 있는 종업원에 대해서 설문지조사를 행하여, 허즈버그(Herzberg)의 '동기부여 요인'에 해당하는 '직무내용에 관한 만족감'(일에 대한 보람, 자신의 일에 대한 주변으로부터의 인식, 일에 대한 적합성)이 '직무관여'(일에 몰두하고 있는 것 등)에 영향을 끼쳐, 그것이 '직무에 대한 동기부여'(일에 몰두하고 있는 것으로 달성감을 느끼는 것 등)에 영향을 끼치는 것을 확인하였고, 이 결과는 허즈버그(Herzberg)의 연구결과를 지지하는 것이었다.

그러나 허즈버그(Herzberg)가 '위생요인'에 관련된다고 했던 '급여에 관한 만족감'이나 '직장의 인간관계에 관한 만족감', '고객과의 관계에 관한 만족감'은, 허즈버그(Herzberg)의 분류에 의하면 '동기부여 요인'에 해당하는 '직무내용에 관한 만족감'과 관계가 있었다. 이 결과로부터 세일즈직 등의 경우는 급여가 동기부여에 이어지게 되고(무라스기, 1987) 일본인의 경우에는 인간관계가 '동기부여 요인'의 특성이 되는(토코로, 1984) 점이 나타나고 있다.

직무만족에는 개인의 특성이 관계된다는 주장도 있다. 스토와 로스(Staw & Ross, 1985)는 같은 일에 대해서도 언제나 불만을 지니고 있는 사람과, 그 정도까지는 아닌 사람이 있는 것과 같이, 적어도 개인의 특성이 직무만족도에 영향을 끼치고 있다는 것이다.

왓슨과 슬랙(Watson & Slack, 1993)은 직무만족과 개인의 특성에 대해서 종단연구를 실시하여 개인의 특성으로 긍정적 감정경향(일상생활에서 경험하는 자극에 대한 기쁨이나 만족을 보다 크게 느끼는 경향)을 지닌 사람 쪽이, 부정적 감정경향(내향적으로 주변 사람에 대해 부정적인 측면에 주목하기 쉽고, 자신의 생활에도 불만을 지니기 쉬운 경향)을 지닌 사람에 비하여, 직무만족이 높은 것을 확인할 수 있었다. 이 연구로부터는 개인의 특성에 따라 직무만족이 다른 점이 드러나고 있다. 또한 개인의 특성은 허즈버그(Herzberg)의 '동기부여 요소'에 해당하는 일에 대한 도전이나 달성에 대한 만족과 관계가 있는 것이 드러나고 있다. 일에 대한 도전과 달성에 대한 만족은 감정적인 요소가 강한 점에서 개인의 특성에 영향을 받고 있는 것이다.

이번 장의 서두에서 언급했던 나카무라 씨와 같이, 호스피탈리티산업에서 고객과의 직접 관련되는 일을 직무로 삼고 있는 자는 감정노동에 종사하고 있다고 말하였다. 제2절에서는 이 감정노동이라는 개념으로부터, 종업원과 고객과의 사이에서 어떠한 메커니즘이 형성되어 종업원만족이나 고객의 평가에 영향을 끼치는지에 대해 생각해보고자 한다.

| 2 | 감정노동과 감정제시

(1) 감정노동(Emotional Labor)과
감정제시(Emotional display)

감정노동이라는 개념은, 혹실드(Hochschild, 1983)에 의해 소개되었다. '서비스 경제화'가 진행되는 일본에서도 이 개념은 다양한 곳에서 거론되고 있다. 감정노동이라 인정되는 직무요건에 대해서

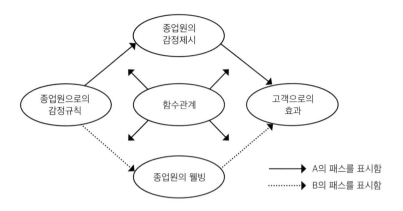

그림5-3 개념 프레임워크

(Grandey et al. 2013에서 발췌 작성, p. 129)

쿠보(2012)는 혹실드(Hochschild)의 주장으로부터 이하의 3가지를 거론하여 설명하고 있다.

① 대면 내지 목소리에 의한 고객과의 접촉이 불가결하다.

② 타인의 속에서 무언가의 감정변화(감사나 공포심 등)가 일어나지 않으면 안 된다.

③ 고용자는 연수나 관리체제를 통해서 노동자의 감정활동을 어느 정도 지배하고 있다.

감정노동에 대해서 혹실드(Hochschild)는 항공회사의 객실승무원을 대상으로 조사를 실시했다. 여기에서는, 자신이 느껴야 하는 감정, 다시 말해 자신의 근무하는 항공회사를 고객이 이용해줘서 감사하다는 감정을 느껴야 한다는 규칙(감정규칙)에 따라서 그 감정을 느끼도록 노력하는 행위(감정관리)를 하여, 그 감정을 보이도록 교육받고 있다고 지적하였다. 본래 감정관리는 타자로부터 강제되는 것이 아니라 자발적인 행동이다. 그것이 조직에 이용되어 노동으로서 임금으로 교환되는 때에, 그 행위는 감정노동이 된다(쿠보,

2012)고 한다.

감정노동에 종사하고 있는 종업원이 어떻게 감정제시를 하여 고객의 평가나 종업원 자신에 영향을 부여하는지에 대한 검토는 두 가지의 방향으로 나타나고 있다(Grandey, Diefendorff & Rupp, 2013)(그림5-3).

하나는 종업원을 향한 감정규칙이 그들의 감정제시에 어떻게 영향을 끼쳐, 그것이 고객을 향한 성과(서비스의 품질이나 고객만족)에 영향을 주는지에 대한 검토(A)이며, 또 하나는 종업원을 향한 감정규칙이 종업원의 웰빙(well-being)*에 어떻게 영향을 끼쳐, 그것이 고객을 향한 성과(서비스의 품질이나 고객만족)에 영향을 주는지에 대한 검토(B)이다.

1) 감정규칙과 감정제시

종업원을 향한 감정규칙이 그들의 감정제시, 고객을 향한 성과에 끼치는 영향에 대한 검토(A)는, 그 상당수가 감정전염(emotional contagion)**의 메커니즘(Schoenewolf, 1990)의 측면으로부터 행해지고 있다. 감정전염이란 타자의 얼굴의 표정이나 음성, 자세 등을 자동적으로 모방하여 동기(시간적으로 일치시키는 것)하며, 그 결과로서 정동(情動)적으로 타자와 일치하는 경향을 말한다. 이 감정전염에는 ① 단순한 감정전염(primitive emoitonal contagion), ② 의식적 감정전염(conscious emotional contagion)의 두 가지 종류가 있다.

① 단순한 감정전염이란 의태(mimicry)라고도 불리며, 의식하지

★　웰빙이란 만족에 이르는 상태, 안녕, 행복, 복지의 의미를 지닌다(마츠다, 1991).

★★　emotional contagion의 역어로서 정동전반(情動轉搬), 정동전염 등이 생각될 수 있으나, 이번 장에서는 감정전염으로 번역하였다.

않고서 상대의 얼굴표정에 반응하여 같은 표정으로 같은 행동을 보이는 것을 의미한다. 미소 띈 종업원의 대응을 받은 고객이 미소로 응답하는 것 등은, 단순한 감정전염이 일어나고 있는 것이다. 의태는 상대에 호의를 지니고 있는 것이나 라포르(rapport)커뮤니케이션*을 지속하고 싶다는 기분을 상대에 전하는(Chartrand & Van Barren, 2009) 것이다. 따라서 의태는 커뮤니케이션을 시작할 때에 유용하다.

단순한 감정전염의 의태의 메커니즘에 대해서 김과 윤(Kim & Yoon, 2012)이 검토하고 있다. 김과 윤은 종업원의 감정제시가 고객의 감정제시에 어떻게 영향을 끼쳐, 종업원의 분위기가 변화하는지에 대해서 검토를 행했다. 여기에서는 2명의 연구자가 양복이나 액세서리를 취급하는 점포 117명의 종업원과 그 점포를 방문한 고객과의 상호작용을 관찰하여, 고객에게 질문지 작성을 요구했다. 그 결과, 종업원의 긍정적 감정표시(웃는 얼굴, 아이 콘택트, 기쁨의 표현, 인사와 인사말 등)는 고객의 긍정적 감정제시에 영향을 끼쳐 그것들이 종업원의 긍정적 분위기에 영향을 주고 있는 것을 명확히 알수 있었다. 감정규칙에 따라 웃는 얼굴로 인사하는 종업원에 대해서, 고객이 무의식 중에 미소로 답하는 등, 단순한 감정전염, 다시말해 의태가 일어나, 그것이 종업원의 기분을 행복하게 만드는 것을 추측할 수 있다. 이 결과는 바저와 그랜디(Barger & Grandey, 2006)의 결론을 지지하는 것이었다. 의태의 메커니즘에 대한 검토는 은행의 창구담당자의 긍정적 감정제시가 고객의 긍정적 감정제시에 영향을 끼쳐, 그것이 고객이 인지하는 서비스의 품질에 영향을 끼

★ 라포르란 친화관계를 의미하며 카운슬링을 시작으로 하는 심리치료에 있어서, 치료자(면접자)와 클라이언트 사이에 존재하는 인간관계를 지칭한다. 치료자는 친밀하며 따뜻한 감정의 교류를 지니도록 마음을 쓰는 것이 중요하며, 라포르가 치료의 첫 번째 단계이다(cf. 나카지마, 안도, 코야스, 사카노, 시게마스, 타치바나, 하코타, 1999).

치고 있다는 연구결과(Pugh, 2001)나, 구두 소매 판매점에서 스태프의 긍정적 감정제시가 고객의 만족도에 영향을 끼쳐, 그것이 스태프에 대한 호감도에 영향을 주게 되어 다시금 재방문으로 이어진다는 연구결과(Tsai & Huang, 2002)도 나오고 있다.

② 의식적 감정전염은 사회적 상호작용을 촉진시키기 위해서 자신이 상대의 입장이라면 어떻게 느낄지를 상상하거나(퍼스펙티브 테이킹*), 상대의 감정을 이해하여 그 감정을 자신이 받아들이려고 의식해가며(공감), 자신의 감정을 전하는 것이다. 예를 들면 내점한 고객에 대해서 자신이 고객이라면 이렇게 고객을 접객해주었으면 하는 인사를 하거나, 자신의 점포에 와주셔서 감사하다는 마음을 담아, 웃는 얼굴로 인사해주는 것이 여기에 해당된다. 이러한 의식적 감정전염은 단순한 감정전염과 비교하여 고객으로부터의 평가가 높다(Groth, Hennig-Thurau & Wang, 2013).

이와 같이 종업원이 고객의 감정을 이해하여, 그 감정을 자신이 받아들이려 의식해가며 보이는 감정제시를 '심층연기(deep acting)'라 하며, 표면적으로 감정을 보이는 것만으로 보이는 감정제시를 '표층연기(surface acting)'라 한다. '심층연기'에서 마음을 담아 자연스레 감정을 보이는 종업원 쪽이, 고객으로부터의 평가가 높다(Grandey, Fisk, Mattila, Jansen & Sideman, 2005).

그랜디(Grandey et al., 2005)의 연구에서는 종업원의 마음으로부터의 감정제시(심층연기)와 고객의 만족도를 검토하고 있다. 연구1에서는 실험협력자인 호텔 프런트의 담당자에 대해 2종류의 감정을 보이도록 의뢰하고 있다. 한쪽에는 마음으로부터 아이 콘택트

★　　퍼스펙티브 테이킹(perspective-taking)이란 거만한 자동적, 자기중심적인 시점에서 벗어나, 이와는 다른 시점으로부터 일어난 일, 타자, 자기를 바라보며 이해하는 인식작용이다(cf. 나카에, 코가, 히라타, 야마구치, 사카이, 오스미, 2000).

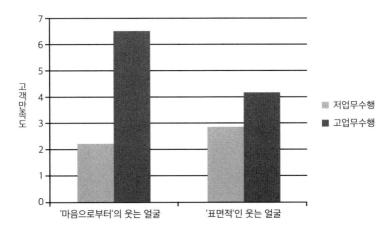

그림5-4 고객만족에 있어서의 '웃는 얼굴'의 종류와 업무수행의 관계
(Grandey et al., 2005에서 일부 수정하여 작성, p. 46)

와 웃는 얼굴을 보이는 것(심층연기)을, 또 한쪽은 표면적 아이 콘택트와 웃는 얼굴을 보이는 것(표층연기)을 의뢰하여 호텔의 프런트 업무를 하도록 하여, 그 모습을 비디오로 촬영하였다. 그 비디오를 실험참가자가 평가한 결과 마음으로부터 아이 콘택트와 웃는 얼굴을 보인 담당자 쪽이 친밀해지기 쉽다고 평가하여, 만족도도 높게 측정되었다. 특히 적절한 업무가 이뤄지고 있을 때의 아이 콘택트와 마음으로부터의 미소는 적절한 업무가 이뤄지지 않을 때와 비교하여, 만족도가 높았다(그림5-4). 사람은 감정표현이 표면적인지 마음으로부터인지 간파하는 것이다(Ekman & O'sullivan, 1991 ; Ekamn, O'sullivan Frank, 1999).

2) 감정전염과 웰빙

종업원을 향한 감정규칙이 종업원의 건강이나 고객의 성과에 끼치는 영향에 대한 검토(B)는 램과 첸(Lam & Chen, 2012)이 종업원의 감정규칙에 따른 감정제시로서 '심층연기'와 '표층연기'를 다루며 직무만족, 서비스의 품질평가, 전직률에 끼치는 영향을 검토하고 있다. 그 결과, '심층연기'를 행하는 프런트스태프는 직무만족이 높고 고객으로부터 서비스의 품질평가도 높았다. 프런트스태프의 웰빙이 고객의 서비스로의 품질평가에 영향을 끼치고 있는 점이 보여진 것이다. 마음으로부터의 감정을 표현하면 자신의 본래 감정을 보이는 표현과의 사이에 모순이 생기지 않기에, 스트레스가 쌓이는 일도 적고 일에 대한 만족도도 높다. 따라서 고객 니즈에 맞는 서비스를 제공할 수 있는 점에서, 서비스에 대한 고객의 평가도 높아지게 되는 것이다. 또한 높은 직무만족이 낮은 전직률에 영향을 끼치는 것도 함께 드러나고 있다.

'심층연기', '표층연기'와 스트레스와의 관계에 대해서 그랜디, 딕터, 신(Grandey, Dickter & Sin, 2004)이 검토하고 있다. 연구에서는 콜센터 스태프의 스트레스를 측정을 해가며 고객으로부터의 공격적 언사(소리침, 모독 등)에 대해 감정규칙에 따른 대응을 하도록 지시를 했다. 심층연기에서는 '상대의 시점에 서서 사물을 이해한다'(퍼스펙티브 테이킹), '사물의 좋은 점에 눈을 둔다'(긍정적 초점), '표면적으로 감정을 보인다'(표층연기), '감정을 입 밖에 낸다'류의 대응을 하도록 지시하여, 그러한 대응과 스태프의 스트레스와의 관계를 검토했다.

그 결과, 스트레스가 낮은 스태프는 상대의 시점에 서서 사물을 이해하고 고객의 좋은 점에 시선을 두는 것이 가능한 사람이었고, 이것과는 대조적으로 스트레스가 높은 스태프는 마음에 여유가 없고 표면적으로 감정을 보이는 '표층연기'를 하거나 감정을 입 밖에 내는 스태프였다. 감정규칙에 따라 감정제시는 스트레스의 높고 낮음에 영향을 받는다고 할 수 있다.

종업원을 향한 감정규칙 → 종업원의 감정제시 → 고객으로의 성과(A)와 종업원을 향한 감정규칙 → 종업원의 웰빙 → 고객으로의 성과(B) → 부분에 영향을 끼치는 변수인 관계변수(그림5-3)에 대해서는 서비스의 특징, 고객의 특징, 관계의 특징에 대해 각각 검토가 행해지고 있다. 서비스의 특징에서는 서비스의 접촉빈도가 그 서비스의 내용에 따라서 고객에 스트레스를 가져다주거나 동기부여를 하는 것이 드러났다(Grandey & Diamond 2010). 고객의 특징에서는 고객의 정서안정성이나 기분 좋음이 고객 자신의 감정제시나 종업원의 감정제시에 영향을 끼치는 것이 드러났고(Kim & Yoon, 2012), 관계의 특징에서는 종업원과 고객의 관계가 길어짐에 신뢰관계가 구축되어, 예를 들면 종업원의 서비스가 실패한 때에도 실패가 경감되는 것이 분명히 드러났다(Mattila, 2001). 이와 같은 다양한 요인이 종업원의 감정제시나 웰빙에 영향을 끼치는 것이 드러났으나 관계변수에 관한 충분한 연구가 되어 있다고 이야기하기는 아직 어렵고 금후로도 연구를 필요로 하는 부분이라 할 수 있다(Groth et al., 2013).

표5-1 스트레스 평가에 따른 감정의 타입

(Grandey et al., 2004로부터 일부 삭제 수정하여 작성, p.411)

	표층연기	심층연기		감정을 입 밖에 낸다
		긍정적 초점	퍼스펙티브 테이킹	
고스트레스 평가	<u>1.42</u>	0.61	1.08	<u>0.41</u>
저스트레스 평가	1.21	<u>0.87</u>	<u>1.53</u>	0.20

(주1) 수치는 평균치를 나타낸다. (주2) 밑줄을 그은 숫자는 유의차(有意差)가 있었던 수치

| 3 | 종업원만족과 번아웃

(1) 역할스트레스와 번아웃(burnout)

혹실드(Hochschild, 1983)는 객실승무원의 감정노동의 검토에서 그녀들이 '고객 앞에서는 웃는 얼굴을 보여야 하는' 감정규칙에 따라서 일을 하도록 의무가 부여되어 있음을 밝히고 있다. 그러나 업무 시프트가 힘들어지거나 느껴서는 안 된다고 말하는 감정, 예를 들면 '힘들어서 미소따윈 보일 수 없다', '기분 좋은 듯 접객하는 것도 더는 무리다' 등을 느끼는 경우가 많아지면 감정규칙에 따라서 일을 하는 것이 어렵게 된다. 그러나 웃는 얼굴을 보이지 않는 객실승무원은 객실승무원으로서 바람직하지 않다고 일반적으로 여겨지기에 객실승무원의 입장으로서는 아이덴티티를 지키려고 하는 한 자신의 감정을 관리하려 한다. 이런 이유에서 감정의 관리를 실패하면 '자신은 객실승무원으로서 어울리지 않는다. 승무원 실격이다'라고 자신을 책망하게 되어, 자기 인식의 위기(Identity Crisis)*가 생긴다고 설명하고 있다. 다시 말해서 개인의 니즈나 가치관과 그 사람에 바라게 되는 역할이 양립하지 않기에, '역할갈등'이 일어나는 것이다. 이러한 '역할갈등'은 역할스트레스의 하나로 분류된다.

역할스트레스에는 3가지의 종류가 있다. 여기에는 전술한 자아와 역할과의 갈등인 '역할갈등', 책임의 범위나 경계선이 애매하거나 책임을 다하기 위한 수단이나 행동에 관한 정보가 부족한 경우

★ 자기 인식의 위기(Identity Crisis)란 자기상실, 자기동일성의 상실로서 '자기는 무엇인가', '자기는 이 사회에서 살아갈 능력이 있는 것인가'라는 의문에 부딪혀, 심리적으로 위기에 빠지는 것을 뜻한다.

등에 일어나는 '역할의 애매성', 기한 내에 실행하는 것이 가능한 범위를 넘어서는 기대를 상사로부터 받은 경우 등에 일어나는 '역할과중'이 있다. 이번 장의 모두(冒頭)에서 나카무라 씨는 '역할의 애매성'에 의해서 스트레스를 쌓고 있던 것이다.

감정의 관리를 항상 행한다는 것은 어느 특정한 감정을 표출하거나 억제하거나 하는 것을 강제 받고 있는 것이기도 하다. 이것이 길어진다면, 어느 날 돌연히 아무것도 하고 싶지 않게 되고, 이윽고 일을 그만두게 된다. 이러한 상태를 번아웃이라고 한다. 번아웃은 휴먼 서비스업이라고 불리는 의료나 복지, 교육 등의 현장에서 특히 많이 일어난다고 언급되고 있으며 그 연구도 많이 이뤄지고 있다(다케이, 2006: 스와, 2011). 번아웃이란 소진증후군이라고 번역되는 경우도 있고 과도한 지속적인 스트레스에 대처하지 못하여 긴장상태가 풀어지고 의욕이나 야망이 급속히 쇠퇴하여 부족하게 된 때에 표출되는 심신의 증상이라 설명되고 있다(쿠보, 타오, 1991).

매슬랙과 잭슨(Maslach & Jackon, 1981) 그리고 매슬랙, 샤우펠리, 라이터(Maslach, Schaufeli & Leiter, 2001)에 의하면 번아웃에 빠진 사람은 몹시 지친 끝에 심리적 피로감인 '정서적 소모감(emotional exhaustion)', 대인관계에 개인차 등을 무시하고 기계적으로 접하는 경향인 '탈인격화(depersonalization)'가 일어나, 달성감을 느끼는 감정인 '개인적 달성감(personal accomplishment)'이 저하된다고 설명하고 있다(번아웃 척도에 관한 상세한 점에 대해서는 칼럼을 참조할 것).

(2) 번아웃의 원인

번아웃의 원인에 대해서, 상황요인과 개인적 요인으로 생각해보고자 한다. 먼저 상황요인에서는, 사회적 교환이론(social-exchange theory)[*]으로부터, 2가지의 연구를 보도록 하자.

반 호른, 샤우펠리, 엔츠만(van Horn, Schaufeli & Enzmann, 1999)은 네덜란드의 초등 및 중등학교 교사를 대상으로, 교사와 학생(개인과 개인), 교사와 학교(개인과 조직)의 각각의 상호작용으로 어느 정도 자신이 노력을 하고 있는가(investment : 투자), 그것에 대해 학생과 학교는 어느 정도 자신의 노력에 보상해주고 있는가(outcome : 결과)에 대해 설문지조사를 하였다. 그 결과, 교사와 학생과의 상호작용에 있어서 자신의 노력(투자)과 비교하여 학교로부터 보수(결과)가 적을수록 번아웃의 '정서적 소모감'이 높아지는 것이 명백히 드러났다. 반 호른 등은 번아웃이 일어난 이유로서 학교 내에 다양한 규칙이 있기에 교사와 자유로운 교습법으로 가르치는 것이 불가능한 것 등을 거론하였다. 또한 연령이 높은 교사 쪽이 젊은 교사보다도 '개인적 달성감'이 낮은 결과가 드러났다. 이 결과는 경험이 있는 교사 쪽이 '개인적 달성감'이 높다는 선행 연구와는 다른 결과였다 (Friedman, 1991).

베커, 샤우펠리, 식스마, 보스벨드, 디어렌돈크(Bakker, Schaufeli, Sixma, Bosveld & Dierendonck, 2000)는 일반개업의와 환자와의 상호작용이 번아웃에 끼치는 영향에 대해서 1991년과 1996년에 검토를 행하여, 노력(투자)에 대하여 환자로부터 받는 보수(결과)가 없어 상호성이 보이지 않으면 '탈인격화'를 일으키는 것을 확인하였다. 환자를 치료하는 과정에서 의사의 노력에 대한 환자로부터의 감사가

---

[*] 사회적 교환이론이란 대인 간의 주고받음을 이론화한 것이다. 티보와 켈리(Thibau & Kelly, 1959)는 대인관계의 본질은 상호작용에 있다고 하여 양자 간의 사회적 상호작용의 분석을 행하여, 상호작용의 결과를 보수와 비용의 시점으로부터 이론화하였다. 여기에서는 보수와 비용의 차=결과(outcome)가 클수록 사람은 만족한다. 상호관계에 만족하는지 어떤지는 비교수준(어느 결과에 만족할 수 있는지 그 사람이 갖는 기준)과의 비교에 의해 결정된다(cf. 나카지마, 안도, 코야스, 사카노, 시게마스, 타치바나, 하고다, 1999).

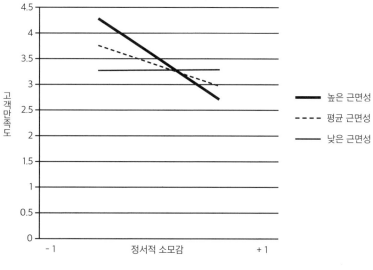

그림5-5 '근면성', '정서적 소모감', '통화량'과의 관계

(Witt et al., 2004에서 작성, p. 155)

느껴지지 않거나 치료 성과가 보이지 않는 등 무력감에 휩싸여 환자와 만나고 싶지 않게 되는 것 등이 추측될 수 있다.

개인적 요인에서는 개인의 특성이 일의 수행과 번아웃에 끼치는 영향에 대해서 검토가 행해지고 있다. 위트, 앤드류스, 칼슨(Witt, Andrews & Carlson, 2004)은 콜센터의 담당자 92명을 대상으로 개인적 특성인 '근면성(내지는 성실성)(conscientiousness)'(상세한 내용은 6장을 참조할 것), 통화량(5분간 통화 응대의 수), 고객의 서비스의 품질평가, '정서적 소모감'과의 관계에 대해서 검토를 실시했다. 그 결과, '근면성'이 높은 담당자는 낮은 담당자보다도 '정서적 소모감'이 높으면 통화량이 줄어들고, '정서적 소모감'가 낮으면 통화량이 증가했다(그림5-5).

근면하고 성실한 사람일수록 자신이 해야 할 일에 있는 힘껏 몰두하기 때문에 심리적 피로감이 없는 경우에는 통화량이 대폭 증

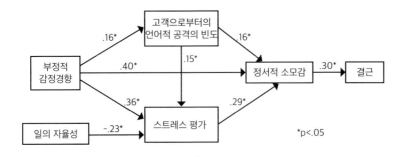

그림5-6 '부정적 감정경향', '일의 자율성'이 '고객으로부터의
언어적 공격의 빈도'와'스트레스 평가', '정서적 소모감', '결근'에 끼치는 영향
(Grandey et al., 2004에서 일부 수정하여 작성, p. 410)

(주) 수치는 패스계수로, 인과의 강함을 나타냄.

가하고 일의 수행이 매끄럽게 행해지는 것이 보여졌다. 이것은 심
리적 피로감이 쌓이지 않게 하는 조직의 구조가 중요하며, 이를 정
비하는 것이 작업능률을 크게 올린다는 것을 시사하고 있다.

상황요인과 개인요인의 양면으로부터 번아웃에 대해 검토한 연
구결과도 보인다. 그랜디 등(2004)은 콜센터의 담당자 198명을 대
상으로 상황요인으로서의 '일의 자율성'을, 개인적 특성으로서의
'부정적 감정경향'을 다루어, 그것들이 고객으로부터의 언어적 공
격(소리침, 모독 등)의 빈도, 스트레스 평가에 끼치는 영향 등, 그것들
로부터 생기는 '정서적 소모감'이나 결근(3개월간에 일을 쉰 시간을 측
정)에 대해 검토를 행하였다(그림5-6).

그 결과, '부정적 감정경향'이 강한 담당자일수록 고객으로부터
언어공격의 빈도수와 스트레스 평가가 높아지는 것에 의해, '정서
적 소모감'을 일으켜 결근으로 이어지는 것이 드러났다. '부정적
감정경향'이 강한 사람은 매사에 대해 부정적 상태가 되기 쉽고,
두려움이나 불만도 지니기 쉬운 탓에, 고객으로부터의 불만이나

모독에 민감하게 반응하고 대응한다. 그렇기에 고객으로부터의 언어적 공격 빈도도 많고 불만도 강하기 때문에 고객의 언사로부터 받는 스트레스도 높다. 그 결과, 심리적 피로감도 높아지고 결근수도 늘어나는 것이라 추측할 수 있다.

또한 '일의 자율성'이 높을수록 고객의 언어공격에 의한 스트레스 평가가 낮게 나타났다. '일의 자율성'이 높다는 것은 스스로 어떠한 대응을 하면 좋을지 결정이 가능하다는 것이기도 하므로, 자신이 결정한 목표를 달성할 때에는 그 기쁨이나 보람이 크기에, 고객으로부터의 언어공격에 대한 스트레스도 높지 않게 된다. '일의 자율성'은 번아웃에 대한 완충재의 역할을 담당한다고 할 수 있다. '일의 자율성'이 스트레스저하와 관계가 있는 것(Johnson & Spector, 2007)이나 권한위양이 부여되어 있는 현장에서는 번아웃이 일어나기 어려운 점(Yagil, 2006)은 선행 연구로부터도 밝혀진 사실이다.

제5장에서는 종업원만족을 높이기 위한 요인과 그 프로세스, 고객만족과 그 관계를 명백히 한 뒤에, 종업원만족에 영향을 끼치는 감정제시나 번아웃에 대해서 검토를 행했다. 그 결과, 고객을 향한 감정제시의 방법이나 서비스의 품질평가는 고객만족을 결정시키는 중요한 요인의 하나이며, 그 감정제시를 행하고 있는 종업원의 만족도를 향상시키는 것은 기업에 있어서 필수 과제인 것이 시사되었다고 할 수 있겠다.

당신은 너무 피곤해 있지 않은가?

당신은 최근, 일을 하고 싶지 않으며 자신의 일에 보람이 느껴지지 않으며 고객에 대응하는 것이 귀찮게 느껴지지는 않은가? 만일 그렇게 느끼고 있다면, 당신은 번아웃(Burnout), 다시 말해 소진증후군에 걸려있을지도 모른다.

매슬랙의 소진증후군(Burnout) 척도(Maslach Burnout inventory. MBI 개정판)

소진증후군을 다면적으로 측정하기 위해 매슬랙과 잭슨(Maslach & Jackson ,1981)이 작성한 척도이며, 그것을 기준으로 타오(1989)가 작성하고 타오, 쿠보(1996)가 개정한 것이다. 이 척도는 세 가지의 하위인자로 구성되어 있고, 그러한 인자의 특징은 이하와 같다.

① 정서적 소모감(emotional exhaustion): 육체 피로가 아니라 심리적 피로감, 허탈감으로 더는 일하지 못하게 된 정서적 상태를 가리킨다.(질문항목 1, 7, 8, 12, 16)
② 탈인격화(dersonalization): 귀찮은 인간관계를 피하거나, 클라이언트 한 사람 한 사람의 개인차와 인격을 무시하고 기계적으로 대응하는 경향을 가리킨다.(질문항목 3, 5, 6, 10, 11, 14)
③ 개인적 성취감(personal accomplishment): 해야 할 일을 이루었다는 기분과 달성의 성취감에 젖은 기분을 가리킨다. 번아웃되면 이러한 성취감이나 효력감이 후퇴한다.(문항 2, 4, 9, 13, 15, 17)

실시 절차
: 3가지 인자별로 총점을 산출한다.

결과의 해석

: 점수가 높은 사람일수록 감정적 소모감, 탈인격화, 개인적 성취감의 후퇴를 보이게 된다. 표5-1 번아웃의 진단표(타오·쿠보, 1996)를 참고하여 자신의 번아웃의 상태를 확인하자.

표5-1 번아웃의 진단표(타오, 쿠보, 1996)

진단	정서적 소모감	탈인격화	개인적 성취감
정상(40%이하)	5 ~ 15	6 ~ 11	25 ~ 28
평균(40~60 %)	16 ~ 18	12 ~ 14	17 ~ 16
주의(60~80 %)	19 ~ 20	15 ~ 17	15 ~ 13
요주의(80~95%)	21 ~ 23	18 ~ 20	12 ~ 10
위험(95%~)	24 ~ 25	21 ~ 23	9 ~ 5

⟨Maslach Burnout 척도⟩

당신은 최근 6개월 사이에 다음과 같은 일을 어느 정도 경험했습니까?
오른쪽란의 맞다고 생각하는 번호에 ○표를 해주십시오.

아니다 - 1 | 대체로 아니다 - 2 | 보통 - 3 | 대체로 그렇다 - 4 | 항상 그렇다 - 5

1.	'이런 일 이제 그만둬야겠다'라고 생각한 적이 있다.	1-2-3-4-5
2.	주변을 잊을 정도로 일에 열중한 적이 있다.	1-2-3-4-5
3.	자잘하게 배려를 하는 것이 귀찮게 느껴진 적이 있다.	1-2-3-4-5
4.	이 일은 나의 성격에 맞다고 생각한 적이 있다.	1-2-3-4-5
5.	동료나 환자의 얼굴을 보는 것도 싫어진 적이 있다.	1-2-3-4-5

6.	자신의 일이 하찮다는 생각이 들어 자신도 어쩔 수 없을 때가 있다.	1-2-3-4-5
7.	하루 일과가 끝나면 "드디어 끝났다"고 느끼는 때가 있다.	1-2-3-4-5
8.	출근 전에 직장에 나가기가 싫어져서 집에 있고 싶은 때가 있다.	1-2-3-4-5
9.	일을 마치고 오늘은 기분 좋은 날이었다고 생각할 때가 있다.	1-2-3-4-5
10.	동료나 환자와 아무것도 이야기하고 싶지 않다는 생각이 들 때가 있다.	1-2-3-4-5
11.	일의 결과는 아무래도 좋다는 생각이 들 때가 있다.	1-2-3-4-5
12.	일 때문에 마음에 여유가 없어졌다고 느낄 때가 있다.	1-2-3-4-5
13.	지금의 일에서 마음으로부터의 기쁨을 느낄 때가 있다.	1-2-3-4-5
14.	지금의 일이 나에게 있어 너무나도 의미가 없다고 생각될 때가 있다.	1-2-3-4-5
15.	일이 즐거운 나머지 자신도 모르게 시간이 지나 버린 일이 있다.	1-2-3-4-5
16.	몸도 마음도 지쳐버렸다는 생각이 들 때가 있다.	1-2-3-4-5
17.	스스로도 일을 잘 끝냈다는 생각이 들 때가 있다.	1-2-3-4-5

제 6 장

종업원과
커뮤니케이션

　　호스피탈리티산업에 종사하는 사람은 고객과의 상호작용에 있
어 원활한 커뮤니케이션을 할 필요가 있다. 원활한 커뮤니케이션
이란 고객의 말에 귀를 기울이고 그들의 니즈를 이해한 후에 적절
히 응답하는 것으로 성립된다. 그러한 행동에는 말 그 자체인 언어
적 행동과 그 이외의 것인 비언어적 행동이 있으나 그 행동의 표현
방법은 개인차가 있으며 개인차는 개인의 퍼스낼리티에 따른 점이
크다. 이런 점을 바탕으로 제6장에서는 심리학적 접근 중에서도,
퍼스낼리티의 입장으로부터 어떠한 퍼스낼리티의 종업원이 고객
과의 원활한 커뮤니케이션을 취할 수 있는지에 대해 생각해보고자
한다. 또한 그때에 보여지는 행동 중에서도 비언어적 행동을 다루
어 검토하는 것과 함께 직업인으로서 알아두어야 할 매너의 측면
으로부터 언어적, 비언어적 행동에 대해서 알아보고자 한다.

| 1 | 종업원의 행동과 퍼스낼리티

호스피탈리티산업의 종업원의 개인적 특성에 대한 검토는 4가지 측면으로부터 이뤄진다(Dahling & Johnson, 2013). 그것들은 ① 동기적 측면, ② 적합성 측면, ③ 컨피던스의 측면, ④ 기술 베이스의 측면이다. ① 동기적 측면에서는 어떠한 종업원이 조직이 제시하는 수준을 받아들여, 일에 몰두하도록 동기부여를 받는지에 대해 검토하고 있다. ② 적합성 측면에서는 기업의 이념이나 서비스 전략 등이 개인이 지니는 기질이나 퍼스낼리티와 일치하고 있는지, 그 적합성에 대해서 검토하고 있다. ③ 컨피던스의 측면에서는 감정노동을 효과적으로 행하기 위하여 자신감이나 확신 등의 개인차에 초점을 둔 검토가 이뤄지고 있다. ④ 기술 베이스의 측면에서는 종업원의 어떠한 퍼스낼리티가 감정노동을 행하기 위해 필요한 스킬이나 능력에 영향을 끼치는지, 그 개인적 차이에 초점을 둔 검토가 행해지고 있다.

이 장에서는 ④ 기술 베이스의 측면으로부터 선행 연구를 다루며 인물의 전체상을 파악하는 특성인 특성론으로부터 퍼스낼리티의 Big Five와 대인태도를 예측하는 개별 측면적 성격인 상황유지론으로부터 퍼스낼리티와의 초점을 둔 검토를 행하고자 한다.

퍼스낼리티를 거론하는 이유는 사람의 행동이 퍼스낼리티의 영향을 받는(Buss, 1986) 것으로, 어떠한 퍼스낼리티의 종업원이 고객과의 커뮤니케이션을 원활하게 행하여 적절한 서비스를 제공하는가를 알 수 있기 때문이다.

또한 호스피탈리티산업에 있어서 적절한 인재의 채용에는 지원자의 퍼스낼리티의 평가가 중요한 요인의 하나로(Bardi, 2003 ; cf. 다카츠키, 야마다, 2005), 그 이유는 실제로 성공하고 있는 기업 중에서도 채용 시에 응모자의 퍼스낼리티를 중시하여 채용을 행하는 기업이 많은 점이(Bendapudi & Bendapudi, 2005 ; Freiberg & Freiberg, 1996 ; 다카노, 2005) 드러나고 있기 때문이다.

(1) 특성론으로부터의 퍼스낼리티 : Big Five

퍼스낼리티를 편성하는 몇 가지의 변수(공통 특성)의 정도를 양적으로 상정하여, 그것들의 조합으로 퍼스낼리티를 기술, 설명하려고 하는 것이 특성론의 입장이다(와다, 1996). 특성론에서는 인간이 공통되는 퍼스낼리티의 구조를 지닌다고 가정하여, 개인을 공통 특성으로부터 구성되는 다차원 공간의 하나의 배치로서 다루어 개인차를 기술한다. 그렇기에 개인의 퍼스낼리티의 전체상이 명확히 드러나는 장점을 지닌다. 이 특성론에서 분류되는 Big Five에는, ① 외향성(extra-vision), ② 협조성(내지는 조화성)(agreeableness), ③ 근면성(내지는 성실성)(conscientiousness), ④ 신경증성(내지는 정서적 불안정성)(neuroticism), ⑤ 개방성(openness)까지 다섯 종류의 특성이 있다. 이러한 Big Five와 직업과의 관계에 대해서는 수많은 검토가 이루어지고 있다(Barrick & Mount, 1991 ; Diefendorff & Richard, 2003 ; Judge, Woolf & hurst, 2009 ; Motowidlo, Martin & Crook, 2013). 그중에서도 감정표현과 관련되어 있는 ① 외향성과, 퍼포먼스에 관련되어 있는 ③ 근면성(성실성)을 다루어, 이것들이 종업원의 행동에 끼치는 영향에 대해 생각하고자 한다.

1) 외향성
외향성이 높은 사람은 말하는 것을 좋아하고 사교적으로 고객과의 상호작용의 과정에서 자연히 긍정적인 감정표현을 행한다고 알려져 있다(cf. Barrick & Mount, 2005). 따라서 외향성이 높은 종업원은 웃는 얼굴로 고객과의 아이 콘택트를 해가며, 호감을 가져오는 감정표현으로 커뮤니케이션을 하는 것이 가능하다. 이것은 외향성이 긍정적인 감정의 얼굴 표정과 관계가 있다는 선행 연구(Riggion & Riggio, 2002 ; Tan, Foo, Chong & Ng, 2003)로부터도 드러난다.

디펜도르프와 리처드(Diefendorff & Richard, 2003)는 외향성과 신경증성이 감정표현의 자기평가, 감정표현에 관한 동료로부터의 평가, 직업만족과 어떠한 관계를 지니는지 검토하고 있다. 감정표현의 자기평가에는, '긍정적 감정표현'('자신의 일을 효과적으로 행하기 위해서, 나는 쾌활하며 사교적이지 않으면 안 된다' 등의 4항목)과 '부정적 감정표현'('자신의 일을 효과적으로 행하기 위해서, 나는 스스로 느낄지 모르는 분노나 경멸의 감정을 누르지 않으면 안 된다' 등의 4항목)의 5단계 평가(전혀 일어나지 않는다(1) ~ 굉장히 자주 일어난다(5))로 회답을 요청했다. 대상자는 세일즈직이나 서비스직, 사무직, 매니지먼트직 등을 시작으로 하는 7직종의 정사원 152명이었다. 그 결과, 외향성이 높은 것이 '긍정적 감정표현'의 자기평가에 영향을 끼쳤고, 그것이 동료로부터 본 감정표현의 평가와 직무만족에 영향을 끼치는 결과가 나타났다(그림6-1).

외향성이 높은 종업원은 낮은 사람보다 긍정적 감정표현을 행하는 것이 능하며, 자신도 그것을 자각하고 있을 뿐 아니라, 동료도 그 점을 평가하고 있을 것이다. 이 결과는 선행 연구(Riggion & Riggio, 2002 ; Tan et. al., 2003)를 지지하는 결과였다. 또한 긍정적인 감정표현은 그것을 받는 사람에게도 긍정적인 감정을 낳는 것뿐만 아니라 본인도 긍정적인 감정을 경험하는 것으로부터 직무만족도가 높아지는 점을 추측할 수 있다. 신경증성이 높은 것이 부정적인 감정표현의 자기평가에 영향을 끼치고, 그것이 직무만족에 마이너스의 영향을 끼치는 것이었다. 신경증성이 높은 사람은 사소한 일

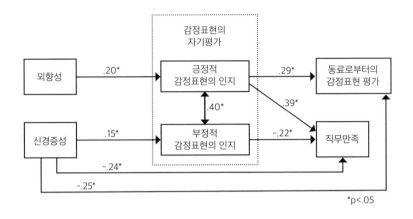

그림6-1 외향성, 신경증성이 자기평가, 동료로부터의 평가, 직무만족에 끼치는 영향
(Diefendorff & Richard, 2003에서 일부 삭제, 추가 기재하여 작성, P. 291)

(주1) 수치는 패스계수로, 인과관계가 강함을 나타낸다.
(주2) 유의미한 패스만을 기재.

에 고민하며 걱정하는 성격으로 부끄러움을 잘 타는 경향이 강하기에, 자신의 부정적 감정을 필요 이상으로 억제하려 하기에 직무만족이 낮게 된다고 생각되고 있다.

저지 등(Judge et al., 2009)은 127명의 종업원을 대상으로 표층연기와 심층연기를 할 때에 외향성이 긍정적 감정상태와 부정적 감정상태, 스트레스의 일종인 정서적 소모감, 직무만족에 끼치는 영향을 검토하였다. 그 결과, 외향성은 표층연기를 할 때에 부정적 감정상태, 정서적 소모감을 경감시키는 효과가 있는 점이 명백히 드러났다. 표층연기는 내면의 감정과는 다른 감정을 물리적으로 만들어 내려고 하는 점에서부터, 종업원이 스트레스를 느끼게 하기 쉬운 점은 선행 연구로부터 얻어진 사실이다(Lam & Chen, 2012). 그러나 외향성이 높은 종업원은 비록 내면의 감정과는 다른 감정을 표시하게 되더라도 본래 사교적이기에 긍정적으로 상황을 받아들이려하는 것으로부터 긍정적인 감정상태나 정서적 소모감을 감소시키도록 기능하는 것이라 할 수 있다. 높은 외향성은 표층연기를 할 때에 직무만족의 감소를 완화하여 심층연기를 할 때에는 직무만족을 향상시킨다는 가설은 지지되지 않았다. 심층연기를 하는 것으로 직무만족이 높다는(Lam & Chen, 2012) 선행 연구와는 다른 결과였다. 이는 금후 한층 더 검토의 필요성을 시사한다고 할 수 있다.

2) 근면성(성실성)

배릭과 마운트(Barrick & mount, 1991)는 Big Five와 일의 퍼포먼스에 대해서 검토한 선행 연구를 개관한 결과, 근면성이 높은 사람은 프로페셔널, 매니저, 세일즈맨, 경찰관 등의 직무의 퍼포먼스력이 높은 점이 밝혀졌다. 근면성이 높은 사람은 주의가 깊고 신뢰할 수 있는 하드 워커이므로 퍼포먼스력이 높은 것이다(cf. Barrick & mount, 2005).

모토윌도 등(Motowildo et al., 2013)은 근면성이 서비스 인카운터에 있어서의 효과적인 행동에 대한 지식 및 실제 행동과 어떠한 관계가 있는지 검토하였다. 그 결과, 근면성이 높은 종업원은 서비스 인카운터에서 어떻게 대응을 해야 할지에 대해 지식이 많으며, 보다 효과적인 행동을 하는 것이 가능함이 밝혀졌다. 근면성이 높은 사람은 주의가 깊고 잘 생각하며 계획적이기에 고객과의 상호작용에 있어서의 행동에 대해서도 계획적으로 지식을 얻어 행동하여, 그 행동이 효과적이라는 평가를 받게 되는 것이다. 근면성이 높은 사람은 리더십이 있었으며(오오시마, 오구치, 2012), 관리자로부터도 근면성은 종업원으로서 바람직한 퍼스낼리티라 인식되고 있다(야마구치, 오구치, 2013).

그러나 근면성은 스트레스가 많은 경우, 퍼포먼스력에 영향을 끼치는 점(Witt, Andrews & Carlson, 2004) 때문에, 근면성이 높은 종업원의 퍼포먼스력을 저하시키지 않기 위한 노무관리의 중요성이 시사되고 있다.

(2) 상황특성론으로부터의 퍼포먼스

Big Five가 개인의 퍼스낼리티의 전체상을 파악하는 데에 적합하다고 한다면, 상황특성론으로부터의 퍼스낼리티는 구체적인 상황에 있어서의 특정 개인의 행동, 감정, 상황을 예측하는 데에 적합하다고 말한다. 호스피탈리티산업에 있어 대면하게 되는 장면에서는 그 사람의 전체상을 파악하는 Big Five에서는 전부 파악할 수 없는 대인태도가 개인의 행동특징에 나타나기에(나카무라, 2000), 대인태도를 예측하는 개별측면적인 퍼스낼리티인 상황특성론도 중요할 것이다(e.g. 안도, 1995 ; 오구치, 1995). 이 점에서 상황특성론으로부터 호스피탈리티산업에 종사하는 자에 있어서 중요하다고 생각되는 퍼스낼리티 중에서 1)셀프 모니터링(self-monitoring)과 2)공감성(empathy)을 다루며, 그것들과 행동과의 관계를 명확히 하고자 한다.

1) 셀프 모니터링(self-monitoring)

셀프 모니터링(self-monitoring)이란 스나이더(Snyder, 1974)가 제창한 퍼스낼리티로, 사람이 자신이 놓여진 상황의 적절한 기준에 맞도록 자신의 행동을 관찰하여 통제하는 경향성을 뜻한다(야마구치, 오구치, 2001). 스나이더(Snyder, 1974)가 제창한 셀프 모니터링의 관념으로부터 레녹스와 울프(Lenox & Wolfe, 1984)가 그 경향을 재는 척도를 작성하였다. 그 척도에는 2가지 인자, '타자의 표출행동에 대한 감수성(이하 감수성이라 기재)'과 '자기제시의 수정능력(이하 수정

능력이라 기재)'이 있다. 감수성은 타자의 감정을 살피거나 타자에게 무엇이 적절할지를 민감하게 찾는 경향이 뛰어난 점을 의미한다. 또한 수정능력은 타자의 요망에 맞추어 자신의 행동을 바꾸는 것이 가능한 경향을 의미한다. 예를 들면 당신이 호텔 프런트 스태프로, 밤늦게 체크인을 하는 고객으로부터 '간단한 식사를 하고 싶은데 레스토랑 여는데 없나요?'하는 얘기를 들었을 때, 당신은 짐을 맡아두고, 바로 레스토랑이 있는 장소까지 고객을 안내하겠는가? 이러한 행동을 취하는 것이 가능하다면, 당신은 셀프 모니터링이 높은 사람이라 할 수 있다. 왜냐면 당신은 고객의 감정이나 요망인 '너무 지쳐서 한시라도 빨리 식사를 하고 쉬고 싶다'는 점을 빠르게 캐치하여 행동에 옮겼기 때문이다.

셀프 모니터링에 대해서는 셀프 모니터링과 직업의 관련(Brown White & Gerstein, 1989)이나 종사하고 있는 사업내용의 상이와의 관련 등의 연구가 행해지고 있다(Sypher & Sypher, 1983). 예를 들면 호스피탈리티산업의 대표적인 직업이기도 한 항공회사에서 객실승무원과 지상직 승무원으로 채용이 결정된 직원은 셀프 모니터링이 높고, 특히 행동수정 능력이 높은 점이 분명히 드러났다(야마구치, 오구치, 2000).

셀프 모니터링은 비언어적 행동과 관련이 있다(Friedman & DiMatleo, 1980). 스미스, 베리, 휘틀리(Smith, Berry & Whitely, 1997)는 채용면접 시의 지원자의 셀프 모니터링과 비언어적 행동의 표현과의 관계를 검토하여 셀프 모니터링이 높은 지원자일수록 웃는 얼굴을 보이는 면접관을 볼 때, 면접관과 같이 웃는 얼굴을 많이 보이는 것을 보고하고 있다. 셀프 모니터링이 높은 사람은 타자의 행동에 민감하기 때문에, 그 장소의 상황에 맞추어 웃는 얼굴을 많이 보이는 점이 추측 가능하다.

디펜도르프, 크로일, 고서랜드(Diefendorff, Croyle & Gosserand, 2005)

는 셀프 모니터링, Big Five와 표층연기, 심층연기, 자연스러운 감정표현과의 관계를 검토하고 있다. 그 결과, 셀프 모니터링이 높은 사람은 표층연기를 잘 행하고 반대로 외향성, 근면성(성실성)이 높은 사람은 표층연기를 행하지 않는 점이 명백히 보여졌다. 셀프 모니터링이 높은 사람은 상황판단에 뛰어나 타자가 원하는 행동을 하는 것이 가능하기 때문에, 예를 들면 감정을 동반하지 않는 표정이라 하더라도 필요하다면 그러한 표정을 보이는 것도 가능할 것이다. 셀프 모니터링은 표층연기를 행하는 때에 직무만족의 감소와 현장 방기의 증가를 완화하는 점도 드러났다(Schott, Barnes & Wagner, 2012).

또한 셀프 모니터링이 높은 사람이 심층연기를 행하고 스트레스도 낮은 결과가 명백히 드러나고 있다(Bono & Vey, 2007). 심층연기는 마음으로부터 감정을 드러내기 때문에 고객으로부터의 평가도 높고 스트레스도 적다고 인식되고 있다. 따라서 셀프 모니터링이 높은 종업원은 심리적인 만족감(cf. Parkison, 1991)이나 건강도가 높다(야마구치, 오구치, 2000). 셀프 모니터링이 높은 종업원은 고객의 입장에 서서 행동을 하는 것이 가능하므로 고객으로부터의 평가도 높고 심리적으로도 행복감을 느껴, 건강하게 일을 하는 것이 가능한 것이다.

셀프 모니터링은 유전적인 영향이 강한 요인으로 말해지고 있지만(오오시마, 오구치, 2012), 기업 내의 연수 실시 후의 결과 등에서 셀프 모니터링이 변화할 수 있는 점도 추측할 수 있다.

2) 공감성

공감성이란 타자가 어떤 감정을 느끼고 있는지 눈치채고, 더하여 그 감정을 얼마나 자기 자신의 것과 같이 느끼는가 하는 점이라 할 수 있다(Buss, 1980). 이 공감성은 타자의 감정을 이해하는 '정서적 공감성'과 타자의 시점에 서서 매사를 바라보는 것이 가능한 '인지적 공감성'으로 나눌 수 있다. 따라서 공감성이 높은 종업원은 고객이 곤란해 있는 상황을 보았을 때에 고객의 감정을 정확히 이해하고 그 고통을 공유할 수 있다. 그리고 고객의 입장에 서서 그 곤란한 상황을 파악하는 것도 가능하다. 공감성은 심적 배려행동의 내적 기초과정인 배려의 마음에 해당된다(키쿠치, 호리이케, 1994)고 설명되고 있다.

쿠오, 첸, 루(Kuo, Chen & Lu, 2012)는 호텔의 숙박객 448명에게 호텔의 종업원에게서 어떠한 서비스 태도를 원하는지 설문지조사를 실시했다. 그 결과, 서비스태도로서 공감성, 문제해결, 열의, 친절함의 4개의 요인이 중요한 것이 밝혀졌다. 공감성을 보이는 태도로서 '종업원은 고객의 요구에 대해서 친절한 서비스를 제공해준다', '종업원은 고객의 니즈를 이해하는 것에 적극적이다', '종업원은 고객의 입장을 생각하는 것이 가능하다' 등이 언급되었다. 같은 숙박업인 여관에 있어서도 공감력이 높은 객실종업원은 고객이나 고용자로부터의 평가가 높은 것이 명백한 사실이다(야마구치, 오구치 2001).

종업원의 커뮤니케이션 스타일로서 공감성의 중요성을 명백히 한 연구가 있다. 강과 현(Kang & Hyun, 2012)은 레스토랑에 있어서의 종업원의 커뮤니케이션 스타일이 종업원의 고객중심주의, 고객로열티(고객과의 관계강화, 입소문 등)에 끼치는 영향을 검토하고 있다. 그 결과, 9개의 커뮤니케이션 스타일 중에서 고객과의 상호작용으로 공감을 보이는 '경청적 커뮤니케이션 스타일'이 가장 강하게 종업원의 고객중심주의에 영향을 끼쳐, 그것이 고객로열티에 영향을 끼치는 것이 명확해졌다. 이 결과로부터 미소나 동조, 아이 콘택트를 행해가며 고객의 말을 듣고 공감을 보이는 경청적 커뮤니케이션을 취하는 것이 고객의 니즈를 파악하기 위해 중요하며, 그 정보에 따라 고객중심주의의 서비스 제공이 가능하게 되는 것으로 보여진다.

공감성은 일에 대한 만족도에도 관계하여 특히 정서적 공감성이 높은 사람은 일하는 것 자체에 대한 만족도가 높은 점이 뚜렷하게 드러났다(야마구치, 오구치, 2000). 고객의 감정이 이해 가능한 것으로 인해 일에 대한 동기도 올라가, 만족도가 올라가는 것이다. 공감성은 유아 때의 흉내내기 놀이나 게임을 통해 발달되며(이시바시, 1999), 사회적 스킬 훈련으로 높이는 것이 가능하다(키쿠치, 호리이케, 1994). 또한 인지적 공감성은 대인불안*과 관계가 있어, 인지적 공감성이 높은 사람은 대인불안이 낮다(Parkinson, 1991). 대인불안이 낮은 데에는 사람과 접하는 일이 많고 상대의 입장에 서서 매사를 바라볼 기회가 늘어, 공감성이 육성되는 것이 원인일 것이다.

일반적으로 퍼스낼리티의 약 50%는 유전의 영향을 받으며 남은 변동성은 다른 요인, 특히 환경의 요인을 받는다고 한다(Mannell & Kleiber, 1997). 이러한 점으로부터 사람은 본래 지니고 있는 퍼스낼리티에 더하여, 그 사람이 놓여진 환경에 따라 내지는 그 사람의 사회적 경험이나 학습에 따라 퍼스낼리티가 변화할 수 있는 점도 추측 가능하다. 따라서 채용 시에 서비스 제공과정에 있어서 적절한 행동이 가능한 퍼스낼리티를 지니고 있는 인재를 채용하는 것이 가장 중요하나, 채용 후에 적절한 직무경험이나 학습, 연수의 기회를 제공하는 것으로 본래 지니고 있는 퍼스낼리티를 한층 적절한 퍼스낼리티로 변화시킬 필요성도 시사되고 있다(야마구치, 2006).

이상과 같이 호스피탈리티에 종사하는 자에 있어서 중요하다고

---

* 　　대인불안(social anxiety)이란 사람 앞에 설 때에 느끼는 불안감을 의미한다. 대인불안이 있는 사람은 특히 말이 없어지거나 언어나 제스처가 억제되거나 하는 것에서 가장 잘 드러난다(cf. Buss, 1986).

일컬어지는 퍼스낼리티 중에서, 특성론의 Big Five로부터 외향성과 근면성(성실성)을, 상황특성론으로부터 셀프 모니터링과 공감성을 다루어 종업원의 행동과의 관계를 검토하였다. 다음 절에서는 원활한 커뮤니케이션을 취하기 위한 중요한 요소인 비언어적 행동을 다루어가며 검토를 하고자 한다.

| 2 | 커뮤니케이션과 비언어적 행동

이 절에서는 비언어적 행동 중에서도 행복이나 기쁨의 감정에 따라 일어나는 얼굴의 기본적 요소인 웃는 얼굴(Ekman & Oster, 1979), 역량를 보여주는 아이 콘택트(Anderson, 1991)와 따뜻함을 표하는 동조표현(스즈키, 1997)에 초점을 두고자 한다.

(1) 웃는 얼굴

웃는 얼굴은 매력적인 용모특질로서(Cunningham, Barbee & Pike, 1990), 상대에게 호감을 지니고 있는 점을 전하기에 일반적으로는 긍정적으로 받아들여진다(Liden, Martin & Parsons, 1993). 따라서 대인접객장면이 많은 직장에 종사하는 사람에 있어서는 웃는 얼굴을 보이는 것이 일의 일부이기도 하다(cf. Hochschild, 1983).

야마구치, 오구치(1998)는 웃는 얼굴에 관한 선행 연구를 개관하며, 패터슨(Patterson, 1962)이 다룬 비언어적 행동의 기능을 검토한 다음, 웃는 얼굴의 기능으로서 ① '친밀감을 표출하는' 기능, ② 타자로부터 바람직한 반응을 불러일으키는 '피드백과 강화'의 기능,

③ 특정한 인상을 형성하는 '인상관리'의 기능을 언급하고 있다. 종업원이 보이는 미소는 ① '친밀감을 표출하는' 기능으로부터 먼저 고객에 호감을 지니고 있는 점을 전하고, ② '피드백과 강화'의 기능에서는 고객으로부터의 호의를 끌어내어, ③ '인상관리'의 기능에서 고객에게 종업원 자신이 밝고 호감을 지니는 사람이라는 인상을 형성시킨다.

이와 같은 기능을 지니고 있는 것이 웃는 얼굴이다. 가장 상대에게 호감을 가져다주는 웃는 얼굴의 모습은 마음으로부터의 즐거운 기분을 보여주는 웃는 얼굴 표정으로서, 그 표정은 대관골근(좌우의 광대뼈부터 입가 양쪽 끝까지 이어진 근육)과 안륜근(눈 주위를 둘러싸고 있는 근육)의 외측의 근육이 주로 수축하여 보여주는 것이라 할 수 있다(그림6-2)(cf. Frank, Ekman & Friesen, 1993).

안륜근

대관골근

그림6-2 웃는 얼굴과 표정근육
(야마다, 2011에서 가져옴. p. 112)

그랜디, 피스크, 마틸라, 얀센, 사이드먼(Grandey, Fisk, Mattila, Jansen & Sideman, 2005)은 연구 1에서 호텔의 프런트스태프의 마음으로부터의 웃는 얼굴과 표정뿐인 웃는 얼굴, 아이 콘택트 등을 포함한 감정표현과 고객의 만족도를 검토하고 있다. 그 결과, 고객은 아이 콘택트를 하며 마음으로부터의 웃는 얼굴을 보이며 업무를 행하는 스태프 쪽이 친해지기 쉽다고 평가하여, 고객만족도가 높았다. 특히 적절한 업무가 이뤄지고 있을 때의 마음으로부터의 웃는 얼굴과 아이 콘택트는 적절한 업무가 이루어지고 있지 않은 때에 비하여, 응대전체에 대한 만족도가 의미있게 상승하는 결과가 보였다.

이 결과로부터는 실제 업무가 적절히 이뤄진 뒤에, 마음으로부터의 웃는 얼굴이나 아이 콘택트 등의 긍정적인 감정표현이 이뤄져야 하는 것이 중요함이 시사되었다.

연구 2에서는 업무가 바쁜 때의 마음으로부터의 웃는 얼굴을 포함한 긍정적인 감정표현은, 종업원들과 친밀해지기 쉬움을 평가하는 데에 끼치는 영향이 적다는 결과가 나오고 있다.

고객은 바쁜 때에 종업원이 마음을 담지 않은 웃는 얼굴을 보인다하더라도, 그 원인을 종업원의 특성에 귀속시키는 것이 아니라 상황에 귀속시키기에, 친밀해지기 쉽다는 개인의 특성에 영향을 끼치는 일이 적은 것을 보여주고 있다. 따라서 업무의 다망함 그 자체가 고객이 인지하는 서비스의 질에 대한 평가에도 영향을 끼친다(Pugh, 2001).

그런데 웃는 얼굴을 보이는 강도, 다시 말해서 웃는 얼굴과 웃는 얼굴을 보이지 않는 중립적 상태의 표정에 의해 고객의 감정은 달라지는가? 트로가코스, 잭슨, 벨(Trougakos, Jackson & Beal, 2011)은 웃는 얼굴표현의 강도가 고객의 기분이나 고객의 서비스 품질의 영향, 조직에 대한 호의도에 끼치는 영향에 대해 검토를 하였다. 145명의 대학생을 대상으로, 실험자는 그들에게 '대학교 수영장 작업원으로서 수영장 곁을 지나는 통행인에게 설문지에 응답해주었으면 한다고 말을 걸 것'을 주문했다. 수영장의 종업원으로서 78명이 긍정적 감정표현('가능한 한 많은 사람에 매력적으로 보이도록 항상 웃는 얼굴로 행복한 듯 에너지가 넘치도록 행동을 할 것')을 하도록 지시를 받았고 67명이 중립적 감정표현('감정을 자제하는 침착한 인상을 지니도록 행동할 것')을 하도록 지시를 받았다. 수영장의 종업원(대상자)이 말을 걸어 설문지에 협력하는 것을 승낙한 통행인은 실험자로부터 지금 느끼는 무드('지금 어떻게 느끼고 있는가'), 서비스 품질의 평가(긍정적 감정표현에 대해서는 '종업원은 웃음을 띠고 있는가', 중립적 감정표현에 대해서는 '종업원은 예의 바른가' 등의 4항목), 조직에 대한 호감도('전체적으로 이 조

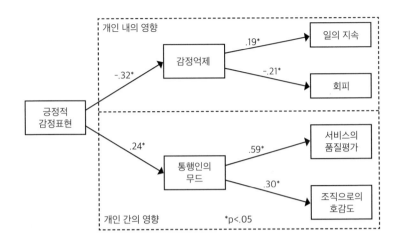

그림6-3 제시 룰이 감정억제, 일의 지속, 회피, 통행인의 무드,
서비스 품질평가, 조직에 대한 호감도에 끼치는 영향
(Trougakos, et al., 2011에서 일부 삭제, 수정하여 작성, p. 357)

(주) 수치는 패스계수로 인과관계가 강함을 나타냄.

직이 제공하고 있는 것에 만족하고 있다' 등의 14항목)에 회답을 하도록 요청받았다. 실험종료 후, 수영장의 작업원(대상자)은 감정억제('어느 정도 빈도로 본래 감정을 표현하는 것을 참지 않으면 안 됐었나' 등의 2항목)와 일의 지속(실험 사이에 말을 걸었던 통행인의 숫자)에 회답했다. 실험자는 회피의 수치(실험 간에 3~3.5m 이내에 통행한 통행인에 말을 걸지 않았던 사람의 수)를 측정했다.

그 결과, 개인 내의 영향으로는 수영장의 종업원(대상자)이 긍정적 감정표현에 있어서는 감정억제가 낮게 되고 일의 지속이 증가하여 회피가 줄어들게 되는 것이 명백해졌다. 항상 웃는 얼굴을 보이는 것으로 호감을 갖게 하는 인상을 만들어 내고 있다는 인식이 수영장의 작업원(대상자)이 통행인에게 말을 거는 것도 용이하게 되었다고 추측할 수 있다. 개인 간의 영향으로는 수영장의 작업원(대성자)의 긍정적 호감표현은 통행인이 느끼는 분위기(무드)를 향상시켜, 그것이 서비스의 품질평가와 조직을 향한 호감도를 향상시키는 것이 명백히 보여졌다(그림6-3).

웃는 얼굴을 보이는 힘에 넘치는 사람 쪽이, 중립적이고 침착한 표정보다도 통행인에 호감을 가져와 통행인이 느끼는 분위기(무드)를 향상시켜 그것이 서비스의 품질과 조직을 향한 호감도에 영향을 끼치는 것이 보여지고 있다. 밝게 웃는 얼굴을 보이는 것은 수영장의 종업원으로서 적절한 태도였을 것이다. 장면이나 상황에 적합한 웃는 얼굴은 인상이나 매력을 보다 높이는(히비노, 2009) 효과가 있다.

위와 같이 웃는 얼굴은 고객에 호감을 갖고 있는 점을 전하는 것과 함께, 웃는 얼굴을 보이는 본인도 쾌적한 기분으로 만들게 되어 (cf. Zajonc, 1985), 동기를 높이는 것이다.

(2) 아이 콘택트와 수긍의 표현

아이 콘택트와 수긍의 표현을 적절히 행하는 종업원은 고객으로부터 평가가 높다. 그것은 아이 콘택트를 통해서 고객의 니즈를 이해하는 것과 함께 수긍하는 것으로 고객으로부터 한층 더 정보를 끌어내어, 그 결과 고객의 니즈에 응답하는 것이 가능해지기 때문이다.

아이 콘택트는 의시(疑視)의 일종으로 그 기능에 대해서는 켄든 (Kendon, 1967)이, ① 표출기능, ② 모니터기능, ③ 조정기능의 3가지를 언급하고 있다. ① 표출기능은 대인관계에서의 접근회피의 감정을 표현하는 기능이다. 종업원은 고객과의 아이 콘택트를 하는 것으로 고객에 관심을 지니고 있는 것을 알린다. ② 모니터기능은 자신의 일에 대해 피드백으로서의 정보를 수집하는 기능이다. 아이 콘택트를 통해서 고객이 무엇을 원하고 있는지 정보를 얻는 것이 가능하다. ③ 조정기능이란 회화의 흐름을 조정하는 기능이다. 예를 들면 종업원이 고객과의 회화를 시작하고 싶을 때에는 고객과 아이 콘택트를 하는 것으로 이를 알리는 것이 가능하다.

야마구치, 오구치(2001)는 여관의 객실직원의 아이 콘택트와 웃는 얼굴을 다루어 검토를 행하였다. 그 결과, 고객에 응대하거나 객실을 나가거나 할 때에 인사와 아이 콘택트를 많이 행하는 객실직원은 능력이 있고 만족스런 서비스를 해주었다고 고객으로부터 평가받고 있었다. 따뜻한 차 서비스를 제공해가며 아이 콘택트를 많이 보이고 고객으로부터의 질문의 의도를 정확히 이해하여 적절하게 대답하는 것이 가능하기에 고객으로부터 능력이 있는 객실직원으로 평가받아, 결과적으로 만족스런 서비스였다고 평가받게 되었다고 생각할 수 있다.

이와 같이 종업원은 고객의 니즈를 알기 위해서 고객으로부터의 물음이나 응답을 촉진시킬 필요가 있다. 그때에 수긍은 어떠한 움직임을 하는 것일까?

수긍의 기능에 대해서는 포브스와 잭슨(Forbs & Jackson, 1980)이, ① 촉진제, ② 스피치의 컨트롤 혹은 진행을 들고 있다. ① 촉진제의 기능이란 수긍이 상대가 말한 것이나 행한 것에 대해서 격려로 작용하는 것을 말한다. 예를 들면 당신이 여행인솔자로서 단체여행객에 여행의 일정을 설명했다고 하자. 그때에 여행객이 고개를 끄덕이며 이야기를 들어주었다고 한다면, 자신의 설명이 잘 이해되었다고 안심하는 것이 가능할 것이다. ② 스피치의 컨트롤 혹은 진행의 기능이란 수긍하여 상대가 말을 계속하도록 허가를 부여하는 기능이다. 여행객이 고개를 끄덕인다면 당신은 앞으로 진행해도 괜찮겠다고 생각할 수 있게 된다.

순다람과 웹스터(Sundaram & Webster, 2000)에 의하면 수긍은 공감, 예의 바름, 신뢰라는 고객의 인지를 촉진한다고 한다. 수긍이 지닌 ① 촉진제의 기능으로부터 고객은 자신의 말에 수긍해주는 종업원에 대해서 예의 바르다고 평가하여, 그 종업원을 향한 신뢰가 증가되는 것이다.

또한 아이 콘택트와 수긍을 많이 행하여 공감을 표하는 경청적인 커뮤니케이션 스타일을 보이는 종업원은, 고객로열티도 높은 점이 드러나고 있다(Kang & Hyun, 2012). 아이 콘택트와 수긍을 많이 하는 것으로 공감을 보여 상호작용을 촉진시켜 고객로열티를 높이는 것을 알 수 있다.

이상과 같이 고객과의 원활한 커뮤니케이션을 실시하기 위해서 비언어적 행동, 특히 웃는 얼굴, 아이 콘택트, 수긍의 기능을 이해해두는 것은 중요하다. 다음 절에서는 호스피탈리티산업에 종사하는 종사자라면 알고 있어야 할 매너의 측면으로부터 언어적, 비언어적 행동에 대해 생각해보고자 한다.

| 3 | 커뮤니케이션과 매너

매너란 각각의 장면, 관계에 있어서 필요하게 되는 것으로 여겨지는 행동하는 방식이다(다이보우, 1990). 일을 할 때 고객, 상사, 선배와의 관계에 있어서 바람직하다고 생각되는 행동 방식을 배우는 것으로, 각각과의 관계에서 보다 좋은 인간관계를 구축하는 것이 가능하다. 보다 좋은 인간관계를 구축하는 것이 가능하다면 커뮤니케이션도 원활하게 되어 일의 수행도 매끄러워진다. 특히 호스피탈리티산업에 종사하는 사람으로서 고객과의 대응장면에서 매너를 배우는 것은 필요불가결한 것이다. 여기에서 고객과의 대응 장면의 매너로서 (1) 인사, (2) 몸가짐, (3) 태도와 행동을 들어 검토하고자 한다.

(1) 인사

인사는 고객과의 대응장면에 있어서 종업원이 지켜야 할 매너로서 가장 중요한 행동의 하나이다. 예를 들면 당신이 레스토랑에 들어갔을 때에 웨이트리스가 당신에게 인사를 하지 않았다면 당신은 어떻게 생각할 것인가. 아마 불쾌한 감정이 들지는 않을까? 그것은 우리들이 사람과 처음 만났을 때에는 인사를 하는 것이 기본매너의 하나인 것을 알고 있고, 그 매너가 지켜지지 않아서 불쾌한 것이다. 특히 인사는 알지 못하는 사람들끼리 어색함이나 불안감, 경계감을 없애고 커뮤니케이션의 계기를 부여하여, 인간관계의 형성의 계기를 만드는(후카다, 1998) 중요한 행동이다.

인사는 3가지의 효용 ① '상대에 자신을 어필한다', ② '그때까지의 상호작용에 단락을 맺거나 개시를 필요로 한다', ③ '상호 간의 역할을 확인한다'를 지닌다(cf. 다이보우 1999). 위에 언급한 웨이트리스는 인사를 하지 않은 것으로, 당신에게 자신을 어필하지 않았고 당신에게 상호작용을 개시하고 싶다고 전하지 않았으며, 거기에 더하여 서비스를 제공하는 측이라는 자신의 역할을 인식하지 않은 것이 된다. 이렇듯 인사는 실로 많은 메시지를 고객에 전하고 있다.

김과 윤(Kim & Yoon, 2012)은 종업원의 웃는 얼굴과 함께하는 인사 등의 긍정적인 감정표현이 고객의 감정표현과 종업원의 분위기(무드)에 끼치는 영향을 검토하고 있다. 종업원과 고객의 긍정적인 감정표현(만남 인사, 답례 인사, 웃는 얼굴, 아이 콘택트, 기쁨의 표정 등), 종업

원의 분위기(무드)(행복, 흥분, 민족, 릴렉스 등)의 정도를, 고객과의 상호
작용이 끝난 단계에서 측정을 했다. 그 결과, 종업원의 긍정적인 감
정표현은 고객의 긍정적 감정표현에 영향을 끼치며, 그 고객의 긍
정적 감정표현이 종업원의 무드에 영향을 끼치는 것이 밝혀졌다.
여기에서 의태가 일어나, 종업원의 웃는 얼굴과 함께하는 아이 콘
택트, 기쁨의 표현에 고객이 반응하여 똑같이 웃는 얼굴로 화답하
는 것으로 고객도 행복한 기분이 되는 것이다. 특히 종업원으로부
터의 첫인사는 고객의 불안감을 감소시키는 것과 함께 종업원에
있어서 고객과의 커뮤니케이션의 계기를 만드는 중요한 역할을 하
고 있다. 또한 고객의 웃는 얼굴과 함께한 인사의 답례 인사를 받
고 종업원도 웃는 얼굴로 고객의 대응을 하는 것이 가능하여 종업
원의 무드도 올라간다. 휴먼 서비스업인 의사의 인사가 환자와의
상호작용을 원활히 하여, 환자와의 커뮤니케이션의 계기를 만드는
것도 명백히 확인되고 있다(Friedman & DiMatteo, 1980).

일본에 있어서 인사를 할 때에는 머리를 숙여 인사하는 경우가
많다. 특히 호스피탈리티산업에 종사하는 자에 있어서 머리를 숙
여 인사하는 바른 자세를 배우는 것도 중요하다. 자세에는 3가지
종류가 있어, 상대와의 관계를 고려하여 인사말과 함께 사용법을
나눈다. 인사의 종류로서는 에샤쿠(会釈), 케이레이(敬礼), 사이케이
레이(最敬礼)의 3종류가 있어[*], 그것들은 몸을 굽히는 각도와 용도에
따라 사용법이 나눠지게 된다(그림6-4).

야마구치(1993)는 이러한 머리를 숙여 인사하는 자세들에 대하
여 설명하기를, 상반신을 허리로부터 굽혀서 인사를 한 후에 그대

---

[*]　　에샤쿠(会釈)는 신체를 허리로부터 15도 숙여서 하는 인사로, 복도나 계단에서 고
　　　객과 스쳐지나갈 때 사용하는 가벼운 인사이다. 케이레이(敬礼)는 신체를 허리로부
　　　터 30도 숙여서 하는 인사로 일반적인 인사 시에 사용한다. 사이케이레이(最敬礼)는
　　　신체를 허리로부터 45도 숙이는 정중한 인사로, 예의를 표하거나 사죄의 뜻을 표
　　　할 때 사용한다.

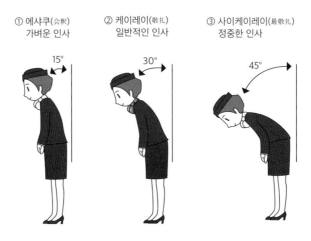

① 에샤쿠(会釈)
가벼운 인사

② 케이레이(敬礼)
일반적인 인사

③ 사이케이레이(最敬礼)
정중한 인사

15°

30°

45°

그림6-4 인사의 종류와 각도

로 일단 멈추고, 마지막으로 상반신을 천천히 올리는 것으로 상대에 '어서오세요'라는 기분을 전달한다고 말하고 있다.

머리를 숙여 인사하는 자세에 대해 심리학의 영역으로부터 검토한 연구는 보이지 않는다. 그러나 고객과의 만남의 인사나 예를 표하기 위한 인사에 국한하지 않고, 직장 내에서 인사를 할 때에 머리를 숙여 인사를 하는 경우도 많기에, 머리를 숙여 인사를 하는 자세가 주는 영향에 대해 검토를 행할 필요가 있을 것이다.

(2) 단정한 몸가짐

단정한 몸가짐이란 사람에게 불쾌감을 주지 않도록 말이나 복장을 정돈하는 것, 내지는 그 마음가짐이다. 단정한 몸가짐은 자신을 위해서 개성을 살려서 즐기는 멋을 내는 행위와는 근본적으로 다른 것이다.

그럼, 종업원의 단정한 몸가짐으로서 어떠한 복장이 고객에 불쾌함을 주지 않을 수 있을 것인가.

복장의 기능에 대해서는 카미야마(2001)이 명확히 밝히고 있다. 거기에는 복장은 3가지의 기능, ① 자기의 확인·강화·변용기능, ② 정보전달기능, ③ 사회적 상호작용의 촉진·억제의 기능이 있다고 밝히고 있다. ① 자기의 확인·강화·변용기능은 복장에 따라 자신의 이미지를 확인하거나 자신의 신체 이미지에 따라 복장의 착용 방법을 바꾸는 것으로 사람에게 보이는 자신의 이미지를 바꾸거나 하는 기능이다. 예를 들면 자신은 살이 찐 편이라는 신체 이미지를 가지고 있는 사람이 짙은 색 양복을 입는 것은 조금이라도 말라보이게 하기 위해 착용하는 것이다. ② 정보전달기능은 복장을 통해서 아이덴티티, 인격, 태도, 감정이나 정동(情動), 가치, 상황적 의미 등에 관한 정보를 전달하는 기능이다. 예를 들면 아이덴티티에 관한 정보란 남성풍, 여성풍, 젊은이풍, 사무원풍 등 자신의 정체에 관한 정보이다(cf. 카미야마, 1983). 호텔의 벨보이가 착용하도록 정해져 있는 제복은 그 사람이 벨보이라는 것을 고객에게 알린다. 인격에 관한 정보란 화려한 사람, 수수한 사람 등의 정보이다. 복장이 기발한 것은 적극적인 사람인 점과 사려가 없는 사람이라는 인상을 상대에게 전하는(카미야마, 우시다, 마스다, 1987) 것처럼, 복장은 그 사람의 인격에 관한 정보를 전한다. ③ 사회적 상호작용의 촉진·억제의 기능은 복장을 매개로 한 의미가 사회적 상호작용을 촉진 내지는 억제를 시키는 기능이다. 레스토랑의 웨이트리스가 얼룩이 진 제복을 입고 서비스를 제공한다고 한다면, 당신은 그 웨이트리스에게 서비스를 받고 싶다고 생각하지 않을 것이다. 이러한 제복은 상호작용을 억제하는 기능을 지닌다.

복장은 그 정보전달기능으로부터 직원을 알리는 기능을 지니기에, 기업에 있어서는 복장이나 몸에 착용하는 장식품에 일정한 기준을 정해두는 곳이 많다(Rafaeli & Pratt, 1993). 예를 들면 치과의는 남녀 공통으로 하얀 코트가, 변호사는 남녀 공통으로 정장이 고객으로부터 긍정적으로 받아들여진다(Furnham, Chan & Wilson, 2013). 정장을 착용한 교사 쪽이 청바지 차림의 교사보다 고교생들에게 지식이 있어 보여 존경받는다는 결과도 있다(카미야마, 2001). 이와 같이 복장은 그 사람의 아이덴티티나 능력까지도 추측하게 만드는 것이다.

채용면접 시에 지원자의 복장은 평가에 어떠한 영향을 주는 것인가? 포사이드(Forsythe, 1990)는 면접 지원자의 복장과 매니지먼트 능력, 채용과의 관계를 검토하고 있다. 그 결과, 짙은 감색 테일러드 슈트(여성용 정장)를 착용한 여성은 베이지색 드레스를 착용한 여성보다도 활발하며, 힘이 넘치며, 결단력 등의 특성을 갖고 있다고 평가되어, 보다 채용하고 싶도록 평가되었다. 남성도 정장착용이 면접의 평가에 영향을 끼쳤다(Hathfield & Gatewood, 1978). 이러한 지적들에서 알 수 있듯이 기업으로부터 '자유복장으로 입고 오라'고 지정하지 않는 한, 남녀 전부 면접 시에는 정장을 입고 가는 게 좋다는 것을 알 수 있다(야마구치, 2014).

루에츨러, 테일러, 레이놀즈, 베이커, 킬렌(Ruetzler, Taylor, Reynolds, Baker & Killen, 2012)은 면접에 있어서 바람직한 요인으로서 청결한 몸가짐, 복장(보수적인 복장인가 유행하는 복장인가, 프로페셔널한 복장인가, 트렌디한 복장인가), 옷 색깔 등의 7가지 요인과 직업인으로서의 호감도를 측정하고 있다. 그 결과, 청결한 몸가짐과 프로페셔널한 복장이 가장 평가가 높았던 것으로 분명히 드러나고 있다. 면접이라는 상황에 있어서 청결한 상황에 맞는 복장을 하고 있는 것이 직장에서도 상황판단이 가능한 적절한 몸가짐과 복장을 갖춘 사람일 것이라 평가받는 것이라고 생각된다.

또한 여성의 화장에 대해서도 화장을 한 여성이 보다 깔끔하고 여성적으로 신체매력이 있게 보이게 되어(Graham & Founham, 1981) 긍정적인 인상을 가져다준다(Nash, Fieldman, Hussey, Leveque & Pineau, 2006). 그러나 비서직 등의 외면적 요인이 중요하게 간주되는 직업에 있어서 짙은 화장은 업무 능력이 낮다고 평가받게 된다(Cox & Click, 1986). 그 이유는 자신의 능력이 낮기에 그 능력 부족을 메우려 화장을 짙게 하는 것이라고 평가되기에 그런 것이다. 이렇게 화장은 대인적 효과를 지니는 것과 함께, 화장을 하고 있는 당사자에게도 자신과 만족을 부여하는(요고, 하마지, 츠다, 스즈키, 타가이, 1990) 효과를 지닌다.

헤어스타일에 있어서는 다이보우(1991)의 연구로부터 여성은 '찰랑이는 머리카락으로 그다지 길지 않은 머리스타일', 남성은 '그다지 길지 않은 머리카락'이 호감을 가져오는 것을 알 수 있다. 헤어컬러에 대해서는 염색이 진한 사람은 지적이지 않고 분별이 없고 쉽게 흥분하는 성격으로 보인다는 결과가 연구에서 나타나고 있다(카미야마, 우시다, 마스다, 1987).

(3) 태도와 행동

시에(Hsieh, 2005)는 레스토랑을 이용한 고객을 대상으로 웨이터와 상호작용에 있어서 그들의 행동에 대한 만족도 및 친밀도가, 레스토랑에 대해서 전체적인 만족도에 끼치는 영향에 대해 조사를 행했다. 거기에서 웨이터의 행동에 대한 만족도(웨이터가 자신의 감정이나 반응에 고려한 행동을 보여주었다 등)와 친밀도(매번 같은 웨이터에 서비스를 받았다) 등, 레스토랑에 대한 만족도(전체적으로 이 레스토랑에 만족하고 있다)를 각각 다루었다. 그 결과 레스토랑에 대한 만족도는 웨이터의 행동에 대한 만족도와 관계가 있는 것이 드러났다. 웨이터는 고객의 감정이나 니즈를 이해하여 상황에 맞는 적절한 행동으로 상호작용을 원활히 하는 것이 요구된다.

비트너, 붐스, 테트롤트(Bitner, Booms & Tetreault, 1990)의 레스토랑, 호텔, 항공편에 있어서의 고객이 경험한 699건에 달하는 결정적인 사건들을 분석한 결과로부터도 종업원과 상호작용 시의 행동에 대한 만족도가 전체적인 고객의 만족도에 영향을 끼친다는 결과가 나오고 있다. 레스토랑의 웨이트리스가 테이블 곁에서 몸을 굽혀 대응을 하는 편이, 고객의 평가가 높고 팁으로 주는 금액도 많았다는 연구결과가 명백히 드러나고 있다(Davis, Schrader, Rihardson, Kring & Kieffer, 1998). 그것은 몸을 굽히는 동작을 하는 것으로 물리적으로 고객과의 거리를 가깝게 하기에, 친밀하며 따뜻한 관계를 만들기 쉽게 되고, 그 결과 커뮤니케이션을 촉진하는 것이 가능해지기에, 고객 쪽에서도 호감을 가져가게 되는 것이다.

정과 윤(Jung & Yoon, 2011)은 친밀해지기 쉬운 태도, 웃는 얼굴, 아이 콘택트, 수긍 등의 행동, 프록시믹스(proxemics)*, 목소리의 톤이나 스피드를 포함한 유사언어(Paralanguage), 신체적 매력과 감정적 반응, 고객의 만족도와의 관계를 검토하고 있다. 그 결과 친밀해지기 쉬운 태도, 웃는 얼굴, 아이 콘택트, 수긍 등의 행동이 고객의 긍정적인 감정반응에 영향을 끼쳐, 그 긍정적인 감정반응이 고객만족에 영향을 끼치고 있는 것이 명확히 드러났다. 또한 그러한 행동의 유사언어(Paralanguage)는 부정적인 감정반응에 부정적으로 영향을 끼쳐, 부정적인 감정반응의 낮음이 고객만족에 영향력을 끼치는 결과를 보여주었다. 또한 대인거리는 고객의 긍정적인 감정반응에 영향

★   proxemics의 직역은, 근접학이나, 넓은 의미로는 공간행동학이다. 타자에 메시지를 보내는 커뮤니케이션 채널로서의 공간은, 당사자 간 내지는 그 외부의 관찰자에 중요한 단서를 부여한다(cf. 나카지마, 안도, 코야스, 사카노, 시게마스, 타치바나, 하코타, 1999).

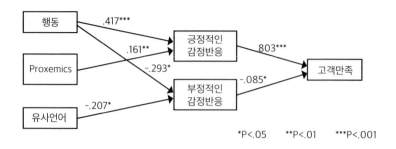

그림6-5 비언어적 행동과 긍정적 감정, 부정적 감정, 고객만족과의 관계

(Jung & Yoon, 2011을 일부 수정하여 작성, p. 547)

(주1) 수치는 패스계수로, 인과관계가 강함을 나타냄.
(주2) 유의미한 관계가 있었던 것만을 기재.

을 끼쳐 그것이 고객만족에 영향을 끼치고 있었다(그림6-5).

　이러한 결과로부터 친밀해지기 쉬운 태도로서 웃는 얼굴이나 수긍을 보이는 행동이 긍정적인 감정을 이끌어 오고 고객만족을 향상시키는 것을 알 수 있었다. 이것은 많은 선행 연구를 지지하는 결과였다. 또한 고객과 적절한 거리를 지니는 것이 고객을 기분 좋게 만들어 만족도가 높아지는 것도 추측될 수 있다. 고객과의 관계에서는 '붙지도 떨어지지도 않는 거리'가 중요하다는 연구결과(Burgoom, Birk & Pfau, 1990)와 일치하는 결과였다. 또한 종업원이 적절한 톤과 스피드로 말하는 것도 중요하다.

　위과 같이 제6장에서는 종업원이 고객과의 상호작용에 있어 원활한 커뮤니케이션을 실시할 때에 영향을 끼치는 요인에 대해서 퍼스낼리티 및 비언어적 행동, 매너의 측면으로부터 언어적, 비언어적 행동에 초점을 두고, 그러한 요소들이 종업원의 행동 및 고객의 평가와 어떠한 관계를 지니는지에 대해 명백히 했다. 이러한 검토들은 여러 번 이뤄져 왔지만 아직 명확하지 않은 점도 많다. 예를 들면 특성론의 Big Five와 상황유지론과의 관계성, 비언어적 행동에 있어서의 자세 및 인사가 사람의 인상에 끼치는 영향 등은 금후로도 후속 연구를 기다릴 필요가 있을 것이다.

퍼스낼리티를 측정하자

당신은 호스피탈리티산업에 종사하기에 맞는 성향을 갖고 있는 것일까? 다음 설문지를 사용하여 당신의 퍼스낼리티를 측정해 보자.

「특성론」 일본어판 버전 Ten Item Personality Inventory 척도
(The Japanese Version of Ten Item Personality inventory. TIPI-J)

고슬링, 렌트프로우, 스완(Gosling, Rentfrow, Swann, 2003)이 Big Five의 다섯 특성을 10개 항목으로 측정하는 Ten Item Personality Inventory(TIPI)를 작성하였고, 그것을 코시오, 아베, 카스트로니(2012)가 일본판으로 작성한 것이다.

① 외향성(extraversion): 활동적, 사교적이며 다른 사람과 함께 있는 것을 좋아하고 새로운 사회적 관계를 만드는 것에 능숙한 경향을 나타낸다.(질문항목은 1, 6으로, 역전 항목은 6)

② 협조성(또는 조화성)(agreeableness): 협력적이고 신뢰할 수 있으며 공감성이 있고 다른 사람의 마음의 상태에 주의를 기울이는 경향을 나타낸다.(질문항목은 2, 7로, 역전 항목은 2)

③ 근면성(또는 성실성)(conscientiousness): 목표를 설정하고 자발적으로 노력하는 경향을 나타낸다.(질문항목은 3, 8로, 역전 항목은 8)

④ 신경증성(또는 정서적 불안정성)(neuroticism): 조심스럽고 부정적인 감정을 가지고 있는 경향을 나타낸다.(문항은 4, 9로, 역전 항목은 9)

⑤ 개방성(openness): 창의력이 풍부하고 예술에 관심을 가지는 경향을 나타낸다.(질문항목은 5, 10으로, 역전 항목은 10)

실시 절차

: 다섯 특성별로 총점을 산출한다.

결과의 해석

: 점수가 높은 사람일수록 그 퍼스낼리티의 특성을 지닌다고 할 수 있다. 또한 역전 항목(●)은 응답한 숫자를 반전한 숫자(7점→1점, 6점→2점, 5점→3점, 4점 →4점, 3점→5점, 2점→6점, 1점→7점)를 가산한다.

〈일본어판 Ten Item Personality 척도〉

　1에서 10까지의 항목이 자신에게 어느 정도 맞는지에 대해 아래 테두리의 1에서 7까지의 숫자 중 가장 적절한 것을 괄호 안에 넣어주십시오. 문장 전체를 종합적으로 보고 자신에게 어느 정도 맞는지 평가해주십시오.

전혀 다르다	제법 다르다	조금 다르다	어느 쪽도 아니다	조금 그렇다	제법 그렇다	많이 그렇다
1	2	3	4	5	6	7

나는 자기 자신을...

1.　　활발하고 사교적이라고 생각한다.　　　　　　　　　　(　)

2.　　타인에게 불만을 가지고 실랑이를 일으키기 쉽다고 생각한다. ●　(　)

---

3. 매사에 철저히 하고 있으며, 자신에게 엄격하다고 생각한다.　　　　(　)

4. 걱정이 많으며 당황하기 쉽다고 생각한다.　　　　(　)

5. 새로운 것을 좋아하며, 일반인과 다른 생각을 지니고 있다고 생각한다.　　(　)

6. 소극적이고 온순하다고 생각한다. ●　　　　(　)

7. 다른 사람에 신경을 쓰는 상냥한 마음을 지닌 사람이라고 생각한다.　　(　)

8. 느슨하며 매사에 깜빡하기 쉬운 사람이라고 생각한다. ●　　　(　)

9. 냉정하며 안정된 감정을 지닌 사람이라고 생각한다. ●　　　(　)

10. 발상력이 결여된 평범한 사람이라고 생각한다. ●　　　(　)

「상황특성론」 개정 셀프 모니터링 척도(Revised-self-monitoring Scale)

스나이더(Snyder, 1974)가 제창한 셀프 모니터링에 따라 레녹스와 울프(Lennox & Wolfe, 1984)가 그 경향을 측정하기 위해 만든 척도이다. 2개의 하위 요소로 구성되며, 그 하위 요소의 특징은 다음과 같다.

'자기 제시의 수정 능력': 타자의 요구에 맞게 자신의 행동을 바꿀 수 있는 경향을 나타낸다.(질문항목 1 ~ 7로, 역전 항목은 4와 6)

'타자의 표출행동에 대한 감수성': 타자의 감정이나 행동에 민감하여 무엇이 적절한가를 바로 찾아내는 데에 뛰어난 경향을 나타낸다.(질문항목 8 ~ 13)

실시 절차

: 두 가지 요소별로 합계점을 산출한다. 또한 역전 항목(●)은 응답한 숫자를 반전한 숫자(5 점 → 1점, 4점 → 2 점, 3 점 → 3 점, 2 점 → 4 점, 1 점 → 5 점)를 가산한다.

결과의 해석

: 점수가 높을수록 다른 사람의 행동에의 감수성이 강하며 다른 사람이 원하는 행동을 하는 것이 가능한 경향을 보인다.

〈개정 셀프 모니터링 척도〉

당신이 이하의 각각의 사항에 대해 어느 정도 일치하는지,
각각에 대해 일치하는 번호를 선택하여 ○를 표시해 주십시오.

아니다 - 1 | 대체로 아니다 - 2 | 보통 - 3 | 대체로 그렇다 - 4 | 항상 그렇다 - 5

1.	사람이 모여 있는 곳에서는 주위의 기대에 맞게 행동을 바꾸는 것이 가능하다.	1-2-3-4-5
2.	사람에게 주는 인상을 마음대로 컨트롤할 수 있다.	1-2-3-4-5
3.	자신이 하는 방식이 다른 사람에게 좋은 인상을 주고 있지 않다고 눈치챘을 때에는 바로 바꾸는 것도 가능하다.	1-2-3-4-5
4.	상대나 장소에 따라 행동을 바꾸는 것이 어렵다. ●	1-2-3-4-5
5.	이때까지의 경험으로부터 어떤 상황에 놓여지더라도, 필요에 따라 행동을 바꾸는 것이 가능하다.	1-2-3-4-5
6.	붙임성 좋게 하는 편이 이득이라고 생각하면서도, 그렇게 하는 것이 손쉽지 않다. ●	1-2-3-4-5

7.	상대가 무엇을 기대하고 있는지 알게 되면 거기에 맞는 행동을 하는 것은 어렵지 않다.	1-2-3-4-5
8.	대체로 눈을 보면 그 사람이 진정한 감정을 읽는 것이 가능하다.	1-2-3-4-5
9.	사람과 이야기하고 있을 때에는 나는 상대방의 표정의 아주 미세한 변화에도 민감하다.	1-2-3-4-5
10.	사람의 감정이나 진의를 파악하는 데 있어서 나는 직관력이 뛰어나다고 생각한다.	1-2-3-4-5
11.	모두가 재미없는 농담이라고 생각하고 있을 때에는, 재미있는 것처럼 웃으면서도 대체로 눈치채고 있다.	1-2-3-4-5
12.	자신이 무언가 적당하지 않은 것을 얘기했을 때에는, 대체로 상대의 눈빛으로 눈치챌 수 있다	1-2-3-4-5
13.	다른 사람이 거짓을 말하더라도, 보통 그 사람의 말하는 어투나 태도로 꿰뚫어 보는 것이 가능하다.	1-2-3-4-5
14.	여기저기서 모순된 정보가 들어오더라도 잘 처리할 수 있다.	1-2-3-4-5

공감성(Empathy)

데이비스(Davis, 1983)가 만든 척도를 마루야마, 시미즈(1990)와 유게, 무로야마 (1990)가 역출하여, 그것을 참조한 오부치(1991)가 작성한 척도이다. 두 가지 하위 요소로 구성되며 특징은 다음과 같다.

'정서적 공감성'(emotional empathy)
: 타자의 감정을 이해한다.(질문항목은 1~7로, 역전항목은 3,4,7)
'인지적 공감성'(perspective taking)
: 타자의 시점에 서서 매사를 생각해 줄 수 있다.(질문항목은 8~14로, 역전 항목은 11,13)

실시 절차

: 두 가지 요소별로 합계점을 산출한다.

결과의 해석

: 점수가 높을수록 타자가 어떤 감정을 지니고 있는지 눈치챔과 동시에 그 감정을 얼마나 자기 자신의 것과 같이 느끼는 것이 가능한지에 대한 경향을 보인다.

〈공감성 척도〉

다음의 각 사항에 대해 어느 정도 들어맞는지,
일치한다고 생각하는 번호에 ○표를 해주십시오.

아니다 - 1 | 대체로 아니다 - 2 | 보통 - 3 | 대체로 그렇다 - 4 | 항상 그렇다 - 5

1.	무엇을 보더라도 마음이 흔들린다.	1-2-3-4-5
2.	자신을 마음씨 상냥한 사람이라고 생각한다.	1-2-3-4-5
3.	사람들이 어려움을 겪고 있는 것을 봐도 불쌍하다는 생각이 들지 않을 때가 있다. ●	1-2-3-4-5
4.	불공평한 취급을 받고 있는 사람을 봐도, 딱히 불쌍하다는 생각이 들지는 않는다. ●	1-2-3-4-5
5.	속아 넘어갈 것 같은 사람을 보면 지켜주고 싶어진다.	1-2-3-4-5
6.	자신보다 불행한 것 같은 사람을 보면 상냥하게 대해주고 싶은 생각이 든다.	1-2-3-4-5

7.	불행한 사람을 봐도, 딱히 신경쓰이지 않는다. ●	1-2-3-4-5
8.	어떤 문제도 반드시 찬성과 반대의 입장이 있으니, 나는 그 양쪽을 다 봐야 한다고 생각한다.	1-2-3-4-5
9.	다른 사람으로부터 감정 상하는 일을 겪었을 때에도, '그 사람의 입장에 서서' 보려 한다.	1-2-3-4-5
10.	무언가 결정할 때에는, 입장이 다른 의견에도 하나하나 주의를 기울여가며 결정한다.	1-2-3-4-5
11.	상대의 입장에 서서 생각하는 것이 어렵다. ●	1-2-3-4-5
12.	다른 사람을 비판하기 전에. 만약 자신이 그 사람의 입장이었다면 어떨까 생각해본다.	1-2-3-4-5
13.	자신이 옳다고 확신을 가질 때에는 일부러 다른 사람의 의견을 들어볼 필요는 없다. ●	1-2-3-4-5
14.	친구의 입장에서 보면 어떨지를 생각해보며, 상대를 보다 잘 이해하려 한다.	1-2-3-4-5

제 2 부

호스피탈리티산업의
주요 비즈니스

제 7 장

여행비즈니스
:주식회사 JTB의 사례

여행은 사람들의 여가활동에 있어서 중요한 위치를 점하고 있다. 그것은 '국내관광여행'이 여가활동으로서 2017년, 2018년 연속으로 순위에 오른 것(일본생산성, 2018)으로부터도 알 수 있다.

이와 같은 여가활동인 여행을 떠날 때에 당신은 어떠한 방법으로 여행을 떠날 것을 결정하는 것인가? 여행회사의 팸플릿을 보고 결정하거나 여행회사의 영업점에 가서 상담하여 결정하거나 인터넷을 사용하여 스스로 여행권이나 호텔을 예약하여 결정하는 등의 방법이 있을 수 있겠다. 특히 근년의 인터넷의 보급에 의해 여행회사를 통하지 않고 스스로 여행을 계획하고 실행하는 것도 가능하게 되었다. 이런 상황은 여행비즈니스가 맡고 있는 구매대리업무의 필요성이 줄어드는 것을 의미하고 있다.

제7장에서는 이러한 상황에 놓여 있는 여행비즈니스에 대해서

다루고자 한다. 먼저 여행을 가는 이유와 여행비즈니스에 대해서 명확히 한 뒤에 여행비즈니스의 역사와 그 특성과 제공하는 서비스에 대해서 검토하고자 한다. 그 후에, 여행비즈니스에 있어서 일본에서 제1위의 여행업 규모를 자랑하며 항상 도전을 계속해나가는 기업인 주식회사 JTB(이하 JTB라 표기)를 다루어가며 그 발전과 도전에 대해서 알아보고자 한다.

| 1 | 사람이 여행을 하는 이유와 여행비즈니스

(1) 여행을 떠나는 이유

그러고 보면 사람은, 어째서 여행을 떠나게 되는 것일까? 매일 같은 일을 반복하면 재미없으니까, 최근 일이 너무 바빴으니까, 겨우 여름휴가를 낼 수 있었으니까 등등… 예를 든 것처럼 사람이 여행을 떠나는 이유는 각양각색이다.

사람이 여행을 떠나는 이유의 심리에 기초하는 것은 '신기성(新奇性)'과 '도피성 욕구'가 있다고 말하고 있다(cf. 사사키, 2006). 그러한 욕구는 사람을 여행으로 몰아가고, 이윽고 떠난 곳에서의 행동에 영향을 끼친다. 다시 말해서 일상생활에서 느끼고 있는 자극의 강함에 따라, 어느 한쪽의 욕구가 강하게 되어 여행지에서의 행동에 영향을 준다(그림7-1).

'매일 같은 것을 반복하니 지루하다' 등, 보통 생활에서 자극이 적어 지루한 상태에 있는 경우에는 여행을 떠나 새로운 경험을 하여 '신기성 욕구'를 채우려 한다. 그러나 일이 바쁠수록 일상생활

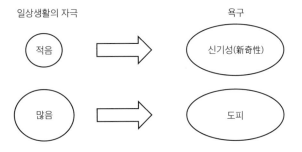

일상생활의 자극 　　　　　　　　　　　욕구

적음 ⇒ 신기성(新奇性)

많음 ⇒ 도피

그림7-1 일상생활의 자극과 여행처의 행동의 욕구
(필자작성)

에서 자극이 많은 생활을 하고 있으면 여행에 가서 휴양을 하거나 편안히 보내려 하는 등의 '도피욕구'가 강해지게 된다. 이와 같이 사람의 심리적 측면이 여행으로 사람을 이끌게 되고 여행지에서의 행동에도 영향을 끼친다.

더 나아가 사람이 여행을 떠날 때에 보다 구체적인 동기(motivation)로서 다섯 가지의 특성이 거론될 수 있다고 한다(cf. 사사키, 2000). 그 다섯 가지란 ① 긴장을 해소하고 싶다, ② 즐거운 일을 하고 싶다, ③ 인간관계를 깊게 하고 싶다, ④ 지식을 풍부히 하고 싶다, ⑤ 자신을 성장시키고 싶다이다. 사람들은 그러한 특성 중에서 특히 중시하는 동기를 지니고 있을 수도 있고 몇 개의 동기가 복합되어 여행을 떠나는 경우도 있다. 예를 들면 여행을 피서지로 가서 친구들과 맛있는 것을 먹고 산보를 하며 느긋하게 있고 싶고 지역 사람들과의 교류를 하고 싶고 가능하면 미술관에도 가서 지식도 넓히고 싶다는 등의 한 가지의 여행으로 많은 동기를 만족시키고 싶다고 생각하는 경우도 많다.

코헨(Cohen,1974)은 여행자를 '일상생활권을 벗어나 외부 지역으로 이동하는 사람'으로 정의하고 있다. 이 정의를 따른다면, 여행이란 '일상생활권을 벗어나 외부의 지역에 이동하는 것'이라 정의될 것이다.

또한 사람은 여행을 떠나는 기회가 늘어 경험을 쌓아갈수록 여행에 대한 생각이나 대처가 달라지게 된다고 한다. 피어스와 칼타비아노(Pearce & Caltabiano, 1983)에 의하면 여행경험이 많아짐에 따라서, 여행의 목적이나 욕구도 지식을 얻고 싶다, 자기성장을 하고 싶다 등의 매슬로의 5단계 욕구(생리적 욕구 → 안전 욕구 → 사회적 욕구 → 승인 욕구 → 자기실현 욕구)에 따른 보다 높은 차원의 욕구를 만족시키고 싶게 된다는 것이다.

따라서 몇 번이고 여행에 떠나는 사람은, 그러한 목적이나 욕구가 만족되고 나서야 그 여행으로 좋은 경험을 했다고 느끼며 만족하는 것이다. 이 스텝업 상태는 여행 커리어(Travel Career)라 불린다.

(2) 여행비즈니스와 그 형태

여행업법에 의하면 여행비즈니스(여행업)란 ① 기획여행의 기획·실시 ② 경영자와 운송관련·숙박시설 사이에서 대리계약을 체결하거나 한쪽의 의사를 다른 쪽에 전하는 행위, ③ ① 이나 ②에 수반하여 여행에 관한 상담이나 여행자의 편의가 되는 서비스 등, 보수를 얻어 반복적으로 계속하여 행하는 사업(여행업법 제2조 요약)이라 되어 있다(카시와기, 2010). 따라서 ① ② ③ 의 행위를 무보수로 행하거나 한 번 행하였다면, 그것은 여행업이 아니라고 말할 수 있다.

여행비즈니스의 형태는 ① 광범위한 영역에 판매네트워크를 지니고 모든 여행상품을 조성하여 다양한 물류채널로 판매를 하는 '종합여행계', ② 여행상품을 조성하여 기본적으로 자사의 채널에서 판매를 하는 '상품조성·자사판매계', ③ 주로 신문광고나 조직

회원을 통해서 자사상품을 판매하는 '미디어·통신판매계', ④ 타사의 기획상품을 판매, 단체여행이나 개인의 수배여행*을 취급하는 '리테일러(retailer)', ⑤ 국내여행 숙박이나 해외여행 소재를 중심으로 절반 이상을 자사사이트를 통해서 판매하는 '인터넷판매계', ⑥ 기업계 인하우스**로 업무출장에 특화된 '업무성 여행특화계', ⑦ 해외 내지 국내여행 패키지를 조성하여 주로 자사 이외의 리테일러에 판매하는 '홀 세일러(wholesaler, 도매업자)' ⑧ 해외여행 소재를 여행회사에 판매하는 '해외여행 디스트리뷰터(distributor, 유통업자)', ⑨ 해외여행목적으로 여행수배를 일본의 여행회사로부터 수주하는 '해외 랜드 오페레이터(Land Operator, 여행의 현지 지상 수배를 전문으로 하는 사람)'가 존재한다(cf. 가토, 2012).

위와 같이 사람이 지니는 욕구를 만족시키기 위해서 여행을 기획·실시하는 여행비즈니스는 어떻게 발전해왔는가에 대하여 다음 절에서 여행비즈니스의 역사를 살펴보고자 한다.

|2| 여행비즈니스의 역사

(1) 해외에 있어서의 여행비즈니스의 역사

유럽에 있어서는 1822년에 영국의 로버트 스마트(Robert Smart)가 세계에서 최초로 증기선 대리업을 시작하는 것을 공표하여 영

★ 여행회사가 여행자를 위해 운송 및 숙박 등 여행서비스를 제공받을 수 있도록 준비를 끝내놓는 위임계약(역자 주).

★★ 인하우스란 자사 및 계약기업의 출장수배를 취급하는 것을 말한다.

국의 브리스틀 해협항 및 아일랜드의 더블린을 향하는 승객예약을 했었다는 기록이 있다(cf. 이마니시, 2011). 여행비즈니스로서는 1841년에 토머스 쿡(Thomas Cook)이 금주동맹대회에 참가하는 사람을 위한 단체할인의 전세열차를 처음 운행한 것이 시작이라고 한다. 그 이유는 쿡이 광고·선전에 의한 참가자를 모집하여 판매한 것, 여행 중의 음식준비 등, 현재의 여행업과 같은 형태의 일을 행했기 때문이다(마츠조노, 2012). 1845년에는 쿡이 단체여행을 기획하여 교통기관, 숙박시설의 알선을 전업으로 하는 세계최고(最古)의 여행대리점을 시작으로, 1851년에는 런던 만국박람회 투어를 조직하여 즐기기 위한 여행상품을 판매하게 되었다. 1872년에 아들 존(John)과 여행회사 토머스 쿡 앤 손(Thomas Cook & Son)을 창립했다. 아메리카 투어 여행 기획이나 개인에 맞춘 투어, 여행자수표의 발행 등을 하였고 1890년대에는 세계의 주요 관광지에 주재원을 두어 여행객의 트러블에 대처하게 했다. 이 회사는 1928년에 왜건스 리츠(Wagons-Lits)사에 의해 매수되어, 1948년에 미들랜드은행의 산하에 들어갔으나 현재에도 세계 각 도시에 네트워크를 지닌 여행회사로 남아있다. 제2차 세계대전 후, 1990년에 유럽공동체에 의해 '패키지여행, 패키지 휴가 및 패키지여행에 관한 지령(약칭 : 패키지여행법)'이 결정되어, 그 법률하에 여행업이 행해지게 되었다.

미국에서는 1840년에 랜싱 트래블 뷰로(lansing travel bureau)가 설립되어, 여기에서는 유람선 투어를 취급하였다. 1850년에 뉴욕주 버팔로에서 아메리칸 익스프레스사가 설립되어, 1870년에는 후게이지 트래블이 설립되었다. 아메리칸 익스프레스사는 올버니와 버팔로 간의 화물운송업으로서 시작하여, 그 후 금융업을 겸업하게 되었다. 1891년에는 세계 최초의 트래블러즈 체크(여행자수표)를 발행하여, 1915년에 뉴욕에서 여행업에 진출했다. 제2차 세계대전 후, 미국에서는 크루즈 여객사업이 개시되어 점보 제트기의 개발과 항공운임의 자유화의 영향을 받아, 여행업은 한층 발달하게 되었다. 컴퓨터 시스템(Computer System)의 개발에 의해 CRS(Computer Reservation System)*가 개발되어 1980년대 이후, 항공, 철도, 크루즈, 호텔, 패키지 투어 등 예약의 발권이 가능하게 되어, 여행비즈니스 경영에 영향을 끼치고 있다. 또한 전미를 대상으로 한 여행업법제도는 없고 ARC(Airline Reporting Corporation)의 심사기준과 등록제도가 이를 대신 담당하고 있다(아다치, 2002).

(2) 일본에 있어서의 여행비즈니스의 역사

일본에 있어서의 여행비즈니스는 1893년에 일본을 찾는 외국인을 대접하는 것을 목적으로 만들어진 '귀빈회'로부터 시작했다는 게 정설이다. 1905년에는 현재의 시가현 구사쓰시에 사는 미나미 신스케가 단체로 모은 젠코지 단체 참배를 계획하였던 것이 일본 최초의 단체여행의 시작이었다. 동년, 미나미는 일본여행의 전신에 해당하는 여행회사를 일본에서 처음 설립했다. 1912년에는 JTB의 전신인 재팬 투어리스트 뷰로가 설립되어, 주로 일본을 찾는 외국인의 안내를 행했다. 1950년까지의 여행업은 표나 객실예약을 교통업자, 숙박업자에 의뢰하는 알선업으로 여행 자체를 상품화하는 일은 없었다.

1955년에 긴키 일본 투어리스트, 1956년에 토큐관광이 설립되어, 1959년에는 제트기가 취항했다. 1963년에는 주식회사 일본교통공사(현 JTB)가 설립되었다. 1964년 도쿄~신오사카간에 도카이도

---

*   CRS란 컴퓨터 예약 시스템을 말한다. 컴퓨터를 통신회선으로 연결하는 것으로 항공회사의 운항스케줄이나 좌석상황, 운임 조회 내지는 호텔이나 철도, 레저시설 등의 조회, 예약을 가능하게 하는 시스템을 말한다.

신칸센이 개통되고 도쿄올림픽이 개최되어 많은 외국인 관광객이 일본을 찾았다. 또한 동년에는 해외여행이 자유화되어 1인 연 1회 500달러까지 외화를 지니고 가는 것이 허가되었다.

미국의 보잉사가 점보 제트기를 취항시킨 것에 의해, 해외여행이 일반시민에게도 가깝게 다가오게 되었다. 1970년에 오사카만국박람회가 개최되었고 1971년의 여행업법 개정으로 종래의 여행알선업으로부터 여행업으로 변화해갔다. 1978년에는 나리타공항이 개항하였고 1980년에는 HIS가 설립되었다. 1983년에는 도쿄 디즈니랜드가 개장했다.

1991년에 버블이 붕괴되고 1992년에 항공권의 최저판매가격이 폐지되어 저가항공권이 판매될 수 있게 되었다. 2003년에 Visit Japan Campaign이 개시되어 2005년에 여행업법 개정 및 여행업무 취급주임자의 명칭이 여행업무 취급관리자로 변경되었다. 동년, 관광입국기본추진법이 내각에서 각의 결정되어 관광은 21세기에 있어서의 일본의 중요한 정책의 기둥으로서 처음으로 명확히 자리하게 되었다. 온라인계열 관광회사인 라쿠텐, Jaran 등이 약진하였고, 2008년 관광청이 설립되었다. 2011년 미증유의 피해를 낸 동일본대지진의 영향으로 방일관광객은 대폭으로 감소했으나, 2013년 12월 20일에는 연간 방일 외국인 여행자 수가 1,000만 명을 달성하여, 2017년에는 2,869만 명의 외국인 여행자가 일본을 방문하고 있다(전년도 대비 19.3% 증가)(국토교통성 관광청 2018).

이와 같은 역사를 지닌 여행비즈니스가 어떠한 특성을 지니며, 여기에서 제공하는 서비스는 무엇인지에 대해서 다음 절에서 명확히 알아보고자 한다.

|3| 여행비즈니스의 특성과 제공하는 서비스

(1) 여행비즈니스의 특성

여행비즈니스의 특성으로서 ① 무형성, ② 동시성, ③ 불균질성, ④ 소멸성, ⑤ 고객의 참가, ⑥ 대리성, ⑦ 불확실성이 거론될 수 있다. ① 에서부터 ⑤ 까지는 호스피탈리티산업에 공통된 특성으로서 ⑥,⑦ 은 여행비즈니스에서 특징적으로 보이는 특성이다. 각각의 특성에 대해서 여행비즈니스의 경우를 생각해보자.

먼저 ① 의 무형성이란 여행비즈니스가 고객에 여행을 떠나 세계유산을 보거나 명물요리를 먹거나 하는 등 형태가 없는 활동을 제공하는 것을 뜻한다. 즐거운 추억이나 마음에 남는 경험을 하는 것이 가능하다. ② 의 동시성이란 서비스의 생산과 소비가 동시에 이뤄지는 것을 말한다. 여행을 떠나는 과정에서 여행이라는 서비스가 생산되어, 동시에 소비도 되는 것이다. ③ 불균질성이란 서비스는 프로세스 활동으로 여행처의 날씨나 함께하는 승무원들과의 커뮤니케이션 능력 등에 의해서 제공되는 서비스가 영향을 받는 것을 의미한다. ④ 소멸성이란 여행비즈니스로 제공되는 서비스가 그 장소에서 생산, 소비되기에, 재고가 나올 수 없는 것을 의미한다. 예를 들면 인원수 제한을 설정해둔 승무원이 함께하는 패키지 투어에서는 희망자가 많아도 정원 이상의 사람을 인솔하는 것은 불가능하다. ⑤ 고객의 참가란 서비스의 제공과정에서 고객의 참가가 필요한 것을 말한다. 여행회사의 종업원은 여행 계획의 상담을 하고 있을 때부터 고객의 의견을 듣는 등 고객의 참가를 필요로 한다. ⑥ 대리성이란 여행비즈니스가 그 업무로서 대리업무를 행하는 것을 말한다. 항공기관이나 숙박시설에 있어서 여행비즈니스는 항공권이나 숙박예징처의 대리판매를 해주는 비즈니스이다. 고객에 있어서 여행비즈니스는 고객의 대리로서 비행기나 호텔 등을 예약한다. 다시 말해서 구매대리를 하는 특성을 지닌다. ⑦ 불확실성이란 여행비즈니스가 방문처의 자연환경, 정치, 법률환경, 경제환경, 문화, 사회환경 등 통제 불가능한 불확실요인의 영향을 받는 특성을 지니는 것을 의미한다. 예를 들면 리조트의 여행 팸플릿에는 멋진 날씨 속에서 촬영된 하얀 모래사장과 푸른 바다가 그려져 있으나 방문처의 날씨에 따라 경치를 보지 못하는 경우도 생긴다. 또한 방문 예정국에서 데모나 쿠데타 등이 일어난 경우에는 그 나라를 방문하는 것도 불가능한 상황이 일어날 수 있다.

(2) 여행비즈니스가 제공하는 서비스

여행비즈니스가 제공하는 서비스의 기본으로, 첫 번째로 안전의 확보가 거론될 수 있다. 여행비즈니스에 있어서 고객의 안전확보는 추억을 남기는 여행경험을 제공하기 위한 기본서비스이며 여행을 실시하는 때의 대전제이다. 더하여 예측불가능한 사태에 대해 적절한 대응을 필요로 한다. 그러기 위해서는 여행비즈니스의 종업원의 질적 향상이 중요하게 된다. 두 번째로 수배·수속의 대행서비스가 언급될 수 있다. 수배·수속의 대행이란 고객 대신에 서플라이어*인 운송기관이나 숙박시설의 수배와 예약을 행하는 것이다. 그러기 위해 고객은 여행을 떠날 때에 비행기나 호텔의 예약을 따로따로 할 필요 없이, 한곳에서 하는 것이 가능하다. 서플라

★　서플라이어(supplier)란 수입처, 공급원, 납품업자 등의 의미를 지닌다. 여행비즈니스에 있어서는 항공회사나 호텔 등이 서플라이어이며 패키지 투어를 기획하는 때에 항공권이나 호텔 객실을 공급받지 못하면 상품을 만들 수 없다.

이어에 있어서도 여행비즈니스가 예약의 업무를 대행해주기 때문에, 본래는 각각의 기관이 해야 할 예약업무의 부담이 사라지게 된다. 세 번째로는 보장의 서비스이다. 다시 말해서 여행비즈니스가 고객에 제공하는 서비스가 보장되어 있는 것을 뜻한다. 여행비즈니스의 특성인 무형성으로부터 고객은 사전에 숙박하는 호텔이 좋은지 나쁜지 체크하는 것이 불가능하다. 그러나 여행비즈니스에서 호텔을 선택할 때에 설비나 서비스 등의 체크를 하게 되기에, 고객은 호텔의 품질에 대한 보장을 받게 된다. 서플라이어에 있어서도 여행비즈니스의 계약에 기초한 금전수수의 거래가 있기는 하지만, 여행을 떠나는 개인이나 기업 등과의 거래상의 리스크는 없다는 메리트가 있다. 네 번째로 컨설팅 서비스가 거론될 수 있다. 컨설팅 서비스란 전문가로부터 상담을 받거나 기업 등을 돕는 것을 의미한다. 고객은 여행비즈니스가 지닌 많은 정보로부터 적절한 정보를 선별하여 받아서 자신의 여행 계획에 활용하는 것이 가능하다. 서플라이어는 고객의 니즈를 파악하기 쉬운 입장에 있는 여행비즈니스로부터 정보를 전달받는 것으로 설비나 고객에 대한 서비스 등의 개선에 기여하는 것이 가능하다. 다섯 번째로 감동경험이다. 여행비즈니스에서는 여행이라는 활동을 통해서 고객이 감동적인 경험을 하도록 해줄 필요가 있다. 이러한 고객이 여행지에 가서 단순히 지역의 명산품을 먹거나 명소를 찾거나 하는 것뿐 아니라, 여행경험을 통해 스트레스를 해소하거나 일상을 잊을 만큼 즐거운 지역의 사람들과의 교류를 통해서 새로운 깨달음을 얻는 것으로 추억에 남을 감동경험을 얻고 싶다고 생각하기 때문이다.

추억에 남는 경험에 대해서 파인과 길모어(Pine & Gilmore, 1999)는 경제가치*라는 용어를 가져와 설명하고 있다. 다시 말해서 경제시

---

* 　파인과 길모어(1999)는 경제시스템의 진화에 의해, 경제시스템은 경험경제로 이행하고 있다고 말하고 있으며, 따라서 여기에서 경제활동으로부터 산출되는 가치를

스템이 진화함에 따라 고객의 니즈가 변화하여 고객은 단순히 지역의 명산품을 먹는 것뿐 아니라 그 경험을 통해 스트레스를 해소하거나, 즐거운 추억에 남을 감동을 얻고 싶다고 생각하게 된다. 따라서 여행비즈니스에서는 경험이라는 가치를 창출하는 것이 중요한 것이다.

(3) 여행비즈니스와 그것을 둘러싼 환경

여행비즈니스를 둘러싼 환경은 크게 변화하고 있다. 단체여행의 커머디티화*가 진행되어 단체여행에 흥미를 잃은 사람들은 개인여행으로 여행의 스타일을 바꾸어 여행비즈니스에 의존하지 않는 여행을 하기 시작했다. 이러한 개인여행을 촉진시키고 있는 이유 중 하나로서, 앞에서 언급한 것과 같은 인터넷의 보급이 언급될 수 있다. 여행비즈니스는 교통기관이나 숙박시설의 수배나 수속을 대행하는 것으로 수입을 얻어왔으나, 그러한 것들의 수배나 수속은 고객이 인터넷을 사용하여 자신이 간단히 행하는 것이 가능하게 되었다. 이러한 점에 수반하여 교통기관이나 숙박시설은 자사의 홈페이지로부터 인터넷을 통한 정보를 발신하여 직접 판매하게 되었다. 특히 항공회사는 노선의 집약 및 항공기의 소형화가 진행되어 좌석의 공급량이 줄어든 것으로 인해 이전과 같이 대형항공사에

의미하는 경제가치는 '경험'이다. 기업이 고객에 제공하는 것은 추억으로 남으며 수요의 근원은 감동이다. 경제가치로서의 '경험'은 기업이 서비스를 무대로 제품을 소도구로 사용하여 고객을 매료시킬 때에 생겨나는 것이다.

★ 커머디티화란 경합하는 상품끼리의 차별화 특성(예를 들면 기능이나 품질 등)을 잃어버리게 되어, 가격이나 구매 용이성만을 이유로 선택이 이루어지는 것을 말한다. 기능이나 품질에 차이는 없고 고객에 있어서는 어느 상품을 사도 같은 상태를 말한다.

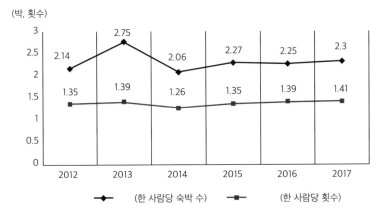

(박, 횟수)

그림7-2 일본인의 국내숙박관광여행의 횟수 및 숙박 수의 추이
(국토교통성 관광청, 2018년에서 가져옴)

의해 생겨난 잉여좌석을 감소시키기 위하여, 여행비즈니스의 집객력에 의존할 필요가 없게 되었다. 또한 규제완화가 진행되어 항공운임의 설정의 자유도가 높아져 가격 경쟁력이 있는 상품을 제공하는 것이 가능하게 된 것으로부터 직접 판매도 용이하게 되었다. 숙박업계에 있어서도 자사의 홈페이지에서 직접 판매하는 예가 많이 나오고 있다. 그리하여 여행비즈니스의 큰 수입원이었던 취급수수료도 감소하고 있다.

또한 인터넷판매를 하는 여행비즈니스가 점점 나타나기 시작했다. 특히 라쿠텐 트래블은 2001년에 설립되어, 매년 매상을 증가시켜 2011년에는 국내여행취급액에 있어서 1위 JTB에 이은 2위까지 약진했다. 이러한 인터넷판매회사의 약진에 대항하여 기존의 여행비즈니스도 인터넷숍 판매에 참가하고 있다. 예를 들면 JTB도 2007년에 타사보다 먼저 해외여행 'Navi'의 판매를 개시하고 있다.

더하여 국내 마켓의 축소와 저가격화도 진행되고 있다. 일본인의 국내여행은 2012년에 한 사람당 여행 횟수가 1.35회로, 한 사람당 숙박 수가 2.14박 수였다. 2017년에 조금 회복하였으나 한 사람당 여행 횟수는 1.41회, 한 사람당 숙박 수가 2.30박으로 여전히 정부에서 걸고 있던 목표인 4박보다도 낮았다(그림7-2).

인터넷에 의해 여행상품의 가격정보를 용이하게 손에 넣을 수 있게 되었기에, 고객의 가격에 대한 의식도 높아지고 있다. 그것이 여행상품의 저가격화를 가져와, 여행비즈니스에 있어서는 힘든 상황이 지속되고 있다. 여행비즈니스에서는 '여행상품'을 파는 것 보다도 '여행경험(여행 전으로부터 여행 중, 여행 후를 포함한)'을 판매하는 상품조달자 및 서비스 제공자의 의식개혁과 가치에 맞는 대가를 제대로 얻을 수 있도록 하는 조직전체의 서비스수준의 상승이 필요하다(cf. 카시와기, 2010).

제3절에서는 여행비즈니스의 특성과 제공하는 서비스에 더하여 여행비즈니스를 둘러싼 힘든 환경에 대해서 확인해보았다. 이어 다음 절에서는 이와 같은 여행비즈니스가 직면하고 있는 과제에 도전하고 있는 기업으로서 'JTB'를 다루며, 또한 이 회사는 어떠한 고객에 여행경험을 제공해가고 있는지 그 전개와 도전에 대해서 알아보고자 한다.

| 4 | JTB의 전개

(1) JTB의 개요

1912년 3월 Japan Travel Bureau Foundation이 창립되었다. 이 것은 철도원(鐵道院)의 키노시타 토시오가 주장한 외국인 관광객 유치론에 공감한 철도원 부총재 히라이 세이지로 등이 중심이 되어 창립되었다. 1914년 2월에는 도쿄안내소에서 외국인에 철도원 위탁승차권 발매를 개시하고 1925년에는 '기차시간표(뒤의 JTB시각표)'가 간행되었다.

1945년에는 제2차 세계대전이 종전을 맞고 회사명칭을 재단법 인일본교통공사로 변경하였다. 사업의 목적을 '국청문화(国清文化) 의 소개, 외국인 관광객 유치를 위함'으로 하였다. 그 배경으로서 전후의 일본은 관광자원이 유일한 자본으로서 평화를 맞은 일본이 지향해야 할 국제 친선의 방책으로 관광자원이 중요했기 때문이었 다. 1948년 IATA* 여객대리점으로서 인가되어 미국 민간항공회사 각사와 대리점계약을 체결하였다. 1955년 '주유권(周遊券)'을 판매 개시하여 그 편리성과 경제성으로 인하여 이용객이 비약적으로 증 가하였다.

1962년에는 '세트여행' 판매를 개시했다. 고객의 요망에 맞춘 새로운 상품기획으로서 이 세트여행은 여행상품의 원형으로 그 후 의 패키지여행으로 이어지게 되었다. 이것은 티켓 에이전트로부 터 여행 에이전트로 사업을 전개해가는 것이기도 했다. 1963년에

★   IATA(International Air Transport Association)이란 국제항공운송협회의 약칭으로 대다수의 국제선을 운행하는 세계 각국의 항공회사들이 가맹되어 있는 국제단체 이다.

는 자본금 8억 엔으로 주식회사 일본교통공사를 설립하여 일반여행알선업등록 64호의 인가를 취득했다. 1964년 도쿄 올림픽 개최 시기에는 국내입장권 판매 총대리점이 되었다. 또한 동년, 방일 외국인 대상의 상품으로서 '선라이즈 투어'의 운행을 개시했다. 전 코스 가이드 동행으로 요금도 값싸게, 개인단위로는 쉽게 갈 수 없는 관광이 가능했기에 외국인 관광객에 큰 호평이었다. 그 후 1968년 해외주최여행 '루크', 1971년 국내여행 기획상품 '에이스'의 판매를 개시했다.

1973년에는 여행잡지 '루루부'를 발간 개시했다. 1982년 노토반도 와쿠라온천에서 제1회 '모리노 니기와이(杜の賑い)*'를 개최했다. 이것은 교통공사협정여관연맹 25주년 및 JTB창업 70주년 기념상품으로서 개최했지만 동시에 문화 활동의 일환으로서 지방의 전통예능을 보호·육성하여 관광소재로서 발굴하여, 전국에 발신하는 것으로 지역 활성화에 공헌하고 싶다는 마음으로 시작되었다.

1988년 일본교통공사로부터 'JTB'로 호칭을 변경, 1991년 JTB하와이가 영업을 개시, 1995년에는 호놀루루에서 '제1회 호놀루루 페스티벌'을 개최했다. 1997년에는 자본금을 23억 400만 엔으로 증자, 창립 85주년을 맞았고, 1998년에는 인터넷을 사용한 여행판매를 본격적으로 개시했다.

2001년 명칭을 주식회사 제이티비로 변경하여, 동년 여행·관광에 관한 조사연구회사, 투어리즘 마케팅연구소를 설립했다. 2003년 JTB그룹 환경선언제정, 2004년에는 해외여행기획상품인 홀세일회사 JTB월드 베이케이션즈, 출판사업부문을 통합한 JTB 퍼블리싱을 설립했다.

2006년 4월에 지역을 마주하는 새로운 비즈니스 영역을 창조·

* 지역 전통문화 보호 육성, 젊은이들의 창작 예능 지원 등을 위한 지역 활성화 사업 목적의 이벤트(역자 주).

전개하기 위해서 홋카이도부터 오키나와까지 '지역밀착'을 목적으로 지역회사별 분사화를 실시하였다. 그리하여 에리어별로 전문화, 의사결정의 신속화가 가능하게 되었고, 이에 보다 지역의 니즈에 맞는 상품기획을 실행하는 것이 가능하게 되어 지역과의 관계도 강화될 수 있게 되었다. 동시에 Group tie-line으로 'Your Global Lifestyle Partner'도 제정하였다.

2008년 '루크 JTB'의 참가자가 2,500만 명을 돌파하였고, 2009년에는 JTB시각표 통권 1000호를 발행하게 되었다. 또 2010년에는 '루루부'가 발행점수 세계최다의 여행가이드 시리즈로서 기네스세계기록TM에 인정되게 되었다.

2012년 3월 JTB그룹은 창립 100주년을 맞았다. 2013년 '유니버설 투어리즘'이 시작되었고, 2014년 10월에는 JTB호놀루루지점 개설 50주년을 기념하여 하와이주가 2014년 10월 1일을 JTB DAY로 제정하였다. 2016년 도쿄 2020년 올림픽 패럴림픽 경기대회의 오피셜여행서비스 파트너로서 계약을 체결, 2018년 명칭을 '주식회사 JTB'로 변경하였다. 현재 JTB는 일본에서 제1위, 세계 여행회사 톱클래스 규모를 자랑하고 있다.

(2) 종합여행업에서 교류문화사업에 이어
교류창조사업으로

JTB는 지금까지는 종합여행업으로서 고객의 여행 코디네이터역할을 담당하였으나, 시대의 변화에 맞춰 사업도메인*을 교류문화

---

* 　사업도메인이란 조직의 경영활동을 행하는 기본적인 사업전개영역을 뜻한다. 이 사업도메인을 규정하는 것으로 자사의 사업영역을 명확히 하여 필요한 사업에 집중하여 투자하는 것으로 전략의 최적화를 꾀하는 것이 가능하다.

사업으로 정의하고 여행업의 영역을 확대했나. 나아가서 2018년에는 사업도메인을 교류창조사업으로 하여 그 사업의 정의를 'JTB만의 솔루션(상품·서비스·정보 및 조직)의 제공에 의해, 지구를 무대로 다양한 교류를 창조하여, 고객의 감동·공감을 불러일으키는 것'으로 두고 있다. 다시 말해서 지금 이미 존재하는 교류의 확대나 고도화에 머무르지 않고 교류 자체를 '스스로 창조하는' 것을 통해, 고객의 감동이나 공감을 불러일으키는 것으로 고객에게 주는 결과나 성과까지 약속하는 것을 강조하고 있다.

JTB는 여행사업을 통해 지역의 사람들의 국내외의 교류를 창조하여 지역이 지닌 다양한 과제를 '여행의 힘'을 활용하여 해결하는 것을 목적으로 하고 있다.

'여행의 힘'에는 ① '문화의 힘', ② '교류의 힘', ③ '건강의 힘', ④ '교육의 힘', ⑤ '경제의 힘'으로 각각에 대해 설명하고 있다. ① '문화의 힘'이란 여행을 통해서 다양한 국가나 지역의 역사, 자연, 전통, 예능, 경관, 생활 등에 대해서 배우며 즐겨가며, 그러한 발굴·육성·보존·진흥에 기여 가능한 힘이다. ② '교류의 힘'이란 여행을 떠나는 것으로 국제 내지 지역 간의 상호이해, 우호의 촉진을 통하여 안전하고도 평화로운 사회의 실현에 공헌 가능한 힘을 말한다. ③ '건강의 힘'이란 여행을 떠나는 것으로 일상으로부터의 이탈에 의한 새로운 자극이나 감동, 즐거움이나 힐링 등을 통해, 몸과 마음의 활력을 얻고 재창조를 위한 에너지를 채우는 힘을 말한다. ④ '교육의 힘'이란 여행을 떠나 자연이나 사람과 접함을 통해서, 이문화(異文化)에 대한 이해를 깊게 하며 타자에 대한 배려 및 가족의 유대를 깊게 하는 등 인간성 형성의 기회를 넓히는 힘을 말한다. ⑤ '경제의 힘'이란 많은 사람들이 여행을 떠남으로써 여행·관광산업의 발전을 촉진하여 고용의 확대, 지역이나 국가의 진흥, 빈곤의 감소, 환경의 정비·보전 등 폭넓은 공헌이 가능한 힘을 말한다. ① ~ ④ 까지의 여행이 지닌 힘을 활용하는 것으로, 결과적으로 경제의 활성화로 이어지는 힘, 다시 말해 '경제의 힘'이 되는 것이다.

또한 JTB에서는 '글로벌전략'을 세우고 있으며 그 전략은 일본을 중심으로 한 '스타형' 거점망(일본발, 일본착)으로부터 중심이 없는 전 세계에서 최적을 추구해가는 '네트워크형' 거점망(세계발, 세계착)을 지닌 기업그룹을 목적으로 나아가고 있다.

'스타형(Star形)'에서는 일본을 중심으로 해외 거점을 잇고 있었으며, JTB의 해외사업의 역할은 일본인 해외여행자를 수용한 '일본발'과 일본으로 떠나는 '일본착'만을 모은 것이었다. '네트워크형(Network形)'에서는 어느 거점이든 동등한 상호접속 관계를 지니며, 다시 말해 전 세계를 통하여 최적을 형성하는 거점망을 만드는 것을 목적으로 하고 있다. 세계 레벨에서의 교류문화를 담당하는, 다시 말해 인류·물류의 활성화에 공헌을 하는 것을 전략의 하나로 들고 있다. 이와 같은 글로벌전략에서는 해외 거점의 역할을 근본적으로 혁신시켜, 일본에 의존하지 않는 여행사업을 늘여가는 것을 목적으로 하고 있다. 어느 거점에 보내는(발사업) 여행자를 세계의 다른 거점에서 받아들이는(착사업) 것으로 세계 각지에 있는 JTB거점망을 살리는 것이 가능하게 된다.

위와 같은 교류창조사업을 추진해가기 위해서는 스킬을 활용하여 담당직무에 높은 성과를 발휘하는 것과 함께, 새로운 정보나 스킬의 습득에 힘을 기울여가며 스스로 과제를 인식하여 그 해결을 향해 자율적으로 행동하는 것이 가능한 '자율창조형 사원'의 양성이 중요하다. 이를 위해서 모든 사원을 대상으로 교육체계를 총칭한 개념인 JTB유니버시티가 정비되어 '사원은 재산'이라는 JTB그룹의 상징이 되어 있다.

다음 절에서는 지역의 사람들 간의 교류를 창조하여 교류창조사

업으로 이어지는 구체적 사례를 들어 JTB의 도전에 대해 알아보고
자 한다.

| 5 | JTB의 도전

(1) 교류창조: 호놀루루 페스티벌

교류를 창조하는 사례로서 1995년부터 개최되어 2019년으로
25회째를 맞이한 호놀루루 페스티벌을 다루고자 한다. 이는 페스
티벌이 교류를 창조하여 지역이 지닌 다양한 과제를 '여행의 힘'으
로 활용하여 해결하려고 하는 이벤트로, 그 결과로 지역교류 비즈
니스를 행하고 있기 때문이다.

1) 호놀루루 페스티벌의 개요와 테마

여행을 통해서 상호 왕래하는 것뿐만 아니라 일본과 하와이의
역사나 문화를 보다 깊이 이해하며 진정한 교류를 깊게 하는 것
을 목적으로 호놀루루 페스티벌 위원회가 조직되어 호놀루루 페
스티벌재단이 설립되었다. 1995년 3월에 제1회 호놀루루 페스티
벌이 개최되어, 2019년 3월에는 제25회를 맞게 되었다. 참가단체
336개(일본 178, 하와이 147, 그 외 글로벌(일본과 하와이 이외)의 국가들 11),
관객 동원 수는 135,650명으로 전년도 대비 101.2%였다(호놀루루
페스티벌재단, 2019).
호놀루루 페스티벌은 매년 3월에 3일간(금, 토, 일)개최된다. 페스

티벌의 주요 프로그램*으로 금요일에는 ① 교육 프로그램으로 '에듀케이셔널 스쿨 투어', ② 일본에서 온 참가단체 대표자, 하와이의 관계자 등, 100인 이상이 모여 교

사진1 DMO 국제포럼 in Hawaii

(호놀루루 페스티벌 홈페이지에서 발췌)

류를 행하는 '하와이 주지사 주최 환영 오찬회', ③ 참가단체나 하와이의 지역주민 사람들과의 국제우호·친선을 깊게 하는 '프렌드쉽 파티', ④ '심포지엄'으로서 2019년에는 DMO의 선진적 대처 발표나, 정보교환을 주고받는 것으로 지속가능한 투어리즘의 활성화를 목적으로 한 'DMO 국제포럼 in Hawaii'(사진1)가 개최되었다. 또한 호놀루루 페스티벌의 자매 이벤트인 ⑤ '호놀루루 홀라 포멀 2019(금, 토 개최)'가 열려, 토, 일에는 메인 회장인 하와이 컨벤션센터**에서, ⑥ 일본, 하와이에서 100명 이상의 교실이나 단체가 참가하여 지역 및 전통문화, 기술, 상품을 소개하는 '전시, 실연, 크래프트 페어, 녹색의 날 코너', ⑦ 스테이지에서 진행되는 하와이, 환태평양의 각국, 일본으로부터의 페스티벌 참가자에 의한 '퍼포먼스', ⑧ 마우이섬의 고등학생이 만든 신흥 콘테스트에서 우승한 팀의 '마우이 가마 제막식', ⑨ 호놀루루 일본총영사관과 호놀루루 페스티벌재단 공동 주최에 의한 '일본영화제', ⑩ 강사에 의한 댄스 레슨인 워크숍과 댄스 경연이 이뤄지는 '알로하 댄스 컨벤션'(토요

★　　제25회 2019년 3월 8일(금), 9일(토), 10일(일)에 개최된 주요한 프로그램을 기재했다.

★★　메인회장인 하와이 컨벤션센터에 추가로, 퍼포먼스의 일부는 와이키키 비치 워크, Ala Moana Center 스테이지에서 펼쳐졌다.

일 개최), ⑪ 주식회사 JTB가 주최하는 아마추어 러너를 대상으로 한
'Honolulu 레인보우 역전 마라톤', ⑫ 하와이, 환태평양의 각국, 일
본으로부터의 참가자에 의한 댄스, 전통예술 등의 퍼포먼스나 일
본 각지의 축제가 와이키키, 카라카우아 대로에서 재현되는 '그라
운드 퍼레이드'(일요일 개최), ⑬ 와이키키 비치 앞바다에 쏘아 올려
진 니가타현 나가오카시의 평화를 기원하는 불꽃축제(나가오카폭죽,
일요일 개최)가 개최되었다.

호놀루루 페스티벌은 테마를 '퍼시픽 하모니 "사랑과 신뢰"'로
잡아, 그 목적을 '다른 민족 간의 문화교류에 의한 평화적인 삶의
방식을 모색하는 것'으로 하였다. 이 목적에서 보이는 것처럼 민족
이나 세대를 넘어선 교류의 고리를 넓혀, 일본과 하와이 나아가서
는 환태평양 여러 국가들과의 친선의 고리를 보다 크게 넓혀, 세계
평화에 공헌하는 것을 목표로 삼고 있다.

통일된 테마와 함께, 매년 서브테마가 정해져 있다(표7-1). 이 서
브테마는 페스티벌 운영을 담당하는 JTB하와이 사원들 중에서 안
을 모아, 그 안들 중에서 호놀루루 페스티벌재단 임원이 결정하는
형식을 취하고 있다.

표7-1 호놀루루 페스티벌 서브테마

		서브테마	
		영문명	번역명
25th	2019	Looking Back to Creat the Future: 25 years of ALOHA	25년에 거친 알로하의 마음. 온고지신
24th	2018	Harmony over the Ocean, Journey to Peace	바다를 넘은 문화교류, 평화로의 여행
23th	2017	Cultural Harmony, Journey to Peace	문화교류, 평화로의 길

22th	2016	Cultural Harmony, Journey to Peace	문화교류, 평화로의 길
21th	2015	Creating Cultural Friendships with Aloha	이어가는 사람들의 고리, 알로하의 고리, 하와이에 새기는 교류의 역사
20th	2014	Jubilation, One Heart, One Pacific, One World	태평양, 세계를 마음으로 잇는 즐거움의 제전
19th	2013	Transforming the world; Connect! Discover! Let each experience fascinate you!	세계를 바꾸는 암구호. 교류·배움·그리고 감동
18th	2012	Bonding together, hand in hand	이어지거라 넓혀지거라 세계의 유대
17th	2011	We are all neighbors, around the world	세계는 바로 눈앞에 있다
16th	2010	Discovery Through Tradition	다음 세대로의 가교
15th	2009	Heart of the Pacific, Creating Our Future	이문화를 기르는 알로하의 마음을 미래로
14th	2008	Experience the Wonder	바다는 문화를 잇는다
13th	2007	Pacific Renaissance	태평양의 새로운 유대
12th	2006	Celebrating Pacific Traditions	태평양의 재발견
11th	2005	A Journey Across the Pacific	태평양의 가교
10th	2004	Where Culture Comes Alive	지금, 그리고 내일의 문화를 짊어지고
9th	2003	Connecting People, Bridging Culture	사람과 사람을 잇는 문화의 가교
8th	2002	Come together in the Pacific	모두 다 태평양에 모이자

(1995~2001년의 서브테마에 대해서는 미확인)
(호놀룰루 페스티벌재단 자료에서 발췌)

2) 호놀루루 페스티벌의 교육 프로그램과 볼런티어(volunteer)

교육 프로그램으로서 위에 언급한 ① '에듀케이셔널 스쿨 투어' ⑧ '마우이 가마 제막식'을 열고 있다.

① '에듀케이셔널 스쿨 투어'란 매회 금요일에 개최되는 페스티벌의 무대 뒤를 견학하는 투어(Behind the Scene Tour)이다. 이 투어를 오아후섬의 아이들 중 희망자를 대상으로 실시하고 있다(사진2). 2019년에 참가자 수가 886명을 넘을 정도로 인기 있는 프로그램이었다. 이 투어는 오아후섬의 학생들에게 페스티벌에서 전시, 피로(披露)하는 것들을 접하게 하거나, 퍼포먼스를 실제로 체험하게 하여 이문화(異文化)를 직접 접할 기회를 제공하고 있다. ⑧ '마우이 가마 제막식'은 마우이섬의 고교생들을 대상으로 개최하는 콘테스트로 우승한 가마를 페스티벌 기간 중, 하와이 컨벤션센터에 전시하는 이벤트이다. 2019년도에 16회째를 맞는 이 콘테스트는 일본문화를 알게 하는 것, 다른 섬으로부터 참가를 촉진하는 것을 목적으로 한다(사진3). 그 가마를 디자인한 생도들은 호놀루루에 초대되어 마지막 날의 그라운드 퍼레이드에서 가마를 이고 퍼레이드에 참가한다.

사진2 에듀케이셔널 스쿨 투어

(호놀루루 페스티벌 홈페이지에서 발췌)

사진3 마우이 가마

(필자 촬영)

**사진4 일본영화제에서의
접수를 맡은 볼런티어**

페스티벌 개최 시에는 많은 볼런티어가 참가하여 페스티벌 운영을 지원한다. 2019년도 제25회 페스티벌 시 볼런티어는 489명(지역 333명, 일본으로부터 156명)이었다. 볼런티어는 '에듀케이셔널 스쿨 투어'에서 아이들이나 학생들의 안내를 하는 안내 담당이나 고객을 대상으로 정보제공을 하는 인포메이션 데스크 담당, 일본영화제의 접수 담당(그림4), 솜사탕이나 요요 등을 맡은 녹색의 날 담당(사진5), 회장에서의 기념품 배포 담당(사진6), 페스티벌의 마지막 날에 열리는 그

사진5 요요축제에서의 볼런티어

사진6 기념품 배부를 맡은 볼런티어

(사진4,5,6은 키다니 카나에 씨 촬영)

라운드 퍼레이드에서의 참가자 유도 등의 담당, 가마를 메고 큰북을 울리는 등의 가마 담당, 큰 뱀이 앞장서서 대열을 지어 행진하는 호놀루루 다이쟈야마의 담당, 요사코이 마츠리(축제)의 스가렌의 깃발을 잡는 깃발수 담당 등등 다양한 역할을 맡고 있다.

호놀루루 페스티벌*은 호놀루루에서 매년 3월에 개최되는 항례 행사로서 정착하여 환태평양의 문화교류촉진사업으로서 하와이에 있어 최대의 문화교류 이벤트로 발전하고 있다.

---

* 　호놀루루 페스티벌은 2018년 재팬 투어리즘 어워드의 우수상을 수상했다. 일본과 하와이의 교류의 상징적 이벤트로서 거의 4반세기에 걸쳐 계속적으로 실시되고 있는 점, 프로그램이 항상 진화를 거듭하여 기업의 경영의 테두리를 넘어, 지역사회에 완전히 정착한 점이 수상의 포인트였다.

3) JTB사원의 역할의 중요성

호놀루루 페스티벌과 같은 큰 이벤트는 제한된 기간에 일정한 장소나 공간에 고객이 집중하게 된다. 이런 점에서 이벤트 전체를 원활하게 하기 위해서는 회장, 장소, 운영이 이뤄지는 전시, 퍼레이드의 운영 등이 중요하며, 이때에는 JTB가 오랜 기간 닦아왔던 MICE* 경험이 기여를 하고 있다.

페스티벌에서는 JTB사원이 통상적 업무와는 다르게 호놀루루 페스티벌재단의 한 사람으로서 페스티벌의 운영을 담당하고 있다. 보통, 고객과 접하는 일이 적은 총무과나 경리과에 속해 있는 사원도 참가한다. 사원은 담당하고 싶은 부문을 자신이 선택해서 참가를 하여 다양한 장면에서 교류를 만들어 내는 서포트역으로서 중요한 역할을 담당하고 있다.

사원이 페스티벌에 참가를 하는 것으로 얻어지는 메리트로서는 주로 ① 모럴의 향상, ② MICE 기획력이나 운영능력의 향상, ③ 관광지로부터 새로운 여행스타일의 제안 능력, ④ 서플라이어와의 신뢰관계 구축이 거론될 수 있다. ① 모럴의 향상이란 참가자나 볼런티어와의 교류를 통해서 그들의 기쁨 내지 만족도를 직접 알게 될 기회가 많아져, 사원에 있어서 모럴·의욕의 향상에 이어지는 것을 의미한다. ② MICE 기획력이나 운영능력의 향상이란 페스티벌의 이벤트 내용의 기획입안으로부터, 당일의 운영까지를 경험하는 것으로 이벤트 등의 기획력이나 운영능력이 향상되는 것을 말한다. ③ 관광지로부터 새로운 여행스타일의 제안 능력이란 하와이에 오는 고객을 받아들이는 관광지로서의 역할로부터, 출발지로서 새로운 여행을 제안하는 능력이 붙는 것을 뜻한다. 페스티벌의

★　　MICE란 Meeting(회의, 연수, 세미나), Incentive tour(보상, 초대여행), Convention 내지는 Conference(대회, 학회, 국제회의), Exhibition(전시회)의 4가지의 두 문자를 이어서 만든 조어이다.

교류를 통하여 고객과의 접점이 생겨, 거기에서부터 니즈를 찾아내어 새로운 여행스타일을 제안하는 것이 가능하게 된다. 이것은 일본에 의존하지 않는 여행사업을 늘여가는 것이기도 하여, JTB가 목적으로 하는 글로벌 비즈니스 전략을 실천하는 것이기도 하다. ④ 서플라이어와의 신뢰관계 구축이란 JTB의 사원이 페스티벌에 참가하는 대량의 고객의 운송기관이나 숙박시설의 예약을 대행해주기에, 서플라이어에 있어서 금전의 수수에 관한 거래상의 리스크가 없는 점에 더하여, 고객의 니즈에 대한 정보를 얻는 것이 가능한 것으로부터 JTB와 서플라이어와의 사이에 보다 깊은 신뢰관계를 쌓는 것이 가능한 점을 말한다. 또한 페스티벌의 스폰서이기도 한 JTB는 호놀루루 페스티벌을 사회공헌의 하나로서 실시해왔고, 뿐만 아니라 지역에 뿌리를 내린 활동을 실시하고 있는 기업으로서의 인지도 상승에도 공헌하게 된다.

4) 여행의 힘을 활용한다.

호놀루루 페스티벌에서는 어떠한 사람이 참가를 하고 고객으로서 방문하며 교류가 창출되는 것인가? 호놀루루 페스티벌에는 크게 나누면 일본으로부터의 참가자(이벤트, 볼런티어)와 여행자, 하와이의 참가자(이벤트, 볼런티어)와 주민, 일본과 하와이 이외의 나라들로부터의 참가자(이벤트, 볼런티어)와 여행자가 모여든다. 예를 들면 일본으로부터의 참가자만을 두고 생각해보더라도 일본으로부터의 참가자는 페스티벌을 통해서 일본으로부터의 여행자, 하와이의 참가자나 주민, 일본, 하와이 이외의 국가들의 참가자나 여행자와의 교류가 각각 생겨난다(그림7-3).

표7-2 이벤트와 '여행의 힘'의 관계

이벤트명	문화의힘	교류의힘	건강의힘	교육의힘
①에듀케이셔널 스쿨 투어	○	○		○
②하와이 주지사 주최 환영 오찬회	○	○		
③프렌드쉽 파티	○	○		
④DMO 국제포럼 in Hawaii	○	○		○
⑤호놀루루 훌라 포멀 2019	○	○	○	
⑥전시, 실연, 크래프트 페어, 녹색의 날 코너	○	○		○
⑦퍼포먼스	○	○	○	○
⑧마우이 가마 콘테스트, 제막식	○	○		○
⑨일본영화제	○	○		○
⑩알로하 댄스 컨벤션	○	○	○	
⑪호놀루루 레인보우 역전 마라톤		○	○	○
⑫그라운드 퍼레이드	○	○	○	○
⑬나가오카 불꽃축제	○	○		○

(저자 작성)

　이러한 교류를 통해서 페스티벌에서는 이전에 보여준 것과 같은 '여행의 힘'이 발휘된다(표7-2). 개최되는 이벤트를 통해서 어떠한 여행의 힘이 활용되는지를 검토해보자. 페스티벌에서 개최되는 이벤트로, 예를 들면 ⑥ 전시, 실연, 크래프트페어에서는 꽃꽂이, 그림을 곁들인 편지, 말린 꽃 표본 등 다양한 일본문화를 시작으로 한, 하와이나 환태평양의 각국의 문화 이벤트가 참가자에 의해 소개된다. 또한 녹색의 날 코너(금붕어 뜨기, 요요 등)나 애니메이션 코너

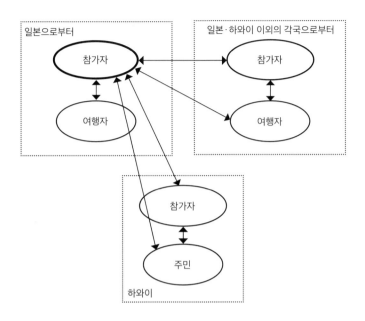

그림7-3 호놀루루 페스티벌의 참가자, 여행자, 주민과의 교류
일본으로부터의 참가자의 경우(저자 작성)

의 워크숍, 코스프레카페 등이 볼런티어에 의해 열린다. 이러한 이벤트에 찾아온 여행자나 하와이의 주민이 이벤트의 참가자나 볼런티어와의 교류를 통해서 전통이나 예능, 생활 등 다양한 이문화에 대해서 즐겨가며 배우는 것이 가능하다. 또한 이벤트의 참가자나 볼런티어는 여행자나 주민과의 교류를 행하는 과정에서 자국문화에 대한 재인식이나 긍지를 지니는 것도 가능하다고 생각된다.

이렇듯 페스티벌의 이벤트를 통해서 '문화의 힘', '교류의 힘', '교육의 힘', '건강의 힘'이 발휘되어, 그것이 지역경제의 활성화, '경제의 힘'으로 이어지는 것이다. 호놀루루 페스티벌은 지금까지 연간 9.5밀리언달러(약 10억 엔(100억 원)) 이상의 경제효과를 창출하고 있다(호놀루루 페스티벌재단, 2019).

위와 같이 호놀루루 페스디벌은 재단이 운영하고 있는 것이긴 하나, JTB가 긴 세월 쌓아온 MICE에서의 경험으로부터 얻은 운영 능력을 살린 결과, JTB만이 갖고있는 상품 서비스, 정보, 구조를 제공하고 있는 것이다. 이를 통하여 교류를 창출하는 교류창조사업을 실현하고 있다고 할 수 있다.

(2) 호놀루루 페스티벌을 통한 JTB의 도전

페스티벌에 참가하여 퍼포먼스를 하는 사람들은 무엇을 목적으로 페스티벌에 발걸음을 하게 된 것일까. 그들은 페스티벌을 목적으로 하여 연습해 온 퍼포먼스를 단순히 발표하기 위해서 오는 것이 아니다. 그들은 퍼포먼스를 통해서 사람과의 교류를 낳아, 그 결과 추억에 남는 경험, 즐거운 경험을 얻고 있기에 페스티벌에 참가하고 있는 것이다.

이러한 감동체험이 고객에 가치로서 인정받게 되는 구조를 보도록 하자(그림7-4).

JTB의 사원은 호놀루루 페스티벌재단의 일원으로서 페스티벌을 뒤에서 지원하게 된다. 주역은 이벤트의 참가자나 주민, 볼런티어로서의 참가자나 주민, 페스티벌을 보러 온 여행자나 주민이다. 재단 직원(JTB사원)의 업무 진행에 의해 페스티벌에서는 참가자, 여행자, 주민의 각각 사이에서 교류가 창출되어, 서로 즐겁게 힐링을 받아가며 스트레스를 해소, 만족감 등의 추억에 남는 감동경험을 공유할 수 있게 된다. 여기에서 새로운 관계성이 탄생하는 것으로 그 관계성을 유지하고 싶다고 생각하며 다음 연도에도 페스티벌에 오고자 생각하게 된다. 또한 이벤트에 참가한 사람과 볼런티어로서 참가한 사람은, 페스티벌을 성공시킨다는 목표를 향하여 재단의

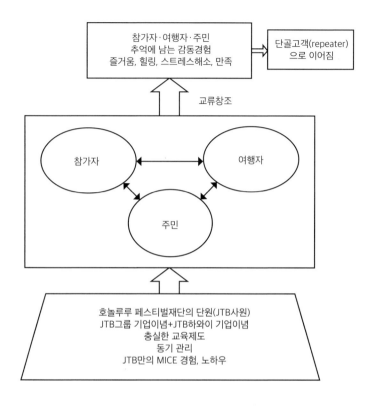

| 참가자·여행자·주민
추억에 남는 감동경험
즐거움, 힐링, 스트레스해소, 만족 | → | 단골고객(repeater)
으로 이어짐 |

교류창조

참가자 ↔ 여행자

주민

호놀루루 페스티벌재단의 단원(JTB사원)
JTB그룹 기업이념+JTB하와이 기업이념
충실한 교육제도
동기 관리
JTB만의 MICE 경험, 노하우

그림7-4 JTB교류창조의 구조 - 호놀루루 페스티벌의 사례

(저자 작성)

단원(JTB사원)과 함께 행동하는 것으로, 여기에서도 새로운 관계성이 생겨난다. 재단의 단원(JTB사원)에 있어서도 참가자나 볼런티어와의 교류를 통해서, 그들의 즐거움이나 만족을 지근거리에서 아는 것이 가능해진다. 이러한 점은 재단 단원(JTB사원)의 기쁨이 되며 동기(motivation) 상승으로 이어지는 것이다.

호놀루루 페스티벌은 일본과 하와이의 역사와 문화를 보다 깊게 이해함을 통해서 진정한 교류를 깊게 하는 목적을 달성하기 위한 활동을 계속하고 있다. 이 활동은 간접적이긴 하나 결과적으로는 JTB가 목적으로하는 교류창조사업을 유지하는 것이기도 하며 글로벌 비즈니스 전략의 선구적 역할을 담당하는 사업이라고도 할 수 있다.

이와 같이 JTB는 다양한 교류창조사업을 직접적 내지는 간접적으로 지원해왔던 것을 통하여 지구를 무대로 한 수많은 교류를 창조하기 위한 도전을 계속하고 있는 것이다.

크루즈 여행에 감동경험![*]

사진1 프라이드 오브 아메리카

(Norwegian Cruise Line의 홈페이지에서 발췌)

크루즈 여행이 주목받고 있다. 2016년 세계 크루즈 인구는 1990년 대비 약5.4배(약 2,500만 명) 증가했고 크루즈 선진국인 미국에서는 약 1,350만 명이 크루즈 여행을 즐기고 있다(국토교통성, 2018). 일본에서도 크루즈 여행을 떠나는 사람은 증가하고 있어 2017년의 크루즈 인구는 전년도에 비해 6.7만 명 증가한 31.5만 명으로 전년 대비 27.0% 증가했다. 그 크루즈의 목적은 레저가 99%로 가장 많다.^{**}

크루즈는 움직이는 호텔라고 불리며 한번 타면 짐을 옮길 필요도 없고 다양한 레스토랑과 실내 테니스 등 스포츠 시설의 이용이나, 댄스나 쇼 등의 시설 및 영화 상영이나 카지노가 있는 크루즈도 있다. 기항지에서의 작은 여행도 즐길 수 있기에 유럽에서는 가

★   본 연구는 JSPS 과학비 24611018 보조금을 받았다.

★★   국토 교통성 보도 발표 자료 http://www.mlit.go.jp/report/press/kaiji02_hh_000236.html/ 2019년 7월 4일 열람

장 단골고객(repeater) 비율(85%가 단골고객)이 높은 여행이기도 하다
(아다치, 2002). 이와 같은 높은 단골고객(repeater) 비율을 낳는 요인은
무엇일까? 세계 제일의 크루즈 인구를 자랑하는 미국의 크루즈 중
에서도 Norwegian Cruise Line[*]를 통해 그 요인을 검토해보도록
하자.

Norwegian Cruise Line은 '프리 스타일 크루징'이라 하여 통상
의 크루즈보다도 자유로운 식사 시간이나 복장으로 편안한 캐주얼
한 크루즈를 제공하고 있다. 그 크루즈 중에서도 일본인에 인기가
높은 크루즈인 프라이드 오브 아메리카(Pride of America)[**]에 초점을
맞추어 크루즈 여행이 어떠한 서비스를 제공하며 고객만족을 향상
시키고 감동경험을 주고 있는지 알아보고자 한다.

2005년 취항한 프라이드 오브 아메리카(Pride of America)는 15개
의 레스토랑, 12개의 바 및 라운지, 1,095개의 객실을 갖고 있으며
통년으로 하와이 4도를 주유하는 유일한 여객선이다(사진1).

이 여객선은 7일 동안 하와이섬 중 오아후, 마우이, 하와이섬, 카
우아이섬을 도는 크루즈로, 연간 평균 119,600명의 승선객이 있는
인기 크루즈이다.

승선에서 하선까지의 과정에서 고객이 받는 주요 서비스에는 다
음과 같은 것이 있다.

---

[*]   Norwegian Cruise Line는 1966년에 창업한 미국의 플로리다주 마이애미에 본사
       를 둔 세계 3위의 글로벌 크루즈 라인이다. 2013년에 Caribbean's Leading cruise
       Line를 수상, World Travel Award 2013을 수상, Europe's Leading Cruise Line
       부문에서도 6년 연속 최우수상에 빛나고 있다(http://www.ncclipn.jp/index.htm 2014
       년 2월 1일 열람).

[**] 프라이드 오브 아메리카의 국적은 미국으로, 총톤수는 80,439톤, 전장 920.3미터,
       폭 119.8미터, 승객 정원은 2,186명, 승무원 927명의 중형 클래스의 여객선이다.

① 승선

고객은 승선 할 때, 선명·하선일·이름이 기재된 승선 카드를 건네받는다(사진2). 이 카드는 크루즈 여행 중 신분증명서, 신용카드, 객실 키로써의 기능을 갖는다. 고객은 카드를 1장 가지고 있는 것만으로 선내의 다양한 서비스를 제공받을 수 있다.

사진2 승선 카드
(필자 촬영)

② 오리엔테이션과 세이프티 드릴(대피 훈련)

오리엔테이션이 있어 선내에서 어떠한 서비스를 받을 수 있는지에 대해 알 수 있다. 크루즈 서비스의 기본인 고객의 안전을 지키기 위해서 국제법으로 모든 승객의 참가가 의무화되어 있는 세이프티 드릴(피난 경로나 집합장소의 제시, 구명재킷 입는 법의 설명 등)이 탑승으로부터 24시간 내에 실시되고 있다.

③ 정보 서비스

리셉션 데스크는 이벤트의 안내, 예약 등 고객의 필요한 정보를 24시간 언제든지 제공하는 서비스*를 실시하고 있다. 기항지 관광 데스크(Shore Excursion Desk)에서는 각 기항지에서 옵셔널 투어의 안내나 그 신청이 가능하다. 또한 객실에는 전날 밤에 선내신문 〈Freestyle Daily〉(사진3)가 제공되어

사진3 Freestyle Daily
(필자 촬영)

---

*   리셉션 데스크에서는 일본어를 할 수 있는 담당자와 일본어에 의한 선실 안내 등을 제공하고 있다. 일본어판 〈Freestyle Daily〉는 매일 밤 일본인 승객이 숙박하고 있는 방에 배달되고 있다.

다음날의 선내 이벤트, 엔터테인먼트 스케줄, 레스토랑 정보, 각종 시설의 오픈시간, 드레스 코드 등이 기재되어 있으므로, 그 스케줄을 참고해가며 다음날의 일정을 계획할 수 있다.

④ 음식 서비스

레스토랑에서의 식사비(일부 제외)*는 크루즈 대금에 포함되어 있다. 희망자는 선장과 함께 식사할 수 있는 테이블의 예약도 가능하다.

⑤ 엔터테인먼트 서비스

오전, 오후, 저녁(18:00~24:00)까지 다양한 스포츠, 이벤트, 클래스, 쇼, 파티 등이 제공되며**, 고객을 질리지 않게 하기 위한 다양한 배려가 제공되고 있다. 또한 승선 마지막 날 밤에 개최되는 작별의 버라이어티쇼에서는 엔터

사진4 직원의 마지막 날 밤의 무대
(필자 촬영)

테인먼트 담당자, 게스트 서비스 담당자, 레스토랑 담당자, 객실 등의 승무원 등 스태프 전원이 무대에 올라 노래와 인사를 한다(사진 4).

---

*   크루즈 대금은 크루즈 운임, 캐빈 숙박료, 무료레스토랑에서의 식사비, 룸서비스 (24시간 이용 가능) 엔터테인먼트나 이벤트, 수영장이나 피트니스센터 등 시설이용료가 포함되어 있다(일부 유료). 알코올음료는 유료.

**   예를 들어 하와이안 생화 꽃목걸이 만들기나 홀라댄스 교실, 할리우드 뮤지컬쇼, 라스베거스쇼, 패밀리 디너파티, 가면파티 등을 시작으로 다양한 엔터테인먼트가 제공되고 있다.

⑥ 객실 서비스

사진5 왼쪽에서 수건으로 만든 '백조' '오랑우탄' '양'
(필자 촬영)

　매일 청소서비스에 더하여 객실승무원은 고객을 감동시키는 장치를 만들고 있다. 청소서비스가 끝난 방에, 고객은 돌아와서 수건으로 만든 동물들의 마중을 받게 된다. 객실승무원이 객실마다 타월로 다른 동물을 만들어 고객에게 놀라움과 감동을 주고 있다(사진5). 고객은 객실승무원의 타월 동물에게 감사의 말을 하는 것으로 객실승무원과 고객의 교류가 생겨나며, 관계성이 형성되는 것이다.

　그 외에도 긴급 의료체계를 갖춘 의료 서비스, 도서관 서비스, 인터넷 서비스, 하선 시 주의 사항 등의 설명회인 하선 서비스도 열리고 있다.

　이처럼 크루즈 선내에서는 다양한 서비스가 제공되고 있지만 고객에게 기억에 남는 감동경험을 제공하는 최대의 요인으로 들 수 있는 것이, 고객과 객실승무원과의 교류를 창출하고 있는 점일 것이다. 앞서 언급한 ⑤ 엔터테인먼트 서비스의 객실승무원의 쇼나 객실 등의 담당자와의 교류, ⑥ 객실 서비스로 타월 동물 등을 매개로 한 객실승무원과의 교류, 더하여 선내에서 스쳐 지나가는 객실 스태프나 레스토랑 직원이 하는 인사로부터 생기는 교류 등, 다양한 장소에서 승무 스태프와의 교류가 생겨나 그곳에서 새로운 관계성이 창출되고 있다. 그 결과 고객은 멋진 경치를 보며 한가로이 보내거나 맛있는 음식을 먹을 뿐 아니라, 크루즈 여행이 특별한 추억으로 마음에 기어되어 다시 크루즈를 이용하고 싶다고 생각하게 되는 것이다. 또한 감동경험을 불러일으키고 있는 직원에 있어서도 개별 고객과의 교류를 통해 고객으로부터 직접 감사를 받는 것은 일에 대한 동기의 향상으로 이어진다. 크루즈 여행은 자연환경이나 선내의 설비뿐만이 아니라, 고객의 코멘트 카드에 의해 선정된 베이케이션 히어로(vacation hero) 직원에 의해 추억에 남는 감동경험이 탄생하는 것이다.

제 8 장

항공비즈니스
:일본항공 주식회사의 사례

    항공비즈니스는 고객을 빠르고 안전하게 목적지까지 모시는 사명을 지니며, 따라서 해외로 떠날 때에는 많은 사람들이 항공비즈니스를 이용한다. 일본의 예를 들면 해외로 떠나는 경우, 99% 이상의 사람이 항공운송을 이용하고 있다(예를 들면 2016년 항공운송은 16,962,000명으로 99.1%, 해상운송은 154,000명으로 0.9%였다.)(그림8-1).

    또한 비행기* 자체가 목적이 되는 일은 적고 비행기를 이용하여 목적지에 가서 비즈니스나 관광, 레저를 행하기 위한 '수단'으로서

---

    *   항공기(aircraft)는 대기권 중에서 대기의 부력이나 양력을 이용하여 항공하는 탑승물의 총칭으로, 그것은 공기보다 가벼운지 아닌지로, 경항공기, 중항공기로 나누어질 수 있다. 비행기(airplane)는 추진용의 동력장비를 지닌 고정익의 중항공기의 한 종류이다(cf. 일본항공홍보부, 2007 ; cf. 전일본공수홍보실, 1995).

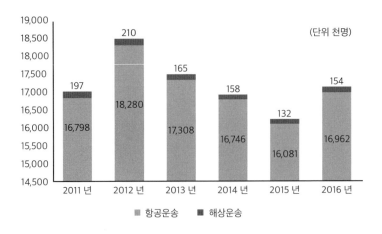

그림8-1 출국 일본인의 여객운송 상황

(관광청 2018에서 작성)

의 역할을 지닌다. 따라서 고객의 목적을 달성시키기 위해서는 비행기는 안전함과 동시에 정시에 목적지에 도착할 필요가 있다.

제8장에서는, 이러한 사명과 역할을 지닌 항공비즈니스에 초점을 두어 검토하고자 한다. 먼저 비행기의 특징과 항공비즈니스의 역사를 명확히 하여 항공비즈니스의 특성과 제공하는 서비스, 나아가 그 매니지먼트 전략에 대해서 생각해 본다. 다음으로 일본의 대표적인 항공회사의 하나인, 파산을 경험하고 그 후 재생을 이뤄낸 일본항공 주식회사(이하 JAL로 기재)를 다루어, 그 역사와 새로운 도전에 대해서 명확히 하고자 한다.

| 1 | 비행기의 특징과 항공비즈니스의 역사

(1) 항공기의 특징

당신은 항공기에 탈 때에 어떠한 감정을 지니는가? 비행기가 좋은 당신은 하늘을 나는 데에 대해 조금 두근거림이나 이 비행기가 자신들을 세계 각국에 옮겨줄 것이라는 들뜨는 기분으로 비행기에 타고 있지는 않은가? 날개를 지니지 않은 우리 인류에 있어서 새와 같이 하늘을 나는 비행기는 하늘을 나는 꿈을 이뤄주는 도구이기도 하다.

이러한 비행기는 그 기능이나 구조로부터 파생하는 몇 가지의 특성을 지닌다. 첫 번째로 비행기는 공중을 이동하는 대표적인 교통기관이다. 그렇기에 고객은 다른 이동수단으로는 경험하지 못하는 각도로 지상을 조망하며 즐기는 것이 가능

사진1 비행기 위에서 내려다 본 타히티섬
(저자 촬영)

하다. 이착륙 때에 볼 수 있는 야경이나 도착지의 상공으로부터 보는 감파랑빛 해안이나 사막 등, 저도 모르게 환성을 올릴 듯한 경치는 비행기가 고객에 부여해주는 가장 큰 즐거움의 하나일 것이다(사진1).

두 번째로 비행기는 일정한 시간, 고객의 행동을 제어하는 특성을 지닌다. 항공비즈니스에서는 비행 중 긴급한 흔들림이 발생한 때의 위기방지를 위해 항상 안전벨트 착용이 의무화되어 있다. 그렇기에 고객의 행동은 제한되어, 좁은 좌석에 일정시간 앉아 있지 않으면 안 된다. 당신도 장시간 계속 앉아 있다가 공항에 도착했을

때, 신반이 생각보다 벗겨지지 않는 것을 경험해본 적이 있을 것으로 생각된다. 심한 경우에는 '이코노미클래스 증후군'*를 일으키는 경우도 있다. 이렇게 되지 않도록 기내의 좌석의 포켓에는 기내에서의 행동을 행하는 방법 등의 설명서를 두고 있는 비행기도 있다. 또한 장시간 앉은 채로 고객이 지루하지 않도록 다양한 엔터테인먼트를 준비하는 것 등도 준비되어 있다.

세 번째로 비행기에는 다양한 니즈를 지닌 사람들이 시간, 공간 그리고 이문화를 공유하는 특질을 지닌다. 좌석에서 알지 못하는 사람과 곁에 앉아 가는 일도 일어난다. 통상적으로 바로 옆 좌석에는 부부나 친구 등 심리적으로 가까운 사람들끼리 앉는 좌석의 위치이며, 같이 협력하려 할 상황에 가장 선호되는 좌석위치이기도 하다(cf. 와다, 1999). 따라서 알지 못하는 사람과 이웃한 좌석을 하게 된 경우에는, 고객은 긴장감이나 편치 않음을 느끼게 되며, 더욱이 다른 문화를 지닌 사람과 이웃한 좌석을 하게 된 경우에는 한층 불편함이 증가할 것이라 추측될 수 있다.

항공비즈니스에서는 고객이 이러한 상태에 놓여 있는 것을 이해한 뒤에, 다른 문화를 지닌 개개 고객의 니즈에 맞는 서비스를 제공하는 것이 요청된다. 또한 기내에서는 승무원도 고객과의 시간을 공유하고 있다. 그렇다는 것은 일정한 시간 속에 고객에 감동경험을 제공하는 기회를 많이 지니고 있다고 할 수 있다. 불행히 서비스에 실수가 있었던 경우에도, 그 공유하고 있는 시간 속에서 서비스 회복을 할 찬스도 있다고 말할 수 있다.

---

*   이코노미클래스 증후군이란 급성폐혈전색전이라고도 한다. 비행기에서 장기간 좁은 좌석에 앉은 상황을 강제 받는 경우가 많기에, 다리의 혈액의 흐름이 안 좋게 되어 정맥 속의 핏덩어리(정맥혈전)가 생기는 경우가 있다. 이 정맥혈전이 보행 등을 계기로 다리의 혈관으로부터 벗어나, 혈액이 흐름에 따라 폐에 도달한 경우에는 폐의 정맥을 막아 호흡부전이나 심폐정지를 일으킬 수 있다(순환기병원서비스, 2014).

(2) 해외에 있어서의 항공비즈니스의 역사

1903년 미국의 라이트형제가 띄운 비행기가 노스캐롤라이나주의 키티호크 해안을 날아올랐다. 이것이 동력비행기로서 처음 하늘을 난 비행기이다. 유럽에서는 1906년 프랑스의 알베르토 산토스 뒤몽이 최초로 동력비행에 성공했다.

유럽의 민간항공은 1919년 프랑스의 파르망 항공회사가 세계에서 최초로 국제정기항로를 파리~런던 사이에 개설했다. 1933년에는 국내의 항공회사 5사를 통합하여 현재의 에르 프랑스가 설립되었다. 독일에서는 1919년에 독일 항공회사가 설립되어 바이마르~베를린 사이를 잇는 여행정기항로 개설을 정찰기를 개조하여 시작했고, 1926년에 루프트한자 항공이 설립되었다. 또한 네덜란드에서는 1919년에 KLM 네덜란드 항공이, 영국에서는 1924년에 제국항공(Imperial Airways)이 설립되었으며, 1934년 런던~시드니 간을 잇는 정기 운항로를 개설하여, 이듬해에는 BOAC(영국해외항공)이 설립되었다.

미국의 민간항공은 1914년에 국내선의 여행정기편이, 플로리다주 탬파(Tampa)~세인트 피터스버그(St. Petersburgh) 간에 첫 취항했다. 1927년에 찰스 린드버그가 뉴욕~파리 사이를 단독 무착륙 비행에 성공하였다. 동년, 팬아메리카항공이 설립되어 카리브해 노선 및 남아메리카를 잇는 국제선을 운항하여, 1937년에는 세계 최초로 대서양 횡단항공편을 개설하였다. 1928년에 UATC(이후의 유나이티드 항공), 1929년에 이스턴항공, 1930년에 아메리칸항공이 설립되었다.

제2차 세계대전이 종식을 향해가자, 국제민간항공사의 질서와 발전을 위한 제도구축의 필요성으로부터 국제민간항공회의가 시카고에서 개최되어, 1944년에는 국제민간항공협약(시카고협약)이 채택되었다.

1978년에는 미국에서의 항공규제완화법이 참가규정의 폐지와 운임규제의 자유화를 진행시켜, 세계적으로 항공자유화의 정책조류의 시발점이 되었다(노무라, 키리도오시, 2010). 규제완화의 목적은 항공회사 간의 경쟁을 통해 싼 운임과 보다 나은 서비스를 고객에 제공하는 것이었다. 1993년에는 유럽의 EU지역에서도 노선과 운임이 자유화되었다. 미국은 1990년대에 들어서면서 유럽 각국과 오픈스카이협정을 맺기 시작했다. 그 협정의 기본은 규제 없는 경쟁에 기초한 국제항공체제를 촉진하는 것이었다.

(3) 일본에 있어서의 항공비즈니스의 역사

일본에 있어서는 1910년 도쿠가와 요시토시 육군공병대위가 처음 비행에 성공했다. 다만 사용한 것은 프랑스의 앙리 팔콘제의 복엽기였다. 민간비행기로서는 1911년 '민간항공의 아버지'라 불리는 나라하라 산지 남작이 사이타마현 토코로자와 비행장에서 일본 처음으로 국산기 '나라하라식 2호 비행기'를 사용하여 처음 비행에 성공하였다. 1922년 이노우에 쵸이치가 일본항공운송연구소를 설립하여 11월에는 최초로 정기편으로서 사카이~도쿠시마 간을 운항했다. 일본 최초의 민간비행기는 아사히신문사, 마이니치신문사의 지원을 받아 시작되었다. 그것은 신문사가 항공운송을, 사진정보 등을 가능한 한 빨리 전달하기 위한 고속수단으로 생각하고 있었기 때문이다.

제2차 세계대전 후, 샌프란시스코 강화조약의 발효에 따라 1951년에 '항공법'이 시행된 결과, 구 일본항공에 의한 정기항공 운항이 개시되었다. 1954년에는 일본항공이 도쿄~호놀루루~샌프란시스코 간의 운항을 시작함으로써 국제선 운항이 시작되었다. 1958년에는 일본 헬리콥터 운송회사와 극동항공회사가 합병하여 전일본공수(ANA)가 설립되었다.

1970년대에 새로운 항공정책이 각의에서 승인되어 1972년에 운수대신이 '항공헌법'의 통달을 발표했다. 그 헌법에는 ① 일본항공은 국제선과 국내간선*, ② 전일본공수는 국내간선, 로컬선과 근거리 이착륙 국제 전세기, ③ 동아국내항공은 로컬선으로 결정하여, 경쟁을 줄이며 공영공존을 꾀하는 정책이 내려졌다. 1971년 일본국내항공과 동아항공의 합병으로 동아국내항공(일본에어시스템의 전신)이 설립되었다.

1986년 일본정부는 항공정책을 ① 국제선 복수 항공사 체제, ② 국내선 경쟁 촉진, ③ 일본항공 완전민영화로 변경했다. 그 이유로서, ④ 항공기술의 혁신으로 종래의 2배~3배의 승객을 수송하는 것이 가능한 점보기가 등장한 것, ⑤ 여행 패키지를 이용하는 젊은 층이나 가족동반 등 항공운송을 이용하는 승객이 증가하여 일본항공 1사만으로는 이용자나 화물의 수요증대에 대응하는 것이 곤란해진 점이 거론되었다. 이러한 정책변경에 의해 국제선은 일본항공뿐만 아니라, 전일본공수와 일본에어시스템 등의 복수 항공사가 운항을 할 수 있게 되었다.

1994년에는 항공운임에 관한 제도적 완화가 실시되어 2000년에는 국내선의 노선과 운임이 원칙적으로 자유화되었다. 그 결과, 다양한 종류의 운임이 도입되어 값싼 항공운임을 들고 나온 LCC(Low Cost Carrier)라 불리는 항공회사가 출현하게 되었다.

위와 같이 항공비즈니스는 비행기가 지닌 기능이나 구조로부터

★ '간선'이란 삿포로(신치토세), 도쿄(하네다), 나리타, 오사카(이타미), 간사이공항, 후쿠오카, 나하를 상호 간에 잇는 노선을 말하며 '로컬선'이란 그것 이외를 말한다(JTB종합연구소, 2013).

다른 비즈니스와는 다른 특징을 기닌 점과 항공비즈니스기 이띠힌 역사를 거쳐 발전해왔는지를 해외와 일본의 역사를 개관함으로 확인할 수 있었다. 다음 절에서는 항공비즈니스의 특성과 제공하는 서비스 및 매니지먼트 전략에 대해서 생각해보자.

| 2 | 항공비즈니스의 특성, 제공하는 서비스와 매니지먼트 전략

(1) 항공비즈니스의 특성

항공비즈니스의 특성으로서 ① 무형성, ② 동시성, ③ 불균질성, ④ 소멸성, ⑤ 고객의 참가, ⑥ 고속성, ⑦ 동질성, ⑧ 의존성, ⑨ 장치성, ⑩ 규제성(관여성)이 거론된다. 그중에서도 ① ~⑤ 까지가 호스피탈리티산업에 공통되는 비즈니스적 특성으로 ⑥ ~⑩ 까지가 항공비즈니스에 특징적으로 보여지는 특성이다. 이러한 특성에 대해 야마구치(2012)를 참고해가며 생각해보자.

① 무형성이란 항공비즈니스가 고객을 어느 지점으로부터 어느 지점으로 이동시키는 점, 형태가 없는 것을 제공하고 있는 것을 뜻한다.

② 동시성이란 체크인 및 기내 등에서 생산·제공되는 서비스와 그 해소가 동시에 이뤄지는 것을 말한다.

③ 불균질성이란 서비스가 프로세스·활동인 점으로부터 그것을 제공하는 사람의 퍼스낼리티나 커뮤니케이션의 방법 등의 영향을 받는 것을 말한다. 그렇기에 제공되는 서비스의 품질관리가

어렵다.

④ 소멸성이란 항공비즈니스가 제공하는 서비스가 그 자리에서 생산, 소비되는 것을 말한다. 따라서 고객이 적고 공석이 많더라도 그 좌석을 재고로 남겨두는 것은 불가능하며, 여행기는 공석을 많이 남겨둔 채로 목적지를 향해 이륙하게 된다.

⑤ 고객의 참가란 서비스의 제공과정에서 고객의 참여가 필요한 것을 말한다. 예를 들면 식사서비스 내지는 안전벨트 착용의 의뢰도, 모두 고객이 참여하지 않으면 성립되지 않는다.

⑥ 고속성이란 비행기의 스피드가 신칸센 '노조미호'의 4배속의 스피드로 사람을 이동시키는 것과 같이, 고속성을 지니는 것을 말한다. 따라서 중장거리운송에 있어서 절대적인 힘을 발휘한다. 700km이상 1000km미만에서는 41.4%의 사람이, 1000km이상에서는 85.07%의 사람이 비행기를 이용하고 있다(cf. 국토교통성, 2010).

⑦ 동질성이란 항공비즈니스에서 사용하는 비행기를 보잉사나 에어버스사 등 세계에서 몇 개 사만이 제조하고 있기에, 사용하고 있는 기재의 동질성이 높은 것을 뜻한다. 그렇기에 항공회사별로 차별화를 하는 것이 어렵고, 고객이 기내에서 얼마나 쾌적하게 보낼 수 있게 할 수 있는지에 대한 모색을 할 필요가 있다.

⑧ 의존성이란 사회기반시설(infrastructure)*에의 의존성을 뜻한다. 비행기가 출발하여 도착하는 데에는 항공시설이 필요하며, 그 이용을 위한 권리 및 발착 편수 등을 확보할 수 없는 한 고객을 운송할 수 없다.

⑨ 장치성이란 거액의 투자에 의한 장치가 필요한 산업인 점을

★　사회기반시설(infrastructure)이란 국민의 복지향상과 국민경제의 발전에 필요한 공공시설을 말한다. 철도, 공항, 버스노선, 도로, 다리, 가스, 전화, 하수도, 전기 등의 민간기업에서는 설립이 어려운 시설을 지칭한다.

뜻한다. 예를 들면 최신예의 비행기 보잉 787은 200억 엔(2000억 원) 전후, 에어버스 A350은 254억 엔(2540억 원)~332억 엔(3320억 원), 그것을 관리하는 격납고, 비행기를 정비하는 정비공장, 승무원이나 승무원을 훈련하는 플라이트 시뮬레이션 센터 객실 훈련소, 예약센터 등 많은 시설이 필요하게 되며, 비즈니스를 시작 내지는 유지하기 위해서 거액의 자금을 필요로 한다.

⑩ 규제성(관여성)이란 정부의 규제나 관여를 받기 쉬운 것을 말한다. 기존의 대표적인 항공비즈니스의 상당수가 각각의 국가를 대표하는 기업으로서 국영 내지는 그것에 준하는 형태로 운영되었던 점에서 정부의 규제나 관여를 받기 쉬운 것을 알 수 있다.

(2) 항공비즈니스가 제공하는 서비스

항공비즈니스가 제공하는 서비스에서 가장 중요한 사항의 첫 번째로 항공기의 안전한 운행을 들 수 있다. 이를 위해서는 항공비즈니스에 종사하는 사람이 안전성을 추구하는 자세나 주의를 지닐 필요가 있다. 안전성 향상에 대해 생각하는 방법으로서 '하인리히의 법칙'(그림8-2)이 중요하다 할 수 있다. 이 법칙은 미국의 손해보험회사에 근무하고 있던 하인리히가 자신이 다루었던 노동재해의 사례로부터 하나의 사고의 뒤에는 약 29가지의 경미한 사고가 있었고, 그 뒤에는 300가지의 표면에는 나오지 않는 니어미스*가 있었던 점에서 니어미스 상태가 일어난 것을 명백히 밝힌 것에서 시작되었다. 매일의 업무 중에 경험하고 있는 작은 일을 놓치지 않고

---

*   니어미스(near miss)는 비행 중인 항공기가 공중 충돌 또는 공중 접촉의 위험이 있을 정도로 접근한 상태를 뜻하는 말로, 사고로 이어지지는 않았으나 사고로 이어질 수 있었던 과오를 의미한다(역자 주).

그림8-2 하인리히의 법칙

(야마구치, 시이노, 2012에서 전기, p. 22)

해결해가는 것이 큰 사고를 미연에 막기 위해 중요하다고 할 수 있다(cf. 야마구치, 2012).

또한 항공비즈니스에서는 비행기의 안전성을 높이기 위해서 다양한 시스템을 도입하고 있다. 예를 들면 비행기의 공중 충돌을 방지하기 위한 '항공 충돌 방지시스템', 산이나 해면에 이상접근을 알리는 '대지 접근 경보시스템', 국지적인 풍향풍속의 급격한 변화를 경보로 알리는 '윈드시어 경보시스템' 등이 있다. 이러한 기술혁신에 의한 시스템의 신뢰성의 향상, 자동화의 진보, 안전장비의 도입 등으로 비행기의 안정성은 향상되고 있다. 허나, 그렇다 하더라도 사고가 완전히 없는 것은 아닐 것이기에 항상 안전성 향상을 향한 자세를 가질 필요가 있다.

두 번째로 정시발착이다. 비행기가 '수단'으로서의 역할을 지니는 것으로부터 정시출발은 고객의 본래의 목적을 달성하기 위한 중요한 서비스이다. 다시 말해서 정시에 발착하는 것으로 목적지에서의 행동을 예정된 시간대로 진행하는 것이 가능하다. 이 정시발착을 안전성을 지녀가며 실행하는 데에는 항공비즈니스 관련 종업원 한 사람 한 사람의 협력체제가 필요하다. 정비업무, 운항관리,

기내식의 도입을 하는 케이터링 업무, 기내청소업무, 어객업무 및 객실업무 등등의 담당자가 자신의 업무를 적절한 동시에 신속하게 진행하는 것이 가능하여야만 정시발착도 가능한 것이다.

　세 번째로는 기능서비스의 제공이 거론될 수 있다. 항공비즈니스는 숙박기능, 음식기능, 엔터테인먼트기능, 비즈니스 활동기능, 판매기능 등 다기능을 지니기에, 그것들에 관한 서비스가 중요하다. 숙박기능으로는 기내에서 쾌적한 수면을 취하는 것이 가능하도록, 좌석의 리클라이닝이 가능하거나 클래스에 따라서는 누워서 숙면을 취할 수 있도록 설비가 구비되어 있다. 음식기능으로는 노선이나 시간대에 따라서 기내식이나 음료 등이 제공된다. 또한 어린이 메뉴, 채식주의자용 메뉴 등, 리퀘스트에 맞춘 특별식이 제공된다. 엔터테인먼트기능으로는 기내에서 영화, 비디오, 음악, 게임 등을 즐길 수 있다. 비즈니스 기능으로는 인터넷서비스를 구비하여 Wi-Fi가 사용가능하며 스마트폰이나 노트북으로 메일이나 소셜 미디어를 이용하는 것이 가능하다. 판매기능으로는 기내판매로 브랜드의 화장품, 향수, 술 등을 면세가로 판매하고 있다. 이렇듯 항공비즈니스는 다기능의 서비스를 제공하고 있다.

　네 번째로 마음에 남는 경험을 들 수 있겠다. 항공비즈니스는 기내라는 한정된 공간에서 다른 문화와 다양한 니즈를 지닌 사람들이 함께 타고 시간과 공간, 이문화를 공유하는 특수한 환경을 지닌다. 그렇기에 이문화(異文化)에 대한 이해와 함께, 각각의 고객의 니즈에 맞는 서비스를 제공할 필요가 있다. 객실 담당원(cabin attendant)의 작은 마음 씀씀이가 고객의 긴장을 풀어주고 안심하게 만드는 것이나 말을 걸어주는 것으로 커뮤니케이션이 시작되게 만들어 교류를 낳는 것도 가능할 것이다. 항공비즈니스에서는 비행기가 단순히 이동 수단으로서의 역할뿐만이 아니라 고객에게 안심감이나 쾌적함을 제공하는 것으로, 고객이 마음에 남는 추억을 경험하게 하고 본래의 목적인 여행의 기대감을 높이는 역할을 담당하고 있다. 이것은 항공비즈니스의 특성인 ⑦ 동질성에서 거론한, 각 항공회사를 차별화하는 의미에서도 필요한 일이다.

(3) 항공비즈니스의 매니지먼트 전략

1987년에 미국에서 이뤄진 규제완화에 의해 세계적으로 항공자유화가 진행되어, 항공회사 간의 경쟁이 격화되었다. 그에 따라 항공비즈니스에서는 특징적인 매니지먼트 전략이 채택되고 있다.

① 허브 앤 스포크(Hub and Spoke, 대도시 거점 노선 운항 방식)형의 네트워크 전략
이 전략은 지방 공항으로부터 고객을 소형기로 거점의 대도시에 있는 허브공항에 모아, 간선 간의 대형기로 운송을 하는 네트워크 전략을 말한다. 스포크라는 수많은 바큇살이, 자전거의 타이어의 중심에 있는 허브(차축)를 지지하고 있는 모양을 닮은 것에서 이

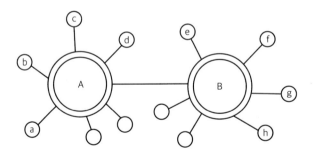

그림8-3 허브 앤 스폭스형 네트워크 전략

주: ◎는 허브공항, ○는 지방 공항을 의미한다(필자 작성).

러한 이름으로 불린다(그림8-3), 이 그림으로부터 잘 드러나듯, 예를들어 A로 향하는 비행기에는 a에서 탑승하는 고객으로서 최종목적지가 B인 고객도, f의 고객도 타고 있을 수 있다. 이 전략에 따라, 항공회사는 기재나 인재를 거점공항에 집중하는 것으로 효율적인 운영이 가능하게 되었다.

② 컴퓨터 좌석예약 시스템(Computer reservations system, ; CRS)의 개발

비행기의 좌석예약, 판매를 지원하기 위한 컴퓨터 시스템으로, 1970년대의 점보제트기 취항에 따른 대형 항공운송시대의 도래로, 예약취급량이 급증하여 그 번잡함과 비효율화의 대책으로서 개발되었다. 현재의 CRS는 전 세계의 항공, 그 외의 교통기관, 호텔, 여행상품 등 폭넓게 국제적 유통 네트워크를 지지하는 인프라로 발전하고 있는 것으로부터, GDS(Global Distribution System)이라고도 불리고 있다. 인터넷의 보급으로 항공회사는 자사의 직판 사이트를 사용한 판매를 행하는 것과 함께, 일본에서는 2000년에 대규모 항공회사의 공동출자에 의한 인터넷판매회사 '국제선닷컴'을 설립하고 2001년부터 항공권의 판매를 개시하고 있다.

③ 공동운항(Code Share)와 글로벌 제휴(Global Alliance)

공동운항(Code Share)이란 어느 항공회사가 다른 항공회사가 운항하는 편에, 자사의 편명을 붙여 자사의 항공편으로서 좌석을 판매하는 것을 말한다. 공동운항을 위해서 비행기나 종업원을 증가시킬 필요가 없을 뿐 아니라, 새로운 노선이나 편수를 증가시키는 것이나 체크인 카운터나 항공 라운지를 공유하는 것이 가능한 것 등 메리트가 많다. 이 공동운항은 제휴를 맺은 항공회사에서 행하는 것이 가능하다. 승객 입장에서도 편수가 늘게 되어 선택의 폭이 넓어질 뿐 아니라, 타사의 라운지를 사용할 수 있고 마일리지도 적립

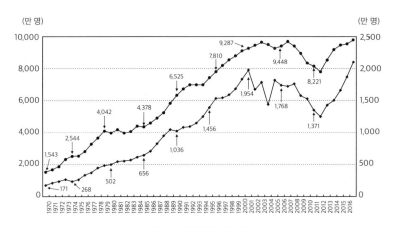

2016년도 항공여객 수

국내여객 수(좌측 눈금) 9,812만 명(작년 대비 2.1%)
국제여객 수(우측 눈금) 2,105만 명 (작년 대비 11.7%)

● 국내여객 수
◆ 국제여객 수

(만 명)

(만 명)

그림8-4 항공여객 수의 추이

(국토교통성, 2018에서 발췌, p. 104)

되는 등 메리트가 많다. 이러한 항공회사 간의 세계 규모에서의 연계를 글로벌 제휴(Global Alliance)*라 한다.

항공비즈니스에서는 상술한 것과 같은 매니지먼트 전략이 채택되고 있다. 일본의 항공비즈니스는 세계적으로는 경기의 후퇴나 동일본대지진 등의 영향에 의해 항공운송의 실적이 감소하고 있으나 2015년에는 국내여행은 9,812만 명(전년도 대비 약 2.1%증), 국제여객도 2,105만 명(전년도 대비 약 11.7%증)으로, 과거 최고를 갱신하고 있다(그림8-4). LCC를 이용하는 승객이 증가함에 따라 여객 수가 증가한 것이 그 원인이다.

★ 현재의 글로벌 제휴는 유나이티드 항공, 루프트한자 항공, 싱가포르 항공, 전일본공수 등에 의한 '스타 얼라이언스(Star Alliance)', 아메리칸 항공, 브리티시 에어라인즈, 케세이퍼시픽 항공, 일본항공 등의 '원 월드(One World)', 에르 프랑스, 델타 항공, 대한항공 등의 '스카이 팀(Sky Team)'의 3대 그룹으로 집약되어 있다.

제2절에서는 항공비즈니스가 지니는 특성이나 제공하는 서비스 그리고 특징적인 매니지먼트 전략을 검토했다. 다음 절에서는 과거 일본의 국적선(national flag carrier)*으로서, 그 후 2010년에 경영파탄을 겪고 회사갱생법의 적용을 받아 2011년 회사갱생수속을 종결하여, 재생을 이뤄낸 JAL에 초점을 두어 그 발전과 도전에 대해 명확히 알아보고자 한다.

| 3 | JAL의 발전

(1) JAL의 개요

1951년 8월 일본항공 주식회사가 자본금 1억 엔으로 설립되어, 스튜어디스** 1기생이 입사했다(사진2).

1951년 11월 1일부터 자주운항에 의한 국내선 정기항공운송사업을 개시했다. 1953년에는 자본금

사진2 스튜어디스 1기생

(JAL기업 홈페이지에서 발췌)

---

* 국적선(national flag carrier)이란 국가를 대표하는 항공회사를 의미하며 일본에서는 제2차 세계대전 이후, 일본항공이 그 항공회사였다. 1944년 시카고조약에서 체결된 협약에서는 국제항공노선은 당사자국의 항공회사를 1사 지명하지 않으면 안 되는 조항이 있었기에, 1978년에 규제가 완화될 때까지는 일본항공이 그 역할을 맡았었다.

** 1996년 10월 1일에 스튜어디스로부터 플라이트 어텐던트로 호칭을 변경하여, 그 후 2011년 1월에 캐빈 어텐던트로 호칭을 변경했다.

20억 엔으로 일본항공 주식회사가 설립되어, 국내간선의 운영과 국제선 정기항공운송사업의 면허회사로서 발족했다. 또한 동년에는 '일본항공 주식회사법'이 공포·시행되었다. 일본항공은 ① 국책회사로서 일본의 국적선으로서의 위치를 명확히 하고, ② 정부출자·정부조성을 받아, ③ 정부감독을 기본으로 하는 점이 명시되고 있다(cf. 노무라, 키리도오시, 2010). 1959년 도쿄~호놀룰루~샌프란시스코선을 개설, 국제선에서는 해피코트 및 왜건 서비스를, 국내선에서는 물수건서비스를 개시하였다.

1961년 북회유럽선(소련상공을 피해가며 일본에서 미국의 알래스카주 앵커리지로 비행하여, 여기에서 급유하여 유럽 각지로 향하는 노선)을 개설, 1962년 동남아시아 특별비행편에 일본 황태자 부처가 탑승하였고, 1965년에는 JAL팩이 판매 개시되었다. 1966년에 뉴욕선, 1967년에 세계일주노선(서회항로)을 비롯, 점차 국제선 정기운송을 개시하였다.

1970년 보잉747형 항공기(점보제트기)가 취항하여, 한번에 500명 이상의 승객을 수송하는 것이 가능해져, 항공기여행의 대중화를 진행하게 되었다. 점보기는 '대량생산, 대량소비'의 심벌이 되었다(사진3).

사진3 점보 제트기
(JAL기업 홈페이지에서 발췌)

샌프란시스코, 런던, 뉴욕 등의 장기노선에서는 기내서비스의 하나로서, 한 명의 캐빈 어텐던트가 기모노착용으로 물수건이나 부채를 건네주는 서비스*및 기내 라운지를 만드는 등의 호화로운 기내사양으로 높은 평가를 얻고 있었다. 1978년 창업이래, 국내, 국제선을 합쳐 1억 명의 여행객운송을

★　기모노 착용은 기내에서 착용에 시간이 걸리는 점, 긴급 시의 대응에 지장을 주는 것 등을 이유로 1980년대 후반에 폐지되었다.

달성했다.

1980년 9월에 일본의 항공회사로서는 처음으로 비즈니스클래스를 도입하는 것과 함께, 동년 《에어 트랜스포트 월드(air transport world, ATW)》지*에서 최우수 항공회사상을 수상, 1981년 1월에는 올해의 항공사(airline of the year)를 수상했다.

1983년에는 국제항공운송회사(IATA) 통계로 여객·화물 운송실적 세계 1위를 달성하여, 그 후 5년간 1위를 유지했다. 1987년에는 일항법 폐지법이 시행되어 완전 민영화되었다.

1993년 일본지구에 있어서 국제선에 상용고객 우대제도(Frequent Flyer Program＝FFP)를 도입, 1995년 한신·아와지대지진을 맞아 지진대책본부를 설치, 지원물자운송에 화물전용기를 무상제공했다. 동년, 환경문제에의 대처에 대한 제4회 지구환경대상 우수공헌기업으로서 후지티비상을, 일경재단의 대기관측 프로젝트로 지구환경기술상을 수상했다. 1999년 정비본부의 기기장비공장(하네다)이 국내항공회사로서는 처음으로 ISO14001**을 취득, 국제선의 전석 금연을 실시했다. 2004년에는 일본항공에서 일본항공 인터내셔널로 상호변경을 하여, 일본에어시스템은 일본항공재팬으로 상호변경을 했다. 때를 같이하여 일본항공 인터내셔널은 국제여객사업 및 화물사업을 담당하고, 일본항공재팬이 국내여객사업을 담당하는 체제로 사업을 재편했다.

2006년 주식회사 일본항공 인터내셔널은 일본항공재팬과 합병하여 구 JAL, 구 JAS는 완전히 한 회사가 되었다. 2007년에는 글로벌 제휴인 '원 월드'에 가맹했다. 2008년에는 여행전문지 《컨디 나

★ 에어 트랜스포트 월드지는 1964년에 설립된 세계에서 가장 권위와 전통이 있는 민간항공업계의 월간지로, 1974년부터 에어라인 오브 더 이어를 선정하고 있다.

★★ ISO 14001이란 국제표준화기구가 정한 환경매니지먼트 시스템사양(스펙)을 정한 규격이다(환경성 홈페이지로부터).

스트 트래블러(Condé Nast Traveler, 미국판)》*에 의한 서비스평가등급 Top 25 Airlines의 국제부문에서, 일본을 포함한 동북아시아 항공사 중 최상위인 5위에 랭크되었다. 그러나 2001년 동시다발 테러, 2003년 SARS, 계속적인 연료비의 상승, 2008년의 리먼쇼크에 의한 경기 하락 등의 영향을 맞은 끝에, 2010년 경영파탄을 맞았다. 2010년 1월에 회사갱생법의 적용을 도쿄지방재판소에 신청하여, 2월에는 동증1부에서 상장폐지되었다. 동년 11월에는 기업재생지원기구하에서 책정된 사업재생계획안이 재판소에 의해 인가되었다. 2011년 3월 회사갱생수속이 종결되었고, 동년 4월에 상호를 주식회사 일본항공 인터내셔널로부터 일본항공 주식회사로 변경하여, 아메리칸 항공과의 공동사업을 개시했다. 2011년에 CAPA** 아시아 태평양 올해의 항공사(Asia-Pacific airline of the year), 2018년에도 같은 상을 수상했다. 또한 SKYTRAX사의 2018년 월드 에어라인 스타 레이팅의 최고 랭크인 '5스타'의 평가를 회득하였고, 거기에 더하여 이코노미클래스석도 '베스트 이코노미클래스 에어라인시트'상을 3회째 수상하였다. JAL그룹의 운항노선 수는, 2018년 3월 현재 국제선 54노선, 국내선 126노선이다.***

---

    *   컨디 나스트 트래블러(Condé Nast Traveler)란 거대 미국 출판사 Condé Nast사가 발행하는 여행전문지로 높은 품질의 여행 호텔, 레스토랑, 쇼핑 등의 최신 정보를 게재하여 독자 투표에 의해 랭킹을 발표하고 있다.

   **   CAPA(the Centre for Asia Pacific Aviation : 아시아 태평양항공센터)란 오스트레일리아에 있는 항공에 관한 정보를 분석하여 데이터제공을 행하는 싱크탱크이다. 2018년의 수상은 제휴를 뛰어넘는 연계의 확대, 중장거리 LCC의 설립에 더하여, 과거 7년간 연간 1,000억 엔 이상의 영업이익을 낳는 등, 거대한 성장을 이뤄낸 점이 평가되었다(JAL 프레스릴리스 뉴스로부터 발췌).

  *** 2018년 3월 현재, 코드셰어를 포함한 JAL그룹 노선 수는 국제 571(여객기570, 화물편 1), 국내선 노선 수 142이다. 또한 정기노선 개설 국가 및 지역, 지점 수(코드셰어 포함)는 52개국, 지역 349공항이다(JAL 기업 사이트로부터).

(2) 일본항공 인터내셔널의 파탄으로부터 재생으로

일본항공 인터내셔널의 파탄으로부터 1년 4개월 후, 2011년 5월 18일에 발표된 '2010년 경영개황'에서는 단체(單體)로 1,447억 엔, 연결로 1,884억 엔의 영업이익이 보고되었다.

이와 같은 결과를 낳기 위해서 갱생계획은 어떻게 이뤄졌는가, 갱생계획에서는 합계 14의 시책(단기적 9, 중기적 5)이 거론되었고, 단기적으로 수지개선효과가 예상되는 시책에 대해서는 각각 구체적 액션이 실시되었다(인도, 2013)(표8-1).

표8-1 갱생계획의 시책(단기적)과 구체적인 액션

항목	실행된 내용
① 항공기 기종 수 삭감	비효율 기재 52기를 퇴역시킴. 279기(2008년 말)를 227기(2010년도 말)로 줄었다.
② 노선 네트워크 최적화	국내선은 153노선에서 110노선으로, 국제선은 67노선에서 47노선으로 감소. 화물편은 여객기의 화물실을 이용하여 특화.
③ 항공운송사업으로의 경영자원 집중	자회사를 203사에서 129사로, 관련 회사를 83사에서 70사로 매각하여 삭감.
④ 기동성을 높이는 조직· 경영관리체제의 구축	조직개혁을 실시(2010년 12월), 본부를 사업부문, 사업지원부문, 본사부문의 3부문으로 편성하여, 각 부문별로 수지관리를 시작했다. 노선별 수지책임의 명확화를 꾀했다.
⑤ 자영공항체제의 대폭적인 축소	간사이국제공항 및 주부국제공항의 공항지상업무 소회사를 매각, 공항 내의 시설을 반환, 항공지상업무의 축소를 실행.
⑥ 시설개혁	오피스 스페이스를 재편하여 부동산임대료의 삭감을 실시.
⑦ 인원삭감	종업원 48,714명(2009년도 말)을 31,263명(2010년도 말)으로 줄임. 이를 위한 조기퇴직모집, 정리해고, 관련사업매각, 정리, 재편 등을 행함.
⑧ 인사임금·복리후생제도의 개혁	종업원의 기본임금 삭감, 인사임금제도의 재편에 의한 급부수준의 대폭 재편, 기업연금 급부액의 재편을 행했다.
⑨ 각종 비용의 압축	조달행위를 조달본부로 일원화.

(인도, 2013에서, 필자가 일부 삭제하여 작성, pp. 23-25)

① 항공기 기종 수의 삭감을 위해 점보제트기 등의 비효율 기재를 중심으로 52기를 퇴역시켜 10기종, 227기로 줄였다(2010년도 말). ② 노선 네트워크의 최적화를 위해 국내선을 153노선에서 110노선으로, 국제선은 67노선에서 47노선으로 감소시켰다. 화물편도 화물전용기를 운휴, 퇴역시키고 여객기의 화물실을 이용하여 사업에 특화시켰다. ③ 항공운송사업으로의 경영자원의 집중을 위해서는 항공사업과 관련성이 높은 그룹회사를 묶어서 그룹회사 수를 자회사 129사, 관련 회사 70사로 축소시켰다(2010년도 말). ④ 기동성을 높이는 조직·경영관리체제의 구축을 위해서는 2010년 12월에 조직개정을 단행하여 사업부문, 사업지원부문, 본사부문으로 3분할하여 본부별로 수익관리를 실시, 나아가 노선별 수지를 즉시 파악이 가능한 구조를 도입했다. ⑤ 자영공항체제의 대폭 축소를 위해서는 간사이국제공항, 주부국제공항에 보유하고 있던 항공지상업무용 소회사를 매각, 공항 내에서 사용하고 있던 시설의 매각, 자사의 공항지상업무의 축소를 행했다. ⑥ 시설개혁을 위해서는 오피스 스페이스의 재검토를 실시, 부동산임대료의 삭감을 행했다. ⑦ 인원삭감을 위해서는 그룹 종업원 수의 3할 삭감을 행하여, 2009년도 말의 48,714명에서 2010년도 말에는 31,263명으로 낮추었다. ⑧ 인사임금·복리후생제도의 개혁을 위해서는 인사임금제도의 재편을 행하여, 급여수준의 대폭적인 재편을 실시했다. ⑨ 각종 비용의 압축을 위해서는 각 부문별로 개별적으로 행하던 조달행위를 조달본부에 일원화시켰다.

또한 중기적으로 수지개선효과가 예상되는 시책으로서 ① 기체의 다운사이징(항공기 기종의 소형화), ② 운항 자회사 구조의 최적화(지방 운항 자회사의 지역밀착도 강화 등), ③ 제휴의 적극적인 활용(파트너의 유형무형자산을 적극적으로 활용하는 등), ④ IT시스템의 쇄신(노후화된 IT인프라의 쇄신 등), ⑤ 공조·공과의 삭감(국제선, 국내선매상의 1할을 넘는 수준의 항공기 연료세, 착륙료 등의 공조·공과를 삭감하는 등)이 서론될 수 있다.

(3) JAL그룹의 기업이념과 JAL Philosophy

파탄 전의 JAL은 책임체제가 명확하지 않고 채산의식을 지닌 사람이 적었다(cf. 이나모리, 2012). 조직의 부문 간의 커뮤니케이션이 이뤄지지 않고 매뉴얼을 우선으로 한 서비스를 실행하고 있었다(cf.인도, 2013)는 등의 비판이 나오고 있었다.

회장에 취임한 이나모리 가즈오의 진두지휘하에 2010년 1월, JAL사내에서는 사원의 의식개혁이 실시되어 그를 위한 철저한 리더교육이 실시되었다. 리더는 부하로부터 존경받을 수 있는 훌륭한 인간성을 지님과 동시에 세운 목표는 어떠한 환경변화가 있어도 달성하고자 하는 강한 의지를 지니지 않으면 안 된다(이나모리, 2012)는 등의 리더로서의 바람직한 자세에 대한 철저한 교육이 이루어졌다. 2010년 10월부터는 일반사원에 대한 교육이 시작되어, 특히 고객과의 직접접촉을 지닌 공항 스태프, 캐빈 어텐던트, 운항을 담당하는 기장, 부조종사, 항공기의 정비를 하는 항공정비사 등의 현장 사원들에게도, 어떠한 생각을 지니고 어떻게 일을 해가야 하는지 한 사람 한 사람의 의식개혁을 목적으로 한 교육이 이뤄졌다.

2011년 1월에는 JAL의 기업이념과 JAL 필로소피가 책정되었다. 기업이념으로 먼저 첫 번째로 '전 사원의 물심양면의 행복을 추구한다'는 점을 거론하여, 전 사원이 JAL에서 일해서 다행이라고 생각할 수 있는 기업을 목표로 해야만, 결과적으로는 고객에 최고의 서비스를 제공하는 것이 가능하다는 것을 명시하고 있다. 높은 사원만족도가 고객만족 및 고객로열티에 영향을 끼치는 점은 선행 연구에서 얻은 분명한 사실이다(Sesser, Heskett, Schlisinger, Covemnan & Jones, 1994).

JAL 필로소피는, JAL의 서비스나 상품을 다루는 종업원이 지녀야 하는 의식, 가치관, 사고관으로서 책정된 기업이념을 실현하기 위한 마음가짐라고도 할 수 있다(표8-2).

JAL 필로소피의 제1부는 기업이념의 '전 사원의 물심양면의 행복을 추구하는 것'을 실현하기 위한 사람으로서의 마음가짐, 제2부는 기업이념의 '고객에 최고의 서비스를 제공'하기 위한 JAL의 사원으로서의 마음가짐이 명기되어 있다.

더 나아가 경영관리체제의 조직개혁이나 부문별 채산제도의 도입 등을 실시하는 것과 함께, '매뉴얼주의에서 생각하는 현장으로' 고객의 니즈에 맞는 서비스를 한 사람 한 사람이 생각하여 행동에 옮기는 것의 중요성을 배워갔다. 또한 'JAL 그룹 내의 중기경영계획(2012년~2016년도)'의 기간 중에는 기업재생이 적절한 동시에 확실히 행해지고 있는지 확인하기 위한 재생의 진척상황을 보고하는 의무가 부여되었다.

이상과 같이 JAL의 역사와 파탄으로부터 재생으로의 노정을 개관했다. JAL은 금후로도 지속하여 다양한 사안에 대해 도전을 이어가야 할 필요가 있으며, 이런 점에서 다음 절에서는 JAL의 도전에 대하여 정시운항을 위한 대처 및 고객과의 접촉이 많은 캐빈 어텐던트의 역할과 인재육성에 대해서 알아보고자 한다.

표8-2 JAL 필로소피

제1부: 멋진 인생을 보내기 위해서

제1장 성공방정식(인생·일의 방정식)
　인생·일의 결과
　　=사고방식x생각x열정x능력

제2장 바른 생각을 가진다
　인간으로서 뭐가 옳은지 판단하자
　아름다운 마음을 가지자
　항상 겸허하고 솔직한 마음가짐으로
　항상 밝고 긍정적으로
　작은 선행(小善)은 대악(大惡)과 같으며,
　큰 선행(大善)은 비정(非情)과 같다
　스모판(土俵) 한복판에서 씨름을 한다고
생각하라
　무엇이든 심플하게 받아들인다
　대극(對極=반대의 극)을 함께 지녀라

제3장 열의를 갖고 평범한 노력을 계속한다
　성실하게 열심히 업무에 몰두하라
　평범한 노력을 쌓아 나가자
　유의하고 주의하면서 업무에 임하자
　스스로도 열정을 불태우자
　완벽(Perfect)을 목표로 하자

제4장 능력은 반드시 진보한다
　능력은 반드시 진보한다

제2부: 멋진 JAL이 만들기 위해서

제1장 한 사람 한 사람이 JAL이다
　한 사람 한 사람이 JAL이다
　진심으로 부딪혀라
　솔선수범한다
　소용돌이의 중심이 되라
　(고객이) 귀중한 생명을 맡기는 일이다
　감사의 마음을 지닌다
　고객의 시점을 관철한다

제2장 채산의식을 높인다
　매상을 최대로, 경비를 최소한으로
　채산의식을 높인다
　공명정대로 이익을 추구한다
　바른 숫자를 바탕으로 경영을 행한다

제3장 마음을 하나로 한다
　최고의 배턴터치
　벡터를 맞춘다
　현장주의를 철저히한다
　실력주의를 철저히한다

제4장 열정적인 집단이 된다
　강한 지속된 염원을 지닌다
　성공하기까지 포기하지 않는다
　유언(有言)실행으로 일에 부딪힌다
　진정한 용기를 지닌다

제5장 항상 창조한다
　어제보다 오늘, 오늘보다 내일
　낙관적으로 구상하여, 비관적으로 계획
하여, 낙관적으로 실행한다
　보일 때까지 생각해나간다
　스피드감을 지니고 결단하여 진행한다
　과감히 도전한다
　높은 목표를 지닌다

(JAL 홈페이지로부터 필자 작성)

|4| JAL의 도전

(1) 정시운항을 위한 대처

항공비즈니스에 있어서 안전을 지키며 정시운항을 하는 것은 고객의 시간을 지키기 위한 중요한 서비스이다. JAL은 정시성을 향상시키기 위해서 다양한 노력을 쌓은 결과 2009년으로부터 2018년까지 연속해서 세계 대형 항공회사 중에서도 세계 1위를 자랑하고 있다*(표8-3).

표8-3 JAL그룹 정시도착률 실적

연도	정시도착률 실적
2009년	메이저 인터내셔널 에어라인 부문 세계 1위
2010년	메이저 인터내셔널 에어라인 부문 세계 1위
2012년	메이저 인터내셔널 에어라인 부문 세계 1위
2013년	메이저 인터내셔널 에어라인 부문 세계 1위
	아시아 퍼시픽 메인라인 부문아시아태평양지구 제1위
	메이저 에어라인 네트워크 부문(그룹) 세계 1위
2014년	메이저 인터내셔널 에어라인 부문 세계 1위
	아시아 퍼시픽 메이저 에어라인 부문 제1위
2015년	메이저 인터내셔널 에어라인 부문 세계 1위
	아시아 퍼시픽 메이저 에어라인 부문 제1위
2016년	아시아 퍼시픽 메이저 에어라인 부문 제1위
2017년	아시아 퍼시픽 메이저 에어라인 부문 제1위
2018년	Most Consistent Winner 전 세계 주요항공회사 부문
	아시아 퍼시픽 부문 제1위
	아시아 퍼시픽 메인라인 부문 제1위

---

* 이러한 상은 미국의 Flignt Stats사가 조사하여 발표하고 있는 상으로 메이저 인터
내셔널 에어라인 부문은 세계의 거대 항공회사를 대상으로 지연시간 15분 이내로
도착한 항공편의 비율을 조사한 것으로 2009년부터 실시하고 있다.

그럼 JAL에서는 어떠한 방법으로 정시운항률을 향상시키고 있는 것인지 생각해보고자 한다. JAL에서는 수십 석의 소형제트기로부터 500석의 대형기까지 다양한 비행기를 사용하여 각지에서 왕복운항을 실시하고 있다. 이를 위해서 공항체재시간을 정하고 있고 국내선의 대형기에 대해서는 비행기가 도착하여 고객을 내리게 한 다음, 고객을 태워 출발할 때까지 공항체재시간을 55분으로 설정해두고 있다. 그 시간 내에 고객이 내리도록 하여, 이어서 정비, 기내청소, 기내식 및 음료수 등의 기내용품을 적재하고 수하물이나 화물을 내리면서, 다음 고객의 수하물 적재를 실시한다. 출발시간 20분 전에는 새로운 고객을 탑승시켜, 정시에 비행기를 출발시킨다. 단시간 중에 이만큼의 직무를 완료하기 위해서 JAL에서는 아래와 같이 실시하고 있다.

① 연계플레이를 실행한다

이륙 전, 상공과 지상, 착륙 후의 각각의 상황에서 다른 담당부서의 담당자와 원활한 커뮤니케이션을 취하는 것으로 연계플레이를 창출하고 있다. 예를 들면 비행 중, 기내에서 캐빈 어텐던트는 고객으로부터 독서등이 켜지지 않는다는 클레임을 받았다. 캐빈 어텐던트는 이 점을 파일럿에 전하고, 파일럿은 그 정보를 지상의 정비담당자에게 전한다. 그 정보에 따라 정비담당자는 수리를 위한 부품을 비행기가 도착하기까지 모으는 것이 가능하고, 비행기가 도착하자마자 바로 기내에서 수리를 할 수 있다. 그 결과 정비시간을 절약하는 것이 가능해진다. 이렇게 비행 중에 사전에 지상과의 연락을 밀접하게 하여 정보를 전달하고 원활한 커뮤니케이션을 행함으로써 공항 스태프와 캐빈 어텐던트, 운항관리자와 파일럿 등을 시작으로 하여 비행기를 안전하게 운항하기 위해 필요한 직무를 짊어지고 있는 부서의 담당자 간에도 동류의 커뮤니케이션이 행해져 연계플레이를 창출하는 것이다.

② 시간을 절약한다

비행 중의 파일럿에게 기후 등의 정확한 정보를 전달하는 운항 관리담당자, 안전한 운항을 담당하고 있는 파일럿, 고객과의 관계를 통해 고객의 니즈를 찾아 적절히 대응하는 캐빈 어텐던트 및 공항 스태프, 비행기를 주기장까지 정지시키도록 유도하거나, 보딩 브리지를 장착시키는 업무 등을 담당하는 그라운드 핸들링 스태프, 기내의 좌석이나 바닥의 청소, 다음 고객을 위한 물품의 세팅을 하는 청소담당자, 고장난 곳을 수리하거나 다음 비행에 대비하여 비행 전의 점검을 행하는 정비담당자, 기내식 및 음료수의 반입을 하는 담당자 등 한 사람 한 사람이 확실히 자신의 일을 행하며 서로 협력하는 것으로, 각자 담당 부서의 소요시간을 단축시킨다. 다시 말해서 시간을 절약하여 다음 담당자에게 배턴을 넘겨주는 것으로 안전한 동시에 정시에 맞춰 비행기를 운항시키는 것이 가능해진다.

③ 고객의 협력을 청한다

정시성을 향상시키는 데에는 고객의 협력이 빠질 수 없다. 그 협력을 얻기 위해서 공항 스태프는 고객에 필요한 정보제공과 적절한 안내를 실시한다. 예를 들면 보안검사를 출발시각의 늦어도 15분 전까지는 받도록 전한다. 탑승할 때에 기내에서의 혼잡을 피하기 위해 후방 좌석의 승객부터 탑승을 안내한다. 캐빈 어텐던트는 수하물의 수납에 관한 정보와 안전벨트 착용을 안내방송한다. 적절한 수하물 수납의 안내와 체크를 한다. 안전에 관한 정보를 비디오로 전하는 등, 고객에 대한 적절한 정보제공과 안내를 통해 고객의 협력을 얻는다. 그것이 고객 자신의 안전을 확보해가며 정각

출발을 가능하게 하고 있다.

이렇듯 JAL에서는 연계플레이로 시간을 절약하여 고객의 협력을 얻는 것으로 안전을 기반으로 한 정시성의 향상에 노력하고 있다.

(2) 캐빈 어텐던트의 역할과 인재육성

1) 캐빈 어텐던트의 역할

캐빈 어텐던트는 첫 번째로는 긴급보안요원, 두 번째로는 서비스를 제공하는 접객요원으로서의 역할을 맡는다. 첫 번째로 긴급보안요원으로서 탑승 전의 브리핑으로 고객의 안전을 지키기 위한 자신의 역할을 확인하고 기내에서는 이륙 전의 안전비디오 상영, 고객의 수하물의 적절한 수납의 여부, 비상구 부근의 좌석에 앉은 승객에게 긴급탈출 시의 협조의뢰, 고객의 안전을 확보하기 위한 안전벨트의 착용의 철저, 고객의 몸 상태에 대한 배려나 주의 등을 시작으로 하여 안전운항을 하기 위한 보안요원으로서의 역할이 있다. 두 번째로 접객요원으로서는 항공비즈니스의 특성으로서 다기능서비스의 제공과 마음에 남는 감동경험의 제공이 거론될 수 있다. 다기능서비스의 제공으로는 숙박기능, 음식기능, 엔터테인먼트기능, 비즈니스 활동기능, 판매기능 등에 관한 서비스를 제공하고 있다(상세한 점은 본장의 2, (2)항공비즈니스가 제공하는 서비스를 참조할 것).

접객요원으로서 고객에 마음에 남는 감동경험을 제공하기 위해서는 어떠한 서비스를 행하면 좋을까. 예를 들면 아래와 같은 서비스를 받았다고 한다면 당신의 마음에 남는 감동을 경험할 것 같은가?

야마구치 씨 부부는 40주년 결혼기념일 여행으로 하와이에 갈 것을 결정했다. 체크인 수속을 진행했지만 유감스럽게도 당일 좌석이 만석이었던 터라 서로 좌석이 떨어지게 되었다. 출발 게이트의 카운터에

사진4 서프라이즈 카드와 축하 케이크
(야마구치 씨 촬영)

서 야마구치 씨는 "결혼기념의 여행이므로 가능하면 붙은 좌석으로 해줄 수 있겠는가?"라고 요청했고 카운터의 노력으로 붙은 좌석을 제공받게 되었다. 그 후, 두 사람은 출발게이트에서는 항공 스태프로부터, 기내에서는 캐빈 어텐던트로부터 축하의 인사를 받았다. 기내 담당자에게까지 자신들의 여행에 관한 정보가 들어왔음을 놀라워하며 부부는 기내에서 시간을 보내었다. 식사서비스가 끝났을 때, 캐빈 어텐던트로부터 서프라이즈 카드와 축하 케이크가 보내졌다(사진4).

카드에는 많은 씰이 붙어져, 기장 및 캐빈 어텐던트 전원으로부터의 축하의 말이 적혀 있었다. 다시금 놀람과 기쁨이 가득하여 감사를 표한 야마구치 씨 부부에게, 캐빈 어텐던트는 미소로 "결혼 40주년 축하드립니다. 그러한 기념여행에 일본항공을 이용해주셔서 감사드립니다"하고 축하의 말을 건네었고, 그것이 계기로 하와이에 대해서 이야기를 주고받았다. 그 광경을 본 주위 고객들도 "대단하시네요. 이런 멋진 결혼기념서비스를 받으시네요. 축하드립니다"하고 미소 지으며 말을 건넸다. 40주년의 기념여행은 이렇게 멋진 스타트를 끊었다.

이와 같이 서비스는 담당자들이 기업이념인 '고객에 최고의 서비스를 제공한다'에 따라, JAL 필로소피인 '한 사람 한 사람이 JAL'

을 실행에 옮기는 것으로 가능하게 된 서비스이다. 고객과의 상호 작용 속에서 고객의 니즈를 찾아내어 자신이 가능한 것은 무엇인가 생각하여 매뉴얼을 뛰어넘어 그것을 실행에 옮긴 결과이다. 다른 부서의 담당자와의 원활한 커뮤니케이션이 연계플레이를 낳아, 고객은 놀라움과 감동을 받게 되어 마음에 남는 경험을 한 것이다. 호스피탈리티 넘치는 담당자들이 제공한 서비스에 의해 고객은 추억에 남는 여행의 시작을 JAL로부터 선물 받은 것이다.

2) 캐빈 어텐던트 인재육성

JAL에서는 캐빈 어텐던트의 역할을 수행하기 위해서 충실한 교육제도가 도입되어 있다. 입사 후의 신입훈련은 ① 전 직종 공통의 신입사원연수, ② 캐빈 어텐던트 전문훈련 ③ OJT(On the Job Training)승무훈련이 행해진다. ① 전 직종 공통의 신입사원연수에서는 JAL사원으로서의 마음가짐, JAL브랜드나 JAL 필로소피를 배우는 연수가 이루어진다. 그 후 ② 캐빈 어텐던트 전문훈련이 약 8주간 있고, 거기에서는 먼저 '서비스 마인드'로 마인드 교육을 받고, 그 후 '구난훈련', '지식과 기량'을 배운다. '서비스 마인드'에서는 고객시점을 지녀가는 것, 감사의 말 등을 전하기 위한 커뮤니케이션의 중요성, 고객의 마음이나 니즈의 기색을 파악하는 등의 훈련이 이뤄진다. '구난훈련'에서는 보안요원으로서 역할을 다하기 위해서 긴급탈출순서와 그 훈련, 보안대책, 비상용 탑재장비, 긴급용구의 취급 등, 지식뿐만이 아니라 긴급사태가 발생했을 경우에 어떻게 액션을 취할 것일지를 몸으로 배우는 훈련이 이뤄진다. '지식과 기량'에서는 매일의 승무 중에 숨어있는 불안전한 사물이나 현상에 주의를 기울이고 지켜야 할 기본사항을 확실히 실행하여 안전하게 업무를 수행하는 것을 배우는 '일상안전', 기내에서 환자가 발생했을 때에 적절한 구호법을 배우는 '응급 치료(first-aid)', 항공기에 대해서 배우는 '항공기에 대해서', 고령자나 영유아를 데리고 온 고객 등의 조처를 필요로 하는 고객의 대응을 배우는 '도움을 필요로 하는 고객의 케어', 안전상 고객에 전해야 할 정보를 알기 쉽게 전하는 기술을 배우는 '기내 아나운스', 기내에서의 상황을 설정하여 롤플레잉형식으로 배우는 '영어', 모크업(mockup, 캐빈의 실물대 모형)으로 실제 업무의 흐름에 따라서 훈련생이 업무를 진행하며 배우는 '기내승무전반' 등의 수업이 이루어진다. 이러한 훈련에 합격하면 ③ OJT승무훈련이 이루어진다. 이 승무훈련은 약 2주간 이루어져, 실제 플라이트에서의 실지훈련(實地訓練)을 실시한다. '훈련생'의 배지를 붙여서, 편성 외 멤버

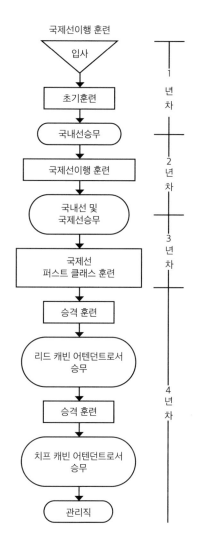

그림8-5 캐빈 어텐던트로서의 커리어패스
(JAL기업 홈페이지에서 일부 수정하여 작성)

로서 플라이트의 지도역의 선배 캐빈 어텐던트의 지도를 받는다. 이 OJT를 끝내고 승무적성이 있다고 평가되면 '체크아웃', 다시 말

해 정규의 캐빈 어텐던트로서 승무를 하는 것이 가능하다. 이와 같이 JAL의 캐빈 어텐던트는 '세계에서 제일 선택받고 사랑받는 항공회사'를 목적으로 하여, 한 사람 한 사람이 자신에게 가능한 것이 무엇인가 생각하며 실행해가도록 성장하고 있다.

위와 같이 초기훈련을 끝내어 국내선에 승무를 한 뒤, 국제선 이행의 훈련을 받아 국제선에 승무를 하도록 커리어업을 행하는 길, 커리어패스가 준비되어 있다(그림8-5).

(3) JAL의 도전

JAL로서의 가치관을 공유하여, 한 사람 한 사람이 매뉴얼을 뛰어넘어 항상 고객가치를 생각하여, 행동에 옮겨가는 그 구조를 정리해보자(그림8-6).

안전하며 고성능을 지닌 신기종의 도입이나 기재의 점검, 정비와 신속한 수리, JAL의 독자적인 유니버설 디자인, 누구나 단독으로 사용할 수 있는 설비나 승객이 기분 좋게 머무를 수 있는 공간을 제공하는 기내, 기내식의 신메뉴 개발, 엔터테인먼트/비즈니스 환경의 개선과 충실로 비행기의 높은 안전성과 누구에게나 편안한 편리성이 높은 쾌적한 기내공간이 탄생하고 있다.

또한 기업이념이나 JAL 필로소피, 안전에 대한 자세, 직무내용에 따른 전문적 인재육성제도에 의해 원활한 커뮤니케이션으로부터 연계플레이가 창출되어, 그것이 안전운항과 정시성, 나아가 한 사람 한 사람이 자신이 가능한 것은 무엇일지를 생각하는 서비스를 제공하는 것으로, 고객에 최고의 서비스를 제공하고 있는 것이다. 그 서비스를 받은 고객은 안심감, 신뢰감, 쾌적함이나 교류를 통한 마음에 남는 감동경험을 하는 것으로, 다시금 JAL을 이용하고 싶

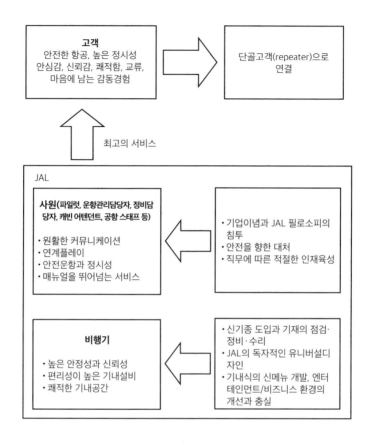

그림8-6 JAL의 '최고의 서비스' 제공의 구조

(필자 작성)

다고 생각하게 되는 것이다.

　파탄 전의 JAL에서는 매뉴얼을 준수하는 것이 제일인 경향이 있어, 그것은 매뉴얼로 정해진 서비스, 다시 말해 고정적인 서비스를 제공하는 것으로 이어졌었다. 그러나 파탄 후에는 JAL 필로소피에 기재되어 있는 것과 같이, '한 사람 한 사람이 JAL'로서 무엇이 가능할지를 생각하여 서비스를 제공하는, 다시 말해 개별적인 서비스인 응용적 서비스를 제공하고 있는 것이다. 이와 같이 고객의 시전에 선 매뉴얼을 뛰어넘은 서비스를 제공하기 위해서는 호스피탈리티 넘치는 사원의 채용이나 육성에 더하여, 호스피탈리티를 키우는 기업환경 만들기가 중요할 것이다.

현재 JAL그룹에서는 그 이념으로서 상기 기재한 '전 사원의 물심양면의 행복을 추구하여, 하나, 고객에 최고의 서비스를 제공합니다'에 더하여 '하나, 기업가치를 높여, 회사의 진보 발전에 공헌합니다'를 기재하고 있다. 또한 '도전, 그리고 성장으로'를 테마로 한 2017~20 중기경영계획을 책정하여, JAL비전으로서 ① '세계의 JAL로 바꾸겠습니다.' ② '한 발짝 앞서 나가는 가치를 만들겠습니다.' ③ '항상 성장해 나아가겠습니다'(① X ② = ③)를 내세우며 실현을 향한 노력을 진행해 나아갈 자세를 보이고 있다(JAL 홈페이지로부터 발췌). '세계 최고로 고객에게 선택받는 사랑받는 항공회사'를 목적으로 JAL의 도전은 아직 계속되고 있다.

LCC는 여행스타일을 바꾼다!

당신이 가고시마에 살고 있는 부모님을 찾아뵐려고 했을 때 기존 항공사의 운임이 특별 할인이라도 편도 약 25,000엔 들었었던 것이 대략 6,000엔의 항공운임으로 갈 수 있게 된다면 지금보다 더 자주 가고시마에 귀성할 수 있을 것이다. 주말에는 홋카이도에서 스키를 타고 일요일 밤에 도쿄에 돌아오는 것도 항공료가 싸면 손쉽게 할 수 있을 것이다. 이렇게 LCC(Low-Cost Carrier, 저가 항공사)의 등장은 사람들의 항공 여행스타일과 행동을 변화시키고 있다.

그럼, 실제로 LCC의 취항에 의해 사람들의 여행스타일과 행동은 어떻게 변화한 것일까. 'LCC 이용자의 의식과 행동 조사 2017'에 의하면 『국내선 LCC의 취항이 '여행'에 가져온 변화는 무엇인가』라는 질문에 대해 'LCC 취항을 계기로 국내여행을 하게 됐다' 26.6%, '여행횟수가 전체적으로 증가했다' 24.3% 등의 답변이 보였고, LCC가 사람들의 여행스타일이나 행동에 영향을 미치고 있는 점을 알 수 있었다(JTB종합연구소, 2017).

LCC의 비즈니스 모델은 미국 사우스웨스트 항공(SWA)에서 시작되었다고 한다(아카이, 타지마, 2012). 사우스웨스트 항공은, 1971년 텍사스주 지역 한정 항공사로 설립되어 운항을 개시했다. 기본 스타일은 '저운임, 단거리 직항편'으로 포인트 투 포인트 수송을 실시하고 노선을 넓혀 나갔다. 2017년 수송 여객 수는 15억 767만 7,000명으로 세계 1위의 수송량을 자랑하고 있다(일본항공 협회 2018).

일본의 LCC는 2012년부터 사업을 시작하여 2018년 3월 시점에서는 5개사(Peach Aviation, 제트스타, 재팬 바닐라에어, 춘추항공일본, 에어아시아 재팬)에 의해 국내선 41개 노선, 국제선 34개 노선이 운항되고 있다(국토교통성 2018).

LCC가 저렴한 항공운임을 제공할 수 있는 요인은 무엇인가? 모든 LCC에 해당한다고는 할 수 없겠으나 LCC 비즈니스 모델의 특징으로서 공통되는 요인은 아래와 같다.

① 사용하는 기재를 통일한다.

사용하는 기재를 중형기(150석 클래스) 보잉 B-737, 에어버스 A319, A320 등으로 통일한다. 이를 통해 조종사 훈련 프로그램의 간소화, 정비 매뉴얼의 통일, 수리 부품의 재고 경감 등을 꾀할 수 있다.

② 지방 공항이나 세컨더리 공항을 사용한다.

이 공항들은 공항 사용료가 기간 공항보다 저렴하다는 점과 원하는 시간대에 발착 수를 확보하기 쉽기 때문에 단시간에 왕복운항이 가능하다.

③ 포인트 투 포인트 운항을 한다.

지점 간 포인트 투 포인트 왕복 운항을 기본으로 해 연결편 수배는 하지 않는다. 수송 패턴의 단순화를 도모함으로써 비행빈도를 늘리는 것이 가능하다.

④ 좌석수를 늘려서 모노클래스로 한다.

좌석 간의 간격을 좁히며 사용하지 않는 기내 주방(galley) 같은 불필요한 공간을 없애는 것으로 좌석수를 늘릴 수 있다.

⑤ 티켓의 직접 판매를 한다.

티켓은 인터넷이나 예약센터 등에서 직접 판매를 한다. 판매에
드는 경비를 절감할 수 있다.

⑥ 운임은 변동제를 취한다.

약정 상황, 계절, 시간대 등에 따라 운임을 변화시키는 운임 변동
제를 취하고 있다. 조기구입 시 할인율이 높은 '조기할인' 및 구매
가 빠를수록 저렴해지는 '카운트다운 운임'을 채용하고 있는 경우
가 많다.

⑦ 부대 서비스는 유료로 한다.

기내수하물, 기내서비스(음료, 스낵 등), 우선 탑승 등에 대해 유료
정책을 취하고 있다. 여객이 받고 싶은 서비스만을 유료로 선택할
수 있는 형태를 취하고 있다. LCC는 유럽, 아시아 지역에서 특히
점유율을 신장시키고 있다(그림8-1).

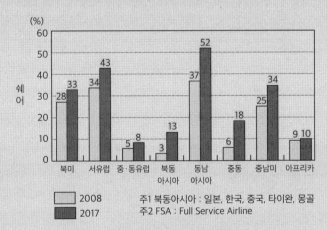

그림8-1 세계의 LCC셰어의 현황
지역별 LCC셰어(좌석수)(교통정책백서, 2018에서, p. 102)

제 9 장

숙박비즈니스
:호시노리조트의
사례

　우리들은 어떠한 때에 호텔을 이용하고 있는가. 여행지에서 머무를 때는 물론이고 가족이나 친지들과 조금 호화로운 식사를 하고 싶을 때, 느긋하게 스파나 에스테틱숍을 즐기고 싶을 때 등, 우리들은 생활의 다양한 장면에서 호텔을 이용하고 있다. 이렇듯 호텔은 숙박이라는 기능뿐 아니라 교류의 장을 제공하거나 힐링을 제공하는 등의 다양한 기능을 지닌다.

　제9장에서는 다기능을 지니게 된 숙박비즈니스 중에서도 주로 호텔에 초점을 두어, 그 역사와 분류를 명확히 한 뒤에 숙박비즈니스의 특성과 제공하는 서비스나 특징적인 운영방식을 검토한다. 그 뒤에 일본발(日本發)의 리조트운영기업으로서 도전을 지속하고 있는 기업인 호시노리조트를 다루어가며 그 발전과 도전을 밝히고자 한다.

| 1 | 숙박비즈니스의 역사와 그 분류

(1) 해외에 있어서의 숙박비즈니스의 역사

1774년 영국 런던에서 코번트 가든(Covent Garden)이 개업한 것이 호텔업의 시작이었다고 할 수 있다. 19세기 후반에는 호화찬란한 특권계급을 위한 영빈관, 사교장으로서의 디럭스호텔 등, 소위 말하는 '그랜드 호텔'이 개업했다. 그 예를 들면 1850년에 프랑스 파리에 그랜드 호텔이 영업을 개시하여, 1855년에는 나폴레옹 3세에 의해 파리에 귀족의 저택과 궁전을 모방한 호텔인 호텔 루브르가 지어졌다. 이러한 호텔은 프랑스혁명으로 소멸된 귀족의 생활을, 호텔을 통해 부유층에게 맛보게 해주고자 건축되었던 것이다. 1874년에는 독일 베를린에 카이저 호프, 1876년에는 독일 프랑크푸르트에 프랑크푸르터 호프가 개업하였다. 1889년에는 런던의 사보이 호텔이, 1898년에는 파리에 리츠호텔이 개업했다. 특히 리츠 호텔은 객실, 장식, 요리 등 일반 생활과는 다른 서비스를 받을 수 있는 호텔이라는 콘셉트를 지니고, 이것은 오늘의 고급호텔에서 제공되는 서비스의 원형이 되기도 했다(cf. 제이티비 능력개발, 2011). 또한 리츠는 프랜차이즈 방식*에 의한 체인점 확대를 진행하여, 그 경영형태는 그 후의 다른 호텔경영에 영향을 주게 되었다.

미국에 있어서는 16세기부터 18세기까지는 자택을 개조한 정도의 '여관'이 주류였다(마츠카사, 2010). 1829년에는 보스턴에 트레몬

---

*　프랜차이즈 방식은 체인을 주재하는 기업이나 본부(프랜차이저)가 체인에 가맹하는 가맹업자(프랜차이지) 등에 호텔경영의 노하우나 체인 명칭을 제공하는 시스템으로, 프랜차이지는 프랜차이저에 대해서 가맹료나 경영지도료(로열티)를 지불하는 방식을 말한다.

트 호텔이 개업했다. 프랑스요리 서비스가 있고 로비를 설치하여 객실에는 무료 비누가 비치된 실내세면기를 설치, 고객이 문을 잠그는 것도 가능했던 점에서부터 '근대 호텔산업의 시조'로 불리고 있다. 1893년에는 '그랜드 호텔'로서 월도프 아스토리아 호텔이 뉴욕에, 팰리스 호텔이 샌프란시스코에 개업했다. 그 후에도 부유층을 대상으로 한 그랜드 호텔인 호화로운 호텔이 대도시를 중심으로 건설되었다.

1908년 엘스워스 밀턴 스타틀러(Ellsworth Milton Statler)가 오대호 가까이에 있는 버팔로에 '커머셜 호텔'로 불리는 중급호텔인 버팔로 스타틀러 호텔을 개업했다. 이 호텔은 일반 고객들을 대상으로 한, 싼 가격으로도 청결하며 안심할 수 있는 호텔로서 방화문, 전실 욕실, 무료신문 등이 제공되었다. 호텔의 1층, 2층, 3층 전부 같은 레이아웃을 쓰는 것으로 건설비를 대폭 내렸고, 그 결과 값싼 가격대로 많은 숙박객에 균일한 서비스를 제공하는 것에 성공했다.

스타틀러의 사후, 호텔을 매각 받은 콘래드 힐튼은 1954년에 호텔의 명칭을 '힐튼'으로 개명하여 관리운영수탁 방식으로 호텔경영을 행하였다. 이 전략으로 힐튼은 단기간으로 국내외에서 호텔체인망을 확대했다. 또한 미국에서도 호텔 프랜차이즈 방식이 시작되어 쉐라튼 호텔, 인터컨티넨탈 호텔, 메리어트 호텔 등을 시작으로 하는 호텔체인이 급증했다.

1957년 주간고속도로망의 건설이 시작되어, 이 도로에 의해 모텔이라 불리는 자동차로 여행하는 가족 층을 대상으로 하는 호텔이 건설되었다.

1960년대 이후로는 콘도미니엄*, 타임셰어** 등 새로운 형태의

* 콘도미니엄은 1957년 스페인에서 출현한 호텔의 1실을 분양하는 형식을 말한다 (cf. 카와나 2010).

** 타임셰어란 리조트 맨션 등을 소유 내지 이용하는 기간만큼의 경비만 부담하는 시

호텔이 출현했다.

(2) 일본에 있어서의 숙박비즈니스의 역사

에도시대 이후, 숙박과 음식을 제공하는 장소로서 행락을 목적으로 하는 여행자가 숙박한 하타고야(旅籠屋, 여인숙)나, 상인이 상용으로 머무르는 토이마루(問丸), 토이야(問屋, 객주), 절을 방문하는 사람들이 이용하는 숙방(宿坊), 다이묘의 참근교대 시 이용한 본진(本陣), 협본진(脇本陣) 등이 거론될 수 있다. 또한 외국인을 위해서 만들어진 숙박시설로서는 오란다쥬쿠(阿蘭陀塾)라 불린 숙박시설이 있어, 에도의 니혼바시, 오사카, 교토의 세 군데에 세워졌다.

일본에 있어서의 숙박시설은 외국인 대상과 일본인 대상으로 시설을 양분할 수 있고 전자는 호텔, 후자는 여관으로서 현재에 이어지고 있다.

1853년 흑선내항으로 외국과의 무역이 시작되어 외국인을 위한 숙박시설로서, 1863년에 영국인 스미스(W.H.SMITH)에 의해 요코하마에 요코하마클럽이 건설되어, 외국인 거류지의 영국인이나 미국인을 대상으로 한 회원제의 식당 겸 숙박시설로서 이용되었다. 1867년 츠키지에 츠키지호텔관이 건설되어, 이것이 일본에 있어서의 숙박비즈니스의 시작이라 일컬어지고 있다.

메이지시대 초기에 닛코에 카나야 호텔(1873년), 하코네에 후지야 호텔(1878), 카루이자와에 만페이 호텔(1894)이 개업했다. 일본을 방문하는 외국인에게 있어 일본의 여름은 덥고 습하여 피서지로서 닛코, 하코네, 카루이자와가 적절하였고, 이들 세 호텔은 일

스템으로 베이케이션 오너십이라고도 불린다.

본의 리조트 호텔의 창시자적인 존재였다. 1890년에는 국가 영빈관으로서 제국호텔이 개업했다. 이 호텔은 메이지정부의 요청으로 국책적으로 건축되었다.

1929년부터 정부가 외국인 관광객의 유치에 적극책을 취하기 시작하여, 카미코치 호텔, 시가코겐 호텔, 나라 호텔 등을 시작으로 많은 리조트 호텔이 건설되었다. 또한 도시부에서는 신오사카 호텔, 나고야관광 호텔, 요코하마의 뉴 그랜드 호텔 등이 개업했다. 1938년에는 중산계급의 사람들을 위한 저가격으로 실용적인 '커머셜 호텔'의 요소를 지닌 호텔인 제일 호텔이, 도쿄 신바시에 개업했다. 그때까지 호텔은 외국인과 극히 일부의 사람들을 위해 존재했으나, 이때부터 일반인들에게도 퍼지기 시작했다.

1948년에 「여행업법」*이 1949년에는 외객내방촉진을 목적으로 「국제관광호텔 정비법」**이 제정되었다. 1964년에 도쿄 올림픽이 개최되게 되자, 개최를 맞이하여 일본을 대표하는 호텔이 차례로 탄생했다. 이것이 '제1차 호텔 붐'이라 불리는 것이다. 1960년에 긴자 도큐 호텔, 1962년에 호텔 오쿠라, 1963년에 도쿄힐튼 호텔(현 캐피탈 도큐 호텔), 1964년에 도쿄 프린스 호텔, 호텔 뉴 오타니 등이 건설되었다.

1970년에 오사카 만국박람회의 개최를 기해서 '제2차 호텔 붐'이 일어났다. 호텔 플라자나 토요 호텔 등 케이한신(京阪神) '교토, 오사카, 고베' 지구에 대규모 호텔이 건설되었다. 도쿄에서는 1969년 아카사카 도큐 호텔, 1970년에는 호텔 퍼시픽이, 1971년

★　　여관업법은 1948년에 공포된 여관업에 대해 공중보건의 견지에서 필요한 단속을 행함과 동시에, 여행업에 의해 선량한 풍속이 저해되는 일이 없도록 필요한 규제를 더하여 경영을 공공의 복지에 맞추는 것을 목적으로 한 법률이다(cf. 마에다 1998).

★★　　국제관광 호텔 정비법에서는 시설의 내용에 더하여, 숙박자에게 양식 조식이 제공 가능하며 외국어 관내안내표기가 있을 것, 외국어를 말할 수 있는 직원을 고용할 것을 규정하고 있다.

에는 신주쿠에 고층호텔인 케이오플라자 호텔이 건설되었다. 케이오플라자 호텔에서는 디너쇼나 이벤트를 실시하여 대규모 호텔의 공공 부분(public space)을 채우기 위한 다양한 이벤트를 개최했다. 또한 1960년대 후반에는 비즈니스객의 출장 수요에 대응한 싱글룸을 주로 한 객실을 지닌 비즈니스 호텔, 예를 들면 선루트 호텔이나 도큐인 등이 개업했다. 호텔시설 수의 급증과 여행의 효율화, 의식주의 서구화가 사람들의 호텔 이용을 촉진시키게 됨과 동시에 고도경제성장에 의해 비즈니스 출장 기회가 확대된 점에서 비즈니스 호텔의 수요가 높아진 것이다. 1972년 삿포로 동계올림픽, 1975년 오키나와 국제해양박람회, 1978년 나리타국제공항의 개항으로, '제3차 호텔 붐'이 일어났다. 나리타국제공항 주변에 공항호텔이 건설되었다. 그러나 1978년에 일어난 제2차 오일쇼크로 호텔 붐은 끝을 맞았다.

1980년대가 되자, 일본경제의 최성기와 함께 기업에 의한 연회나 접대, 혼례가 최성기를 맞은 것으로, 그 니즈에 답하기 위한 다양한 타입의 객실, 복수의 레스토랑, 연회장을 지닌 호텔로 전환하는 호텔도 늘어났다. '제4차 호텔 붐'이 일어나, 특히 지방도시에서 호텔 건설이 성황이었다. 1986년에는 선루트 플라자 도쿄가 도쿄 디즈니랜드 주변에서 개업하여, 이 호텔이 테마파크 복합형 호텔로서 일본 1호점이 되었다. 1988년에 리조트법*이 시행되어, 리조트 개발에 의한 호텔 건설 러시가 이어져 '제5차 호텔 붐'이 일어났다.

1990년에는 비즈니스객을 대상으로 한 보다 간소화, 값싼 호

★ 리조트 법은 종합보양지역정비법(總合保養地域整備法)을 말하며, 이 법률의 목적은 국민이 여가 등을 이용하고 체재하면서 할 스포츠 레크리에이션 교양 문화 활동 등의 다양한 활동에 이바지하기 위한 종합적인 기능의 정비를 민간사업자의 능력의 활용에 중점을 두면서 촉진하는 조치를 강구하여 여유있는 국민 생활을 실현하고 지역의 진흥을 도모하는 데에 있다(국토교통성 홈페이지로부터).

텔로서 루트 인, 슈퍼 호텔 등이 탄생했다. 또한 1990년에 '제6차 호텔 붐'이 일어나, 외자계 호텔이 일본에 지속적으로 진출했다. 1991년에 일어난 버블붕괴의 영향으로 호텔업계에도 먹구름이 꼈다. 특히 기업의 연회 등을 담당하고 있던 호텔의 연회부문이나 요식부문은 타격을 입었다. 그런 와중에서도 1992년에는 포시즌스 호텔 츠바키야마장 도쿄, 1994년 파크 하얏트 도쿄, 웨스팅호텔 도쿄, 1997년 더 리츠칼턴 오사카 등이 개업하였고, 그 후에도 콘래드 호텔, 만다린 오리엔탈 호텔, 더 리츠칼턴 도쿄 등, 외자계 최고급호텔이 도쿄에 진출해왔다.

현재 일본에서의 숙박비즈니스는 2020년에 개최되는 '올림픽 패럴림픽 도쿄대회'를 기대한 외자계 호텔의 건설러시가 이어져, 특히 도쿄에서는 2014년에 코트야드 바이 메리어트 도쿄, 언더스 도쿄, 아만 도쿄가 개업하였고, 2016년에는 여관 콘셉트를 가져온 호시노야 도쿄가 개업했다. 호텔의 건설러시는 도쿄뿐 아니라 홋카이도부터 오키나와까지 퍼지고 있다.

(3) 숙박비즈니스의 분류

숙박비즈니스는 그 입지, 기능에 따라, 또한 가격에 따라 다양한 종류가 있다. 이 점에서 여기에서는 숙박비즈니스의 주요 분류에 대해서 입지, 기능에 의한 분류와 가격에 의한 분류에 대해서 명확히 하고자 한다.

1) 입지, 기능에 의한 분류

대도시 입지

① 시티 호텔*

대도시에 입지한 호텔로 도시형 호텔이라고도 불린다. 숙박, 레스토랑, 바, 연회장, 쇼핑 아케이드, 예식장 등을 지닌 다기능형 호텔이다. 이 시티 호텔은 철도나 버스 등의 터미널에 있는 터미널 호텔, 호텔 내에 국제회의장이나 전시장을 지닌 컨벤션 호텔, 대도시에 인접하는 워터프런트(Waterfront) 등에 입지하여, 스파, 에스테틱숍 등 리조트 호텔과 같은 서비스 기능을 지닌 어반 리조트 호텔 등도 포함된다.

② 비즈니스 호텔

교통편이 좋은 장소에 입지하며, 출장으로 온 비즈니스맨 등을 대상으로 한 숙박기능에 특화된 기능적인 호텔로 저가격의 호텔이 많다. 특화한 호텔로 기능적인 저가격의 호텔이 많다.

교외, 중소도시 입지

① 커뮤니티 호텔

지방도시에 입지하는 중규모 호텔로, 시티 호텔과 같은 다기능형 호텔이다. 지역민 교류의 장으로서의 기능을 지니고 있다.

② 에어포트 호텔

공항의 주변에 입지하여 항공여객, 항공회사의 승무원을 대상으로 한 호텔이다.

* 해외에서는 다운타운 호텔(Downtown Hotel) 미국에서는 어반 호텔(Urban Hotel)이라고도 한다.

③ 모텔

간선 도로변에 입지하여 차를 이용하는 고객을 대상으로 한 호텔로 저가격의 호텔이 많다.

리조트 입지

① 리조트 호텔

고원, 호수, 해변, 온천지 등 관광지나 행락지에 입지하여 관광, 레저, 휴양, 스포츠 등의 목적으로 이용되는 호텔이다. 수영장이나 스파, 테니스코트 등의 시설을 지닌 곳이 많다. 또한 테마파크를 찾는 고객을 대상으로 하여 테마파크에 병설된 호텔이나, 스파나 에스테틱숍을 갖춘 스파 호텔도 리조트 호텔에 분류된다.

2) 가격에 의한 분류(JTB, 2011)

가격에 의한 분류로서는 주로 최고급 가격대인 ① 럭셔리클래스(Luxury class), 고급 가격대인 ② 하이클래스(High class), 중간 가격대인 ③ 미드클래스(Mid class), 미드클래스와 버짓클래스의 중간대인 ④ 이코노미클래스(Economy class), 저가격대인 ⑤ 버짓클래스(Budget class)의 다섯 클래스로 분류할 수 있다(표9-1).

또한 세계적으로는 호텔을 가격별로 별(★) 수로 분류하는 것이 일반화되어 있다. 호텔업계나 여행업계는 이용객의 호텔 선택을 용이하게 하여, 판매를 촉진하기 위해 자주적으로 호텔을 가격대별로 5단계의 별 수로 표현한다. 이와 같은 별 분류는 표9-1에 표시한 가격별 카테고리 분류에 거의 대응한다(cf. 나카다니, 스기와라, 모리시게, 2006).

표9-1 호텔의 가격과 별(★) 개수에 따른 분류

클래스	내용	별의 개수
①럭셔리(Luxury)	최고급 가격대의 대도시의 외자계 호텔	★★★★★
②하이(High)	고급 가격대의 도시부의 시티 호텔	★★★★
③미드(Mid)	중간 가격대로 도시부의 비즈니스 호텔이나 중소도시의 커뮤니티 호텔	★★★
④이코노미(Economy)	미드클래스와 버짓클래스의 중간 가격대의 호텔	★★
⑤버짓(Budget)	저가격대의 호텔로 숙박기능 특화형 호텔	★

숙박비즈니스는 상술한 것과 같은 역사를 거쳐 발전해왔다. 그 발전의 과정에서 숙박비즈니스의 종류도 다양화되며 기능도 다기능을 지니게 되었다. 이와 같이 다종류, 다기능을 지닌 숙박비즈니스는 어떠한 특성을 지니고, 거기에는 어떠한 서비스를 제공하고 있는지 다음 절에서 정리해보고자 한다.

|2| 숙박비즈니스의 특성과 제공하는 서비스

(1) 숙박비즈니스의 특성

숙박비즈니스의 특성으로서 ① 무형성, ② 동시성, ③ 불균질성, ④ 소멸성, ⑤ 고객의 참가, ⑥ 장치성 ⑦ 노동집약성이 거론될 수 있다. ①∼⑤ 까지는 호스피탈리티산업에 공통되는 특성이며 ⑥, ⑦ 은 숙박비즈니스에 특징적으로 보이는 특성이다. 각각의 특성에 대해서 숙박비즈니스의 사례를 생각해보자.

①무형성이란 숙박비즈니스가 고객에 숙박시설에서 쾌적하게 쉬고 자는 무형의 활동을 제공하고 있는 점을 의미한다. ②동시성이란 서비스의 생산과 소비가 동시에 이뤄지는 점을 의미한다. 예를 들면 호텔의 객실에서 쾌적하게 침대에 누워있는 것 자체가, 호텔이 제공하는 서비스의 생산과 소비가 동시에 이뤄지는 것이라고 할 수 있다. ③불균질성이란 서비스는 사람의 활동이므로, 예를 들면 호텔의 프런트 스태프나 벨보이 등, 서비스를 제공하는 사람의 그날 컨디션이나 퍼스낼리티에 따라 제공되는 서비스의 품질이 달라지는 것을 의미한다. ④소멸성이란 숙박비즈니스에서 제공되는 서비스는 그 장소에서 생산·소비되기에, 그것을 보관해두는 것이 불가능한 것을 의미한다. 다시 말해서 비수기에 숙박객이 적다고 하여, 그날의 공실을 재고로 쌓아두는 것은 불가능하다. ⑤고객의 참가란 서비스를 제공하는 과정에서 고객의 참가가 필요한 것을 말한다. 예를 들면 프런트에서 체크인 수속을 할 때에는 고객의 참가가 필요하다. ⑥장치성이란 토지나 물건에 거액의 비용이 필요한 산업인 것을 의미한다. 광대한 토지에 숙박시설뿐 아니라 레스토랑, 스파, 수영장 등 많은 시설이 필요하다. ⑦노동집약성이란 숙박비즈니스가 노동력에 대해 의존도가 높은 산업인 것을 의미한다. 다시 말해서 사람에 의한 노동이 중심이 된 업무가 이뤄지는 비즈니스이다. 프런트 스태프, 벨 담당, 레스토랑 담당, 스파 담당, 객실청소 담당 등 많은 사람의 힘에 의해 비즈니스가 성립된다.

(2) 숙박비즈니스가 제공하는 서비스

첫 번째로 위기관리서비스가 거론될 수 있다. 숙박서비스는 자연재해나 화재, 식중독, 감염증사고, 내지는 고객의 상처, 병 등의 리스크에 에워싸인 상태에서 경영을 해나가고 있다. 이러한 리스크에 대해 평소부터 정기점검이나 설비의 보수 등을 해놓는 것, 위기관리체제를 정해두는 것으로, 이러한 리스크들을 회피하는 것이 가능하다. 만에 하나 위기가 발생한 경우의 포인트로서 ① 신속, ② 기지, ③ 성실, ④ 숨기지 않는, 이 4가지의 초동대응이 중요하다(cf. JTB능력개발, 2011). 위기관리를 철저히 하는 것으로 고객에게 안전하고도 안심할 수 있는 서비스를 제공하는 것이 가능하다.

두 번째로 다기능서비스[*]의 제공이 언급될 수 있다. 숙박비즈니스는 다기능서비스, 다시 말해 숙박기능, 식사기능, 사교기능, 레크리에이션기능, 혼례기능, 판매기능, 비즈니스 활동기능 등의 다기능을 지니기에, 이러한 다양한 것들에 관한 서비스를 제공하고 있다. 예를 들면 숙박기능으로는 고객의 '휴식을 취하고 싶다', '수면을 취하고 싶다', '느긋하게 있고 싶다' 등의 니즈에 대해서, 객실의 넓이나 침구, 욕실, 화장실이나 평소 사용하는 도구 등을 다양하게 고안하며, 식사기능에서는 고객의 '먹고 싶다', '마시고 싶다' 등의 니즈에 대응하기 위해서, 다양한 종류의 레스토랑에서 조식, 중식, 석식이나 바에서 알코올이나 스낵 등의 서비스를 제공하고 있다. 사교기능에서는 레스토랑, 라운지, 바 등의 '먹고', '마시는'에 더하여 '모이는', '이야기하는', '교류하는' 등의 고객의 니즈에 응답하기 위해서 느긋이 지낼 수 있는 스페이스나 평소 사용하는 일상적 도구들, 기분 좋은 음악 등을 준비하는 것으로 먹거나 마시는 것뿐

---

[*] 숙박비즈니스의 종류에 따라 다기능서비스를 제공하지 않는 호텔이나 여관이 있다. 숙박기능에만 특화된 호텔 등이 그 예이다.

만 아니라 모이고, 이야기하고, 교류할 수 있는 서비스를 제공하고 있다.

세 번째로 감동경험을 제공하는 것을 언급할 수 있다. 숙박비즈니스를 이용하는 과정에서 고객에 감동경험을 제공하는 것이 필요하다. 고객은 개개의 숙박비즈니스가 지닌 기능을 만족시켜주는 것뿐만이 아니라, 그 활동을 통해 감동을 얻기를 원한다. 예를 들면 리조트 호텔에서는 수영장에서 수영을 하거나 풀사이드에서 책을 읽거나 바다를 바라보는 것뿐만이 아니라, 이러한 경험을 통해서 스트레스를 해소하고 치유를 받거나 가족과 함께 보내는 것으로 즐거움을 느끼거나 추억에 남는 감동경험을 하고 싶다고 생각하는 것이다. 숙박비즈니스에 있어서도, 이러한 감동경험이라는 가치를 제공해줄 것을 요청받게 된다.

(3) 숙박비즈니스의 운영

숙박비즈니스 중에서도 호텔은 소유, 경영, 운영의 3가지 요소로 성립되어 있다. 소유란 토지, 건물 등의 부동산 소유자를 말한다. 경영은 소유자로부터 토지, 건물을 임차하여 경영에 임하는, 사업 전체의 손익이 귀속되는 경영회사를 말한다. 운영은 경영회사와 계약에 의해 매일 호텔의 운영을 담당하는 회사를 말한다(cf. 마츠카사, 2010). 또한 호텔은 주로 이하의 4가지의 형태로 운영을 행하고 있다.

① 소유직영 방법(Corporate chain)*

자사에서 호텔의 토지건물을 소유하고 스스로 경영, 운영하는 방식을 뜻한다. 건물의 설계, 건축으로부터 호텔의 경영전략, 판매촉진 등을 시작으로 하여 모든 것을 자사에서 행하기 때문에 서비스 내용 등의 통일화를 꾀하기 쉬운 메리트가 있다.

② 리스 방식(Lease)

제3자가 건설하고 소유한 호텔의 토지, 건물을, 체인점 확대를 꾀하는 호텔회사가 리스료를 지불하고 임차하여 경영과 운영을 담당하는 방식을 의미한다. 소유자가 건물의 골조만을 임대하는 경우와 내장, 설비까지 완료하여 리스하는 경우가 있다.

③ 관리운영수탁 방식(Management Contract)

호텔의 토지·건물소유자가 경영을 행하나 호텔운영만은 운영회사에 위탁하는 방식을 의미한다. 운영회사는 소유자로부터 매출에 따른 위탁료를 받는다. 운영회사는 토지나 건물 등에 투자를 하지 않기에, 경영리스크를 짊어지는 일은 없고 소유자에 있어서는 고도의 노하우를 필요로 하는 호텔경영을 운영능력이 있는 회사에 위탁하여 호텔운영을 행하는 것이 가능하다.

④ 프랜차이즈 방식(Franchise Contract)

호텔의 운영회사가 체인본부가 되어, 호텔경영의 종합적인 경영시스템을 가맹점에 판매하는 방식이다. 프랜차이즈 가맹호텔은 체

---

*   일본의 호텔경영은 소유직영 방식이 대부분이다. 예를 들면 철도회사는 소유직영 방식을 취하고 있는 곳이 많다. 그것은 철도 회사가 철도연선에 부동산을 많이 소유하고 있기에 호텔운영을 하는 것으로 소유 토지를 활용할 수 있을 뿐 아니라 여객과 운송과의 사이에서 시너지효과를 기대할 수 있기 때문이다.

인본점에 가맹료를 지불한다. 체인본부는 직접적인 투자를 최소한 으로 억제하는 것과 동시에 체인전개를 꾀하는 것도 가능하다. 가 맹호텔은 운영으로부터 송객까지의 노하우를 본사로부터 지도 받 는 것이 가능하다.

위와 같이 제2절에서는 숙박비즈니스의 특성과 제공하는 서비 스에 대해서 명백히 한 후에, 숙박비즈니스의 특징적인 운영방식 에 대해서도 검토를 행하였다. 다음 절에서는 관광업을 일본의 기 간산업으로 하여 관광으로 일본을 융성하게 하는 것을 목적으로 도전을 계속해온 기업 중 하나인 호시노리조트를 다루어 그 전개 와 도전에 대해서 밝히고자 한다.

| 3 | 호시노리조트의 발전

(1) 호시노리조트의 개요

1914년에 호시노온천여관을 개업한 것이 현재의 호시노리조트 의 시작이었다. 1921년에는 호시노온천여관으로 우치무라 간조 (개신교 사상가), 요사노 아키코(시인), 시마자키 도손(소설가), 기타하 라 하쿠슈(시인) 등이 모여 '예술 자유 교육 강습회'가 개최되었다. 1929년에는 수력발전소를 개업, 1951년에는 회사를 주식회사 호 시노온천으로 개조했다. 나카니시 고도와 호시노 요시마사(2대째 경 영자)가, 호시노온천 시역(市域)과 인접하는 국유림의 생태계 보호활 동을 시작하여, 그 결과 1974년에 그 국유림이 '국설 카루이자와 야생조류의 숲'으로 지정되었다. 거기에서 1991년에 가이드 투어를 시작하여, 이러한 야생조류연구실(현재 피키오)로 이어지게 되었다. 1992년에는 소유를 본업으로 하지 않고, 운영회사를 목적으로 하는 기업 장래상을 발표했다.

1995년 사명을 호시노리조트로 변경하여, 동년에 카루이자와 호텔 브레스턴코트를 개업하였으며 2001년부터 리조트나 여관의 운영사업을 시작하여, 동년에 리조나레 야츠가타케, 2003년 알츠반다이 리조트, 2004년에는 토마무리조트와 각각의 운영을 개시했다. 2005년 카루이자와역에서는 호시노온천여관의 개조설계를 진행하여, '호시노야' 브랜드로서 '호시노야 카루이자와'를 개업하는 것으로부터 '호시노야' 브랜드의 전개를 개시했다. 2009년에는 '호시노야 교토'를 개업했다. 더 나아가 2011년에는 온천여행 브랜드 '사카이', 디자이너즈 리조트 '리조나레'를 세웠다. 나아가 2013년 일본에서 처음으로 관광에 특화된 부동산투자신탁(REIT)을 세워, Hoshino Resorts REIT라는 이름으로 도쿄증권거래소에 상장했다. 현재 호시노리조트는 주로 4 브랜드*의 운영사업을 진행하고 있다.

---

*   '호시노야' 브랜드는 기재한 두 브랜드 이외에도, 2012년 다케토미섬(오키나와현)의 '호시노야 다케토미섬', 2014년 발리섬에 '호시노야 발리', 2015년 야마나시현에 '호시노야 후지', 2016년에 도쿄 오오테마치에 '호시노야 도쿄'를 개업하였고, 2019년 6월에 타이완에 '호시노야 구관'을 개업했다. '사카이' 브랜드는 2011년에 '사카이 츠가루', '사카이 마츠모토', '사카이 이즈모', '사카이 아소'를 시작으로 한 전국 15개 점에서 영업을 개시하고 있다. '리조나레' 브랜드는 '리조나레 야츠가타케'에 더하여 총합 4개의 시설이 있다. '여행의 텐션을 높이는 호텔'이라는 콘셉트의 'OMO' 브랜드는 2018년에 'OMO7 아사히카와' 'OMO5 도쿄 오오츠카'를 개업하여, 그 외 개성적인 시설을 더하면 38개 시설을 운영하고 있다.

(2) 호시노리조트의 기업비전

리조트사업은 '금융', '소유', '개발', '운영'이라는 4가지 역할을 지닌다. 일본에서는 '금융' 이외의 3가지 역할을 전부 담당하는 회사가 많으나, 해외에서는 각각의 역할을 각각의 전문회사가 담당하는 케이스가 많다. 특히 리조트에서는 그 '소유'와 '운영'을 분리하여 소유자는 리조트의 소유만을 행하고 운영에 대해서는 리조트 운영의 전문회사에 맡기는 것으로 이익을 최대화하여 관광산업에 적극적인 투자를 행하고 있다. 또한 운영회사로서는 운영에 특화하는 것으로 전 세계 규모의 많은 운영안건이나 높은 지명도를 가져오는 것이 가능한 메리트가 있다.

호시노리조트는 1991년에 업무내용을 리조트의 '운영'에 특화하는 것으로 결정하여 '리조트 운영의 달인이 된다'*를 기업의 비전, 목표해야 할 회사의 장래상으로 내세웠다.

호시노리조트에서는 기업비전인 '리조트 운영의 달인'의 정의로서 3가지 조건을 들고 있다. ① 고객만족도 2.50, ② 경영 이익률 20%, ③ 에콜로지컬 포인트 24.3으로, 이 세 가지 조건의 수치 목표를 동시 달성하는 운영능력을 달인의 영역이라 하고 있다(cf. 슈도, 2009). ① 고객만족도 2.50(7단계 평가, 2.00 이상이 만족)을 목표로 만족도의 향상을 꾀하는 것으로 방문고객이 단골고객이 되어 주는 것을 목표로 삼고 있다. 그러기 위해서 고객만족도 앙케트 조사를 실시하여 객관적인 수치로 고객만족을 측정하는 구조를 만들고 있다. 또한 스태프는 시설의 단말로부터 고객만족도 데이터를 자유로이 받아내어, 이를 고객에 대한 질 높은 서비스를 제공하는 데에

---

*　　전문 기술 과정은 온천과 스키 리프트 등 시설관리부터 요리, 스파에 이르기까지 고객의 체류 매력을 더욱 깊게 하는 정예 부대이며, 프로페셔널한 기술집단을 목표로 하는 과정을 말한다(호시노리조트 홈페이지로부터).

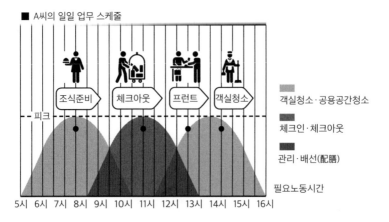

■ A씨의 일일 업무 스케줄

조식준비　체크아웃　프런트　객실청소

피크

- 객실청소·공용공간청소
- 체크인·체크아웃
- 관리·배선(配膳)

필요노동시간

5시　6시　7시　8시　9시　10시　11시　12시　13시　14시　15시　16시

그림9-1 스태프의 멀티태스크 업무 스케줄
(호시노리조트 채용 사이트에서 발췌)

쓰고 있다. ② 경영 이익률 연 20%를 설정하여 생산량을 향상시키는 구조를 만들고 있다. 그 구조의 하나로서 숙박시설에서는 스태프가 멀티태스크로 일하는 방식을 취하고 있다(그림9-1).

다시 말해서 스태프 한 사람 한 사람이 호텔이나 여관의 경영에 관여하여 업무스킬 전반을 습득하는 것으로 고객의 움직임에 맞추어 다양한 역할을 담당하는 것이 가능해진다. 이는, 적은 인원수로도 효율적으로 운영하는 것을 가능하게 하는 것뿐만 아니라, 섹션별로 종적으로 나눠지기 쉬운 운영업무를 스태프 한 사람 한 사람이 업무 전체를 이해해나가며 움직이는 것으로 인해 개선을 향해 가는 움직임을 공유하기 쉽고, 시설의 발전으로 이어지는 것도 가능하다. 생산성을 높이는 것은 자사의 이익을 확보하는 것이기도 하여, 그것은 일본의 관광산업이 이익을 창출하는 산업임을 세계에 보여주는 것으로도 이어진다. ③ 에콜로지컬 포인트란 자연을 자원으로 활용해나가며 보전에 힘을 기울이는, 시설운영에 의해 발생하는 주변환경에 대한 부하를 한없이 0에 가깝게 하는 것을 의미한다. 그를 위해 외부기관이 정한 수치화한 목표치 24.3포인트(25점 만점)를 설정했다. 2011년 카루이자와 사무소에서는 무배출시스템(zero emission)을 달성하였고 타 시설에서도 달성을 향해 노력하고 있다. 호시노리조트에 있어서 환경에 부하가 적은 운영을 하는 능력은 중요한 기업경쟁력의 하나로 생각되고 있다.

(3) 조직과 문화

호시노리조트에서는 상기 기재한 기업비전의 달성을 위해서 스태프 한 사람 한 사람이 그 비전을 자신의 것으로 하여, 팀이 하나가 되어 달성을 향해가는 조직문화를 중요시하고 있다. 여기에서 환경의 변화에 맞춰 보다 좋은 조직을 모색하여 팀으로서 진화하여 가기 위해서 ① 수평적인 조직문화, ② 유닛형 팀 ③ 열린정보공유를 행하고 있다.

① 수평적인 조직문화란 연령이나 성별, 국적이나 직위에 관계없이, 스태프끼리는 대등한 관계로 의논이 가능한 문화를 의미한다. '리조트 운영의 달인'을 목표로 하기 위해 한 사람 한 사람의 자유로운 발언을 중시하고, '누가 말한 것인가'가 아니라 '어떤 것을 말했는지'를 중시하여 팀의 목표달성을 향해 서로 절차탁마해가며 전진해가는 것을 지향하고 있다. ② 유닛형 팀이란 단계를 최소한으로 한 조직형태를 의미한다(그림9-2).

유닛이란 유닛 디렉터가 지휘, 통솔하여 개개의 플레이어(스태프)가 자유로이 움직여가며 같은 목표를 향하는 팀이다. 유닛 디렉터는 고객만족도와 수익성향상을 위한 전략을 내어 비전 실현을 향해 스태프과 함께 최전선에서 싸우는 변혁의 담당자이며, 플레이어는 위에서 떠맡겨서 일을 하는 게 아닌, 창조적인 활동과 행동을

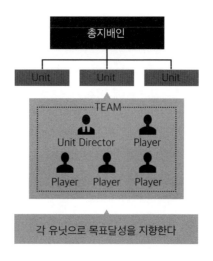

그림9-2 호시노리조트의 유닛형 조직
(호시노리조트 채용 사이트에서 발췌)

통해 팀에 공헌하는 업무 방법을 취하게 된다. ③ 열린정보 공유로서 관리직 등 일부 한정된 사람들에 경영정보를 집중하여 의사결정을 행하는 것이 아닌, 고객만족도 조사의 결과, 이익률, 멀티태스크의 레벨 등, 시설운영에 필요한 정보를 모든 스태프가 파악한 후에 팀에서 건전한 논의를 거쳐, 조직으로서 의사결정을 행하는 것을 실천하고 있다. 스태프 한 사람 한 사람이 운영이나 경영에 대해서 자신의 일로 받아들여 생각하고 행동하기 위해 정보를 개진하고 있다.

(4) 호시노리조트의 캐리어 형성제도와 성장 서포트제도

호시노리조트에서는 '자신의 캐리어는 자신이 만든다'는 것을 소중히 하고 있다. 신입사원은 입사부터 1년간 OJT를 경험하여, 그후 스스로의 희망배속처를 신고한 뒤에 호텔이나 여관, 예식부문이나 서포트부문 등의 배속처가 결정된다.

또한 스스로의 캐리어를 만들기 위한 제도로서 ① 유닛디렉터(이하 UD라고 기재함) 총지배인 입후보제도, ② 공모제도, ③ 이동희망제도가 있다.

① UD, 총지배인입후보제도란 입후보에 의해 여타 직위를 결정하는 것을 의미한다. 연 2회 개최되는 프레젠테이션 대회에서 입후보한 스태프는 UD나 총지배인이 되었을 때를 상정한 목표나 전략, 경영방침을 프레젠테이션하며 경청하는 스태프의 앙케트나 평소의 업무 태도 등으로 UD, 총지배인이 결정된다. ② 공모제도란 신규로 운영을 개시한 시설이나 기존 시설, 서포트계 유닛*으로의 배치가 공모제로 되어 있어, 회사경력이나 직무경험 등에 관계없이 누구든 응모하는 것이 가능한 것을 말한다. ③ 이동희망조사란 연 1회 스태프의 이동 의사의 유무와 그 이유를 확인하는 조사를 말한다.

성장 서포트제도로서 ① 온 더 잡 트레이닝(이하 OJT로 표기)제도, ② 프로세스 평가제도, ③ 로쿠손쥬쿠(麓村塾)가 있다. ① OJT제도란 신입사원이 1년간 현지에서 트레이닝을 하는 것을 말한다. 사회인의 마음가짐부터 시작하여 신입사원연수를 시작으로, 실제 일을 통해서 호시노리조트의 미션과 비전, 문화나 조직을 학습한다. ② 프로세스 평가제도란 평가대상기간에 성과를 내기 위해 취한 행동=프로세스 그 자체를 평가하는 제도를 말한다. 1년에 2회, UD나 총지배인과 피드백을 위한 평가면담을 행하여, 그 평가에 기초하

★　서포트계 유닛이란 광고 홍보, 마케팅 인바운드 등의 영업계와 경영기획과 재무, 인사, 정보시스템 시설관리 등의 관리시스템의 유닛을 말한다(호시노리조트 홈페이지로부터).

여 익년도의 기본급 및 상여가 확정된다. ③ 로쿠손쥬쿠(麓村塾)란 사내 비즈니스스쿨을 말하는 것으로 액셀, 문제해결, 마케팅, 조직 매니지먼트 등 비즈니스맨으로서 몸에 지녀야 할 스킬을 배우는 '비즈니스 강좌', 만담(落語)이나 온천 등 일본문화, 지역, 시설의 매력을 알고 전하고 표현하는 힘을 길러, 일본 각지의 매력을 만들어 가기 위한 기초력을 키우는 '일본문화 이런저런 강좌', 영어나 중국어 등 어학을 배우는 '어학강좌'의 3개의 카테고리로 구성되어 있다. 스태프는 강제적으로 참가하는 것이 아니라 자신의 흥미 분야나 필요하다고 생각하는 강좌를 자유롭게 수강한다. 강좌는 사내 스태프로 구성되어 업무에 살릴 수 있는 실천형의 강좌도 많다.

위와 같이, 제3절에서는 호시노리조트의 기업개요, 기업비전을 명확히 한 후에 호시노리조트의 조직이나 문화, 커리어업을 위한 단계 및 교육제도에 대해 알아보았다. 다음 절에서는 호시노리조트그룹 중에서도 압도적인 비일상감을 고객에 제공하고 있는 럭셔리 호텔인 '호시노야' 브랜드의 '호시노야 카루이자와'를 다루며, 거기에서의 도전은 어떻게 이뤄지고 있는지 검토해보고자 한다.

| 4 | 호시노야 카루이자와의 도전

(1) 환경경영으로의 도전: '호시노야 카루이자와'는 무배출시스템(zero emission)을 달성

호시노리조트의 기업비전인 '리조트 운영의 달인이 된다'를 달성하기 위한 3가지 조건 중에서도 에콜로지컬 포인트 24.3포인트

사진1-1 쓰레기량을 각 유닛에서 계측

사진1-2 쓰레기의 분리수거

를 달성하기 위한 노력으로 3가지 요소가 있다. ① 스스로 구매하는 에너지를 가능한 한 자급해가는 EIMY(Energy In My Yard : 자기 정원 내의 에너지를 사용) ② 소각, 매립 쓰레기 제로를 목표로 하는 활동인 무배출시스템(zero emission), ③ 고객에 지역의 자연이나 문화를 이해하며 즐길 수 있도록 그것을 보호하고 지속적으로 이용하는 새로운 여행 형태인 에코투어리즘을 중시한 환경경영을 행하고 있다.

그중에서도 '호시노야 카루이자와'를 중심으로 하는 호시노에리어*에서는 100% 재활용을 하는 무배출시스템(zero emission)을 2011년에 달성했다. 100년 이상의 역사를 지닌 '호시노야 카루이자와'는 '자연과 함께하는' 것을 이념으로 하는 점으로부터 그 실천을 향한 노력 끝에 호텔 서비스업계 처음으로 달성을 이루었다. 또한 무배출시스템(zero emission) 유지를 달성하기 위해서 제로 위

---

*   호시노 에리어에서 쓰레기 배출 제로를 달성한 것은 '호시노야 카루이자와', 카루이자와 호텔 Bleston Court, 촌민식당, 호시노야의 온천인 톤보노유, Picchio이다 (호시노 에리어 홈페이지로부터).

원회를 발족시켜, 각 시설에 전
임 전담자를 두어 분리수거 체크
를 실시하여 환경대책유지 활동
을 진행하고 있다(사진1-1*, 1-2**).

또한 에너지 자급자족에도 도
전하여 호시노야 카루이자와에
서는 전력의 75%를 자가수력발
전이나 온천배열의 자연에너지
로 채우고 있다(사진2).

사진2 자가 수력발전소

(호시노에리어 환경을 위한
대처 홈페이지에서 발췌)

이와 같이 끝없는 환경을 향한 노력에 의해, 2003년 호시노리조
트는 제6회 그린구입대상 '환경대신상' 수상을 시작으로 많은 상
을 수상하고 있다(표9-2).

표9-2 호시노리조트의 수상력

연도	수상명
2003년	호시노리조트 제6회 그린구입대상 '환경대신상' 수상
2004년	호시노리조트 제2회 일본환경경영대상 '환경경영우수상' 수상
2005년	Picciho 제1회 에코투어리즘 대상 '대상' 수상
2006년	호시노리조트 eco japan cap 2006 소셜 에코비즈니스 어워드 '미츠비시 도쿄 UFJ 은행상' 수상
	호시노리조트 제15회 지구환경대상 '후지 산케이 비즈니스 아이상' 수상

*　　분리수거는 '쓰레기 활동'이라는 게임 제도로 놀이 감각으로 기억할 수 있도록 하
　　고 있다. 카루이자와는 28개의 분별구획이 나뉘어져 있다.

**　　어느 정도의 양의 쓰레기가 언제 배출되고 있는지를 아는 것으로 쓰레기를 줄이는
　　대책을 세우기 쉬워지기 때문에 각 유닛에서 쓰레기의 양을 측정하고 있다.

2007년	Picciho 농림수산성 오라이 닛폰 대상 '대상' 수상
	호시노야 카루이자와 제9회 전력부하평준화기기·시스템 표창 '재단법인 히트 펌프 축열 센터 이사장상' 수상
	호시노리조트 제10회 지구온난화방지활동 '환경대신상' 수상
2008년	호시노리조트 사단법인 나가노현 관광보전협회 '신슈 에코 대상' 수상
	호시노야 카루이자와 토목학회 디장니상 2008 '선고위원특별상' 수상
2010년	Picciho 국토교통성 제11회 중부의 미래창조대상 '우수상' 수상
2011년	Picciho 이온환경재단 제2회 생물다양성 어워드 '우수상' 수상
2012년	호시노리조트 리듀스·리유스·리사이클 추진공로자 '경제산업대신상' 수상
2013년	하루니레테라스 토목학회 디자인상 2013 '최우수상' 수상
2016년	'헤이세이 28년도 순환형 사회추진 공로자 환경 대신표창' 수상

(저자작성)

(2) '호시노야 카루이자와'의 '계곡의 집락'과 매력창조

호시노리조트에서는 다도(茶道)에 주인의 취향을 담아 고객을 대접하는 것처럼 스태프가 그 지역이나 계절의 매력을 취향을 담아 고객에게 제공하며 대접하는 시도를 하고 있다.[*] 그 대접에는 스태

[*] 호시노리조트에서는 서양의 '서비스'를 고객과 서비스직원 사이에 상하관계가 있는 것으로 생각하며 일본의 '오모테나시'는 다도에서 주인이 방문객을 대접하는 것과 같이 고객과 스태프가 평등한 관계에 있다고 생각하고 있다. 또한 호시노리조트에서는 고객이 무엇을 받고 싶은지 운영할 서비스, 니즈를 헤아리는 것을 오모테나시라 하고 있다.

프가 생각하는 주장과 메시지가 있으며, 그것을 고객이 즐길 수 있게 하기 위해서는 스태프의 창조력과 대접의 스킬이 중요하다. 또한 일본 각지가 지닌 매력을 이해하기 위해 스태프에게는 높은 문화도도 요구된다. 이와 같이 그 지역의 매력을 살린 서비스를 기획·제공하는 것을 호시노리조트에서는 그 땅의 매력을 새로이 창출해간다는 의미로 매력창조라고 부르고 있다.

이와 같은 매력창조가 '호시노야 카루이자와'에서 어떻게 이뤄지는지 알아보고자 한다.

'호시노야' 브랜드는 각각의 시설이 지닌 콘셉트에 따라서 독특한 세계관이 퍼져가도록 설계되어 있다. '호시노야 카루이자와'의 설계테마는 '계곡의 집락'이다. 이 테마에 따라서 설계된 시설 속에서 그 땅의 매력을 살려 고객에 느긋하게 지낼 수 있게 하기 위해서 '호시노야 카루이자와'가 제공하는 서비스는 고객을 맞이하러 오는 것으로부터 시작된다.

먼저 고객은 호시노야 에리어 입구에 있는 리셉션에 안내받는다 (사진3). 여기는 말하자면 비일상공간으로의 입구에 해당된다. 전용차가 제공될 때까지 리셉션 내에서 고객을 맞아 향이 피워지고 음악이 흐르는 가운데 지역의 토산 재료로 만들어진 마실 것을 제공받는다. 이때에 스태프로부터 제공된 지역 토산 차에 대한 설명과 관내에서의 액티비티 등에 대한 설명이 이어지며 고객은 이것으로부터 경험할 것이라 생각되는 것들에 기대감을 높이게 된다.

이에 고객에 취향에 공들인 그 땅에서만 나올 수 있는 매력을 제공하는 것이 가능하게 된다.

전용차가 준비되면 스태프의 운전으로 고객은 천천히 "계곡의 집락" 내를 안내 받아가며(사진4, 5), 집락 내에 있는 시설, 나무들이나 강, 내지는 새 등에 대해서 설명을 듣고 나무들이나 식물의 향기, 새들의 울음소리에 감동을 받게 된다. 속세에서 멀어진 듯한 객

사진3 리셉션 내

사진4 집락 내를 흐르는 강·계단식 논

사진5 집락 내의 다리

사진6 길가에 면하여 잠깐 멈춰서게 만드는 객실동

(사진3~9까지 필자 촬영)

실로 안내받으며, 객실 내에서의 체재 중 "계곡의 집락"의 주민으로서 어떻게 체재하면 좋은지 등의 안내를 받게 된다.

'호시노야' 브랜드는 '현대를 쉬는 날'이라는 테마를 걸어 놓은 만큼, 고객이 현대 일상의 바쁜 시간의 흐름으로부터 해방되도록 객실에는 티비나 시계가 설치되어 있지 않다. 있는 것은 치유를 촉진하는 CD뿐이다. 자연광을 눈치챌 수 있도록 객실의 조명은 조금 어둡게 해두고 있다. 모든 객실의 테라스로부터 사계절별로 경치를 조망하는 것이 가능하다. "계곡의 집락"의 주민으로서 편안히 지낼 수 있는 관내 옷, 사무에(일본 선 승려들이 입는 옷)와 게다(일본 전통 나막신)(사진7-1, 7-2)가 준비되어, 그것을 입고 집락 내의 산책을 즐기는 것이다.

집락에 있는 시설에는 카루이자와의 자연이 지닌 매력을 발견

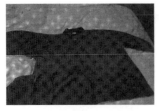
사진7-1 사무에(일본 선 승려들이 입는 옷)

사진7-2 게다(일본 전통 나막신)

사진8 라이브러리 라운지

사진9 집락 내의 수행등

(사진3~9까지 필자 촬영)

하기 위한 다양한 고안이 보인다. 예를 들면 '모임의 관'이라 불리는 시설에는 라이브러리 라운지(사진8)가 있어 거기에서 느긋하게 커피를 마셔가며 카루이자와에 대해 적힌 서적이나 잡지를 읽거나 집락 내의 경치를 즐기는 것도 가능하다. 또한 산책하고 있으면 시설 밖에서는 핫 밀크 서비스*을 받아, 집락의 강 위에 떠 있는 수행등(水行燈)의 점등을 보아가며 환상적인 분위기에 빠져드는 것이 가능하다(사진9). '호시노야 카루이자와'에서는 고객이 "계곡의 집락"의 거주인으로서 기분 좋게 체재할 수 있게 하기 위한 다양한 고안을 통해서 그 땅이나 계절을 재발견하도록 하는 매력을 제공하고 있는 것이다.

---

*   이러한 서비스는 계절에 따라 다른 서비스를 제공하는 경우가 있다.

(3) '호시노야 카루이자와'와 감동경험

'호시노야 카루이자와'에서는 고객을 압도적인 비일상감의 공간으로 이끌어 새로운 매력을 창조하여 기분 좋은 체재를 제공하는 것으로 고객이 숙박하여 지역요리를 즐기는 것뿐 아니라 그곳에서의 체재를 통해 스트레스를 해소하거나 새로운 발견을 하여 감동을 받는 추억에 남는 경험, 다시 말해 감동경험을 제공하고 있다. 그 감동경험이 어떻게 창출되는가를 정리해보고 싶다(그림9-3).

'호시노야 카루이자와'의 시설은 안전과 위기관리를 기초로 자연을 자원으로서 살려가며 보전에 힘쓰는 환경경영은, '현대를 쉬는 날'이라는 콘셉트에 따라 기분 좋고 편안한 숙박을 위한 시설 정비와 식사 메뉴의 개발, 스트레스 해소나 힐링을 가져다주는 온천이나 스파시설 등으로 지지되고 있다. 또한 스태프는 호시노리조트의 기업비전인 '리조트 운영의 달인'의 세 가지 조건인 수치목표, 수평적인 조직문화, 유닛형 팀, 열린정보 공유, 캐리어 형성제도와 충실한 성장 지원 제도를 통해 고객은 '호시노야 카루이자와'에 숙박할 뿐만 아니라 콘셉트에 따른 시설 내를 산책하는 가운데 새로운 자연의 매력을 발견하거나 테라스에서 사계절의 경치를 바라보는 것으로 위안을 느낀다. 또는 시설을 이용하는 과정에서 느긋한 시간을 즐기거나 직원의 취향을 공들인 서비스를 받고 감동을 경험하는 것이다.

직원의 서비스는 리셉션에서 고객 픽업 전용차를 이용한 객실까지의 안내, 차에서 객실까지의 안내, 객실 생활 등에 대한 설명 과정에서 고객과의 교류를 통해 직원이 고객의 니즈를 찾아내는 것으로 창출된다. 이러한 배려는 매뉴얼로 정해진 서비스인 고정적 서비스에서는 없는 응용적 서비스이다. 이러한 직원의 응용적 서비스를 지지해주는 것이 수평적인 조직문화, 유닛형 팀, 열린정보

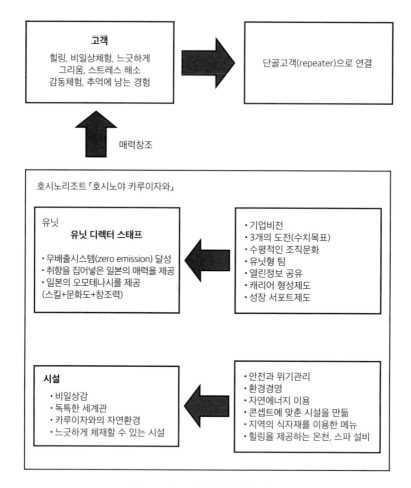

그림9-3 호시노리조트의 감동경험을 낳는 구조

(필자 작성)

공유와 충실한 교육제도이다. 다시 말해서 수평적인 조직문화나 유닛형 팀에서는 스태프가 자유로운 발언을 소중히 하는 가운데 자신의 일하는 방법을 자신이 그려내는 것이 가능하다. 다시 말해서 권한위양(상세한 내용은 제3장을 참조)이 부여되고 있는 것이다. 권한위양이 부여되어 있는 것으로 직원은 고객의 니즈에 대응하는 것이 가능하여, 이에 따라 고객만족도가 올라가는 것(Linden, Wayne & Sparrowe, 2000)이 추측될 수 있다. 또한 열린정보 제공은 자신들의 팀이 어떠한 서비스를 제공할지 정할 때에 중요한 판단재료로서 필요하며 충실한 교육제도는 스태프 한 사람 한 사람이 자신이 가능한 힘을 배양하여 문화도와 창조성을 높이기 위해서 중요한 것이다. 이러한 조직의 서포트를 받은 스태프는 고객에 대한 새로운 매력을 창조하여 제공하는 것으로 고객은 힐링, 놀라움, 발견 등의 감동경험을 하게 되며 그 결과, 다시금 '호시노야 카루이자와'에 오고 싶다고 생각하게 되는 것이다.

위와 같이 '호시노야 카루이자와'를 시작으로 하여 호시노리조트그룹에서는 팀 일원이 매력창조를 향한 도전을 지속하고 있다. 2014년에 호시노리조트는 기업비전을 '리조트 운영의 달인이 된다'에서 '호스피탈리티 이노베이터(Hospitality Innovator)'로 바꾸어, 세계에 자랑할 만한 '일본의 오모테나시'를 갈고 닦아, 고객에 지역매력을 즐기는 방법이나 새로운 감동경험을 제공하는 것으로 세계와 경쟁하는 호텔운영회사를 만드는 것을 목표로 하고 있다.

호시노리조트의 새로운 도전에 대해 대표인 호시노 요시하루 씨는 아래와 같이 말하고 있다.

"전통 온천여관이었던 호시노리조트가 2001년 이후 카루이자와를 넘어 급성장을 이룬 것은 운영특화라는 전략을 일관되게 추진해 온 것에 원인을 둘 수 있다. 부채를 늘리는 일 없이 거점을 전개하는 것이 가능한 운영특화전략에 의해 빠른 규모의 경제를 달성하는 것이 가능했다 할 수 있다. 그러나 호시노리조트의 과거의 성장모델은 한계를 맞아 혁신을 하지 않으면 안 되는 압박을 맞은 상황에 처했다고 말할 수 있다. 2015년에 발리섬, 타히티 등의 해외 거점, 그리고 2016년에 전개한 '호시노야 도쿄' 프로젝트에 있어서 과거의 경쟁환경과는 다른 국면을 맞는다. 경쟁타사가 외자계의 운영회사가 되는 것도 있고, 이는 유역특화가 이미 칩투해있는 시장에서 후발로 참가하는 것을 의미하고 있었다. 이러한 새로운 상황 속에서 성장을 유지하기 위해서 호시노리조트는 ① 생산성을 높이는 멀티태스크 조직 ② 접객 스태프의 발상을 살린 매력 창조라는 독자적 운영방식에 의해, 새로운 경쟁타사에 비해 높은 수익을 달성하려 하고 있다."

전통 호텔 : 제국호텔의 도전

사진1 제국호텔의 정면현관

(제국호텔 홈페이지에서 발췌)

호텔업계의 경쟁이 격화하는 가운데 2020년에 개업 130주년을 맞이하는 일본의 전통 호텔인 제국호텔(사진1)은 그 경쟁에 어떻게 이겨 나갈 것인지 제국호텔의 역사에서 한번 찾아보도록 하자.

1890년 제국호텔*은 도쿄도 치요다구 우치사이와이쵸에 개업했다. 호텔의 남쪽 옆으로는 로쿠메이칸이 있었고 외국인에 있어 일본의 창구였던 요코하마항, 토카이도선 터미널역이기도 했던 신바시역, 더 나아가 거류지였던 츠키지를 잇는, 당시 외국인들이 왕래하던 코스에 위치하고 있었다. 따라서 제국호텔은 외국 귀빈의 접대 및 숙박을 위한, 다시 말해 일본의 영빈관 역할을 담당하며 탄생했다.

---

* 제국호텔은 도쿄도 치요다구에 있는 제국호텔 도쿄에 더하여서 오사카부 오사카시에 있는 제국호텔 오사카, 나가노현 마츠모토시에 있는 카미코치 제국호텔이 있다.

이 외국 귀빈을 맞이하는 전통은 지금도 계속되고 있다. 세계의 많은 귀빈이 숙박해 온 실적으로 예를 들면 2012년에 일본에서 개최된 'IMF 세계 은행 연례 총회'에서 메인 회장 및 각국 대표단의 파견사무소*에 선정되고 있다.

연차 총회는 세계 189개국에서 약 1만 명, 민간금융 관계자와 경비·보도원 등 비공식 참가자를 포함하면 약 2만 명이 모이는 세계 최대 규모의 국제회의였다. 그 준비와 개최 중의 업무로서 ① 객실을 사무실 사양으로 개조를 행했다. ② 모든 스태프가 참가자의 대응에 투입되었다. ③ 요인 접대에 만전의 체제로 대처했다. ④ 항상 기본에 충실한 행동을 마음에 두었다. 등을 언급할 수 있다.

① 객실을 사무실 사양으로 개조를 한 점을 구체적으로 언급하자면 타워관과 본관의 일부를 합쳐 약 500개의 객실에서 침대를 철거하고 가구와 복사기, Wi-Fi 네트워크를 정비하는 등 사무실로 개조했다. 타워관의 객실 모두 사무실 사양으로 이용한 것은 제국호텔이 시작된 이래 처음 있는 일이었다. ② 모든 스태프가 참가자에 대해 대응한 점을 구체적으로 언급하자면, 현장 직원뿐만 아니라 관리 부서 직원도 참가자의 대응에 나섰다. 이것이 가능했던 것은 모든 직원이 현장 출신이거나 접객 연수를 받고 있었던 덕에, 서로 업무를 도울 수 있는 환경이 갖추어지고 있던 것을 들 수 있다. ③ 인사의 접대에 만전의 체제로 임한 점을 구체적으로 언급하자면 인사들이 호텔에 이동할 때 "프로토콜"**이라 불리는 게스트 서

★　IMF(International Monetary Fund:세계통화기금), 세계은행(World Bank:WB)연차회의에 대해서 설명하자면, 먼저 IMF란 통화와 환율을 안정화시킬 목적으로 설립된 국제연합의 전문기관으로, 본부는 미국의 워싱턴DC에 있다. 세계은행이란 각국의 중앙정부 내지 동 정부로부터 채무보증을 받는 기관에 대한 융자를 행하는 국제기관이다.

★★　프로토콜이란 국가 간의 의례상의 룰로 외교를 추진하기 위한 윤활유이다. 또한 국제적, 공식적인 장소에서 주최자 측이 보이는 룰을 지칭하는 것이기도 하다(외무성 홈페이지에서 발췌).

비스 스태프가 유도를 담당했다. 제국호텔은 다수의 참석자들과 경비의 관계에서 VIP와 다른 고객 상호 간에 폐가 되지 않도록 VIP 전용 출입구를 마련하고 있기 때문에 요인을 전용 출입구에서 응접하여 보안 검사 등을 매끄럽게 진행하고, 도착시간에 맞추어 전용 엘리베이터를 제공하는 등 모든 직원들의 연계플레이로 대응했다. ④ 항상 기본에 충실한 행동을 마음에 두는 점을 구체적으로 언급하자면 긴급대응 및 요인의 대접으로 평소의 업무와 다른 상황이 일어났을 때 그런 상황에서야말로 스태프는 기본에 충실히 행동하는 점을 유념하였다. 이러한 노력에 의해 총회 종료 후 참가자로부터 분 단위로 대응하였던 회의장 설치 운영능력이 높게 평가되었다. 또한 국제회의에 참가하는 요인과 접할 기회를 통해 일본을 대표하여 접대하고 있다는 사명감이 제국호텔의 스태프에게 생겨나 그것이 직원의 자랑과 자신감으로 이어졌다.

제국호텔은 1999년부터 고객의 기대를 뛰어넘는 서비스를 제공하여, 고객으로부터 "과연 제국호텔"이라는 평가를 받는 것을 목적으로 "과연 제국호텔 추진활동"을 실시하고 있다. 이 활동의 기둥이 되고 있는 것이 '행동 기준'과 9개의 실행 테마이며 그 내용이 기재된 카드를 직원들은 휴대하고 있다.

'행동 기준'의 9개의 실행 테마는 '인사, 깨끗한 몸가짐, 감사, 배려, 겸허, 지식, 창의, 도전'이다. 그중에서도 '인사, 깨끗한 몸가짐'은 스태프의 행동거지와 조건이며 '감사, 배려, 겸허'는 마음의 상태, '지식, 창의, 도전'은 의욕과 그 토대에 있는 교양 지식을 나타내고 있다(cf. 카와나 2006).

이 실행 테마에도 열거되듯 제국호텔은 그 창의와 도전을 통해, 업계의 선구자로서 다양한 새로운 서비스를 만들어왔다(표9- 1).

표9-1 제국호텔의 '처음'

연도	항목
1910년	호텔 내에 우체국을 개설, 외국인숙박객이 일본에서 우편을 본국에 편리하게 보낼 수 있도록 함.
1911년	호텔 내에 제빵부를 설치하여, 고객에 항상 바로 구운 빵을 제공.
1911년	호텔 내에 대형 세탁기를 설치, 세탁 서비스를 개시.
1922년	고객이 호텔에서 나오지 않더라도 쇼핑을 할 수 있도록 아케이드를 설치.
1923년	결혼식과 피로연을 호텔 내에서 거행할 수 있도록 호텔웨딩을 개시.
1924년	전속 밴드와 계약하여, 라이트관에서 재즈 및 댄스 음악을 연주.
1929년	화기엄금인 비행선 체펠린호의 일본~로스엔젤레스 구간의 기내식을 제공.
1954년	호텔 내에 에스컬레이터를 설치.
1958년	바이킹(뷔페스타일 레스토랑)을 개시.
1966년	시어터 레스토랑(디너쇼)를 개시.
2005년	로비에서 서비스 향상을 꾀하기 위해, 유격대적인 일을 하는 숙련스태프, 로비 매니저를 배치.
2014년	바이킹에서 각 테이블을 돌며, 접객을 행하는 숙련스태프, 바이킹 콘세르쥬를 배치.

예를 들면 세탁 서비스는 해외에서도 높은 평가를 받아, 처음부터 떨어져 있던 단추까지 붙여주기 위해 세계 곳곳의 200여 종류 이상의 단추와 셀 수 없을 만큼의 실을 항상 재고마련을 해두고 있다. 또한 2014년 2월부터는 뷔페스타일 레스토랑 'The Imperial Viking Sal'의 석식 때에 레스토랑 내를 순회하며, 고객의 다양한 니즈를 체크하여 응대하는 바이킹 콘세르쥬를 배치하고 있다. 뷔페스타일 레스토랑은 기본적으로 셀프서비스로서 다양한 종류의 요리 중 고객이 원하는 음식을 선택하여 식사하는 방식이다. 따라서

고객과 레스토랑의 스태프와의 상호작용은 일어나기 어렵다. 이에 일부러 바이킹 콘세르쥬를 배치하는 것으로 고객과의 상호작용을 만들어 보다 세세한 고객의 니즈에 대응하고 있으며, 고객에 맛있는 요리를 제공하는 것뿐 아니라, 가족과 즐거운 추억을 만드는 데에 도움을 주고 있는 것이다. 이것도 호텔업계에서는 처음 있는 시도이다.

이러한 창의와 도전에 의해 제국호텔은 로열 커스터머가 많고 숙박매상의 1/3은 로열 커스터머에 의해 창출되고 있다. 동일본대지진 후에도 객실 가동률이나 객실단가가 예상보다 빨리 회복한 것은 로열 커스터머가 많았기 때문이었다. 그러나 로열 커스터머의 고령화가 진행되고 있어 젊은 층을 끌어들이는 것이 급한 과제이기도 하다. 그러기 위해 예를 들면 결혼 피로연을 제국호텔에서 연 커플에게는 클럽 회원*의 입회를 권하고 있고 다양한 회원특전을 제공하는 것으로 피로연뿐만이 아니라 결혼기념일, 생일 등 생활의 장면에서 제국호텔을 이용해줄 수 있도록 노력을 기울이고 있다. 릴레이션십 마케팅을 행하는 것으로, 젊은 층의 로열 커스터머를 창출하는 구조를 만들고 있다.

또한 호텔업계가 안고 있는 과제인 인구 감소에 의한 국내 마켓의 축소와 노동인구 감소, 호텔의 경쟁격화, 가치관·소비관의 변화 등의 과제에 대처하기 위해서 제국호텔은 '중장기 경영개혁2020'을 발표하여 ① 안전성의 추구 ② 제국호텔 브랜드의 향상, ③ 고객만족의 추구 ④ 이노베이션을 향한 도전을 목표로 하고 있다.

제국호텔은 전통은 항상 혁신과 함께 있다는 정신을 모토로 하고 있으며, 창업 130년을 맞는 전통 호텔의 도전은 계속되고 있다.

---

* 이 클럽은 임페리얼 클럽그레이스라 불리며 회비는 무료로, 생일이나 결혼기념일 등에 특별할인우대권을 디렉트메일로 송부하게 된다. 현재 회원수는 54,000명이다(2019년 6월 말 현재).

제 10 장

테마파크 비즈니스
:합동회사 USJ의 사례

대학생인 칸바야시 씨는 학기말 리포트가 전부 끝나서 모처럼 지인 3명과 테마파크에 가기로 했다. 아래는 칸바야시 씨의 그날의 일기이다.

오늘은 테마파크에 다녀왔다. "시험이 끝나면 꼭 가자"고 친구들과 약속했기 때문이다. 역의 개찰구를 나오자, 눈앞에 테마파크의 심벌인 건물이 보여 나도 모르게 환호성을 질렀다. 어트랙션과 쇼를 즐기고 캐릭터들과 함께 사진도 한가득 찍었다. 직원에게 사진을 찍어달라고 했는데 요청한 모든 직원이 웃는 얼굴로 기분 좋게 응대해주었다. 화제의 어트랙션은 줄이 많이 길었지만 줄을 서 있을 때도 직원들이 바로바로 안내를 해 주었기에 곤란한 일은 없었다. 모두 함께 탈 수 있었던 점에 대 감격! 즐겁게 이야기를 나누며 쇼핑으로 스트레스 해소! 찍었던 사진도 카톡으로 주고받으며 그때의 즐거움을 다시 한번 떠올리고 있다.

이 일기에서 칸바야시 씨와 친구들이 테마파크에 가서 스트레스 해소를 하며 즐거운 경험을 통해 친구들과의 추억을 만들 수 있었던 것을 알 수 있다.

사람들의 스트레스를 해소하고 즐겁고도 기억에 남는 경험을 제공하는 이러한 테마파크 사업에 10장에서는 초점을 맞추고자 한다. 먼저 테마파크와 레저와의 관계, 테마파크란 무엇인가에 대한 검토에 더하여 테마파크 비즈니스의 역사, 그 특성과 제공하는 서비스에 대해서 자세히 밝히고자 한다. 거기에 더하여서 세계 테마파크 중에서도 항상 TOP 10에 들어가는 거대 테마파크 유니버설 스튜디오 재팬(USJ)에 초점을 두어, 그 테마파크를 경영하는 기업인 합동회사 USJ의 발전과 도전에 대해 알아보고자 한다.

|1| 레저 및 테마파크

(1) 레저와 레저산업

테마파크는 호스피탈리티산업에 속하며 그중에서도 레저산업[*]에 포함된다. 이 점에서 먼저 레저란 무엇인가에 대해서 생각해보고자 한다.

우선, 레저는 밑에서 언급하는 세 가지 속성을 지니는 것(Mannell & Kleiber 2004)을 레저로 해석할 수 있다. 첫 번째 속성으로 자유롭고 구속이 없을 것을 들 수 있다. 무엇인가 해야 한다는 의무에서 자유롭다는 의미이다. 서두에서 언급한 칸바야시 씨 등은 누구로부터도 강제받지 않고 테마파크에 가기로 결정했기 때문에 레저로 해석된다. 두 번째 속성으로는 사람이 활동이나 상황에 관계되어 있을 때에 내발적으로 동기부여되는 것을 언급할 수 있다. 즉 활동하는 그 자체를 위해, 혹은 즐거운 경험을 필요로 하는 활동에 참가를 하여, 참가하는 것 자체가 최종 목적이지 다른 것을 얻기 위한 수단이 아닌 것을 본인들이 인지하고 있는 경우, 레저로 해석될 수 있다. 칸바야시 씨 등은 테마파크에 가서 즐거운 경험을 경험하는 것 자체가 최종 목적이며 다른 것을 얻기 위한 수단이 아니라고 인식하고 있다. 세 번째 속성으로는 참여에서 얻은 경험의 성격과 질에 기초하는 것을 들 수 있다. 재미있고 유쾌하고 즐거운 경험을 했을 때(Lee, Dattilo & Howard 1994) 그것이 레저로 해석되기 쉬워진다. 칸바야시 씨 등은 바로 테마파크에서의 경험이 재미있고 유쾌

---

[*] 나카지마(2013)는 테마파크가 생활문화산업이기도 하고, 그 산업에 있어서 특히 여가의 충실을 목적으로 몸을 움직이며 무언가에 참가하여 동행자들과 즐거운 시간을 공유하기 위한 시설을 제공하는 산업으로 자리 잡고 있다고 말하고 있다.

하고 즐거운 경험이었던 점에서 레저로서 해석된다.

위에서 언급한 점들에서 레저란 자유롭고 구속이 없는 내발적으로 동기부여된 재미있고 유쾌하고 즐거운 경험이며, 그것을 제공하는 산업이 레저산업이다.

이와 같은 레저산업에서의 경험은 다국면에 걸친 경험인 점 (Mannell & Kleiben 1997)을, 클로슨과 네치(Clawson & Knetsch, 1966)가 지적한 5가지 국면을 거론하여 설명하고 있다(표10-1).

표10-1 레저산업에서의 경험에서 5개의 국면

국면	경험 내용
기대	여행이나 이벤트에 대해 상담하고 계획하는 시기
왕로	레크리에이션 장소로 가는 길
현장	현장에서의 실제 활동 또는 경험
복로	집으로 돌아갈 때까지의 귀로
회상	하였던 활동 내지는 경험의 회상, 기억

(Clawson & Knetsch 1966에 의해 작성)

칸바야시씨 등은 ① '기대' 국면에서 테마파크에 가는 상담을 하고 있을 때 기대에 부풀었던 경험을 하고, ② '왕로'의 국면에서는 테마파크에 가는 길에 가장 먼저 어떤 놀이기구에 탈까 이야기를 하는 등의 경험을 하며, ③ '현장'의 국면에서는 실제로 공원에 가서 놀이기구에 타거나 쇼를 보는 등의 경험을 하고, ④ '복로'의 국면에서는 즐거웠던 어트랙션은 어떤 것이었는지 이야기하며 집에 돌아가는 경험을 하며, ⑤ '회상'의 국면에서는 귀가 후 카톡으로 교환한 사진을 보고 테마파크에 있었을 때의 즐거웠던 경험을 떠올린다. 이러한 레저산업에서 고객은 다방면에 걸친 경험을 하게 된다.

(2) 테마파크란

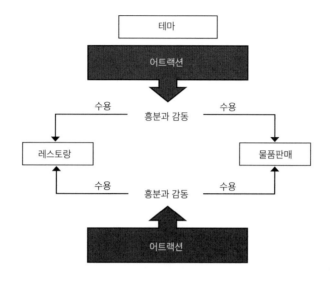

그림10-1 테마파크의 개념

(네모토, 1990에서 작성, p.9)

그럼 테마파크란 무엇인지 알아보도록 하자. 테마파크는 입장료를 받고 특정한 비일상적인 테마로 시설 전체의 환경을 만들며 테마에 연관된 상설인 동시에 유료인 어트랙션 시설이 있고 퍼레이드나 이벤트 등을 포함한 공간 전체를 연출하는 사업소로 정의된다.* 유원지 등과 비교하여 테마파크는 명확한 테마가 설정되어 있다. 먼저, 테마파크란 발생한 흥분과 감동을 수용할 수 있는 '크고 닫힌 공간'이라고도 설명될 수 있다(네모토, 1990)(그림10-1).

위와 같이, 테마파크는 호스피탈리티산업 중 레저산업에 위치하고 있으며 명확한 테마에 따라 전체 공간이 만들어져 있는 사업소

---

* 　어트랙션 시설이란 영상, 라이드(탈것), 쇼 이벤트, 시뮬레이션 가상체험(가상현실), 전시물 시설 등을 말한다(경제산업성 '2010년 특정 서비스산업 실태조사' 홈페이지로부터).

인 점이 밝혀졌다. 그럼 이 테마파크 비즈니스의 역사에 대해서 다음 절에서 확인해보도록 하자.

| 2 | 테마파크 비즈니스의 역사

(1) 해외의 테마파크 비즈니스의 역사

해외에서의 테마파크의 기원은 영국과 프랑스, 유럽, 북미 등의 귀족의 정원기술을 기초로 만들어진 플레져 가든(Pleasure Garden)이라 하는 귀족의 정원이라 한다. 17세기 후반, 이 정원은 시민에 공개되어 있었으며 여기에는 자연스레 유럽, 중동, 중국풍의 건물이 점재하여 산보나 식사, 쇼 등을 즐길 수 있었다. 18세기 런던에서는 플레져 가든 중에서도 특히 박스홀 가든(Vauxhall Garden)이 넓은 정원에 심어진 많은 관목들로 유명했고 도심 속에서 전원의 정취를 느낄 수 있는 취향을 담은 설비도 인기가 있었다(cf. 다케야마, 2008). 이 플레져 가든은 이후 도시공원으로, 구경거리나 서커스 게임 등의 오락을 즐기는 기능은 이후 유원지로 발전되어 갔다.

1843년 플레져 가든의 흐름을 잇는 것으로서 덴마크에 티볼리 공원이 지어진 것이 세계 최초의 테마파크로 여겨지고 있다(cf. 마츠이 2001). 티볼리 공원에는 코스타나 회전목마 등 소규모 놀이기구 어트랙션이나 레스토랑, 미니 카지노가 있었고 특히 일루미네이션이 유명하였다. 1873년에 오스트리아 빈의 프라터 공원에서 빈 만국박람회가 개최되었고, 1895년 프라터 공원의 모퉁이에 테마파크 '빈의 베네치아'를 개장했다.

미국에서 19세기 초에 뉴욕 맨하탄 섬에 있었던 '존스의 숲'에는 사격장, 당구, 볼링, 당나귀 타기부터 게임, 음악, 댄스에 포장마차와 유명한 호프집까지 있어 뉴욕 시민을 즐겁게 했다(이토, 1994). 1860년경 '존스의 숲'은 도시공원인 센트럴 파크와 어뮤즈먼트성 높은 유원지인 코니아일랜드로 나뉘었다. 코니아일랜드는 미국에서 최초로 본격적인 유원지였다. 그러나 20세기 중반이 되면 자동차의 보급에 의한 광범위한 이동이 가능해진 점이나 가볍게 즐길 수 있는 영화가 발달한 것 등으로 어뮤즈먼트 파크는 쇠퇴하기 시작했다.

1955년에 로스엔젤레스 교외의 애너하임에 디즈니랜드(현: 캘리포니아 디즈니랜드 리조트)가 개장했다. 그 창시자인 월트 디즈니는 어른과 아이들 양쪽이 즐길 수 있는 파크를 만들고 싶다고 생각하여 디즈니랜드를 '패밀리 엔터테인먼트', '모든 연령대의 사람들이 즐길 수 있는 건전한 공원', '지상에서 가장 행복한 곳'이라는 콘셉트으로 개장했다. 1964년에 유니버설 스튜디오 할리우드가 개장했고, 1971년 플로리다주 올랜도에 월트 디즈니 월드 리조트가 개장했다. 1983년에 도쿄 디즈니랜드, 1990년에는 플로리다에 유니버설 스튜디오 플로리다가 개장했다. 1992년에 디즈니랜드 파리, 2001년에 도쿄 디즈니씨, 2005년에 홍콩 디즈니랜드, 2016년에 상하이 디즈니 리조트가 개장했다.

(2) 일본의 테마파크 비즈니스의 역사

일본 테마파크의 선구자격으로 1965년 개장한 박물관 메이지 마을(아이치현 이누야마시)이 언급될 수 있다. 메이지 마을(明治村)은 나고야 철도의 출자로 개장되어, 메이지 시대의 건물을 보존하여 역사적 자료를 수집 관리하고 있다. 1975년에는 도에이 우즈마사 영화 마을(東映太秦映画村)(교토부 교토시)이, 1976년 시코쿠 마을(四国村)(카가와현 다카마츠시)이 개장됐다.

1983년 4월에는 도쿄 디즈니랜드(치바현 우라야스시)가 개장했다. 초기 투자액은 1,800억 엔으로 7개의 테마별 에리어가 있고 에리어마다 테마에 맞춘 어트랙션(놀이기구)과 판매점, 음식점이 설치되었다. 동년 7월 나가사키 네덜란드 마을(나가사키현 사이카이시)*이 개장했다. 나가사키현에 인연이 깊은 네덜란드의 거리풍경을 충실하게 재현하는 것에 콘셉트를 두어 만들어졌다. 이와 같은 본격적인 대형 테마파크가 등장함에 따라 이 해는 '테마파크 원년'이라고 불리었다. 1986년에는 닛코 에도 마을(도치기현 닛코시)이 개장했고, 1987년에는 종합 휴양지역정비법(리조트법)이 제정되었고, 리조트 개발이 각지에서 진행되는 것과 더불어 많은 테마파크가 개설되었다.

1990년에는 산리오 퓨로랜드(도쿄도 타마시), 도쿄 세서미 플레이스(도쿄도 아키루노시)** 스페이스월드(후쿠오카현 기타큐슈시)를 시작으로 하여 일곱 시설이 개장했다. 1992년에 나가사키 네덜란드 마을의 확대판이라고도 할 수 있는 하우스텐보스(나가사키현 사세보시)가 개장했다. 이어서 1993년에는 도부철도가 도부 월드스퀘어(토치기현 닛코시), 1994년에는 긴키일본철도가 출자하여 시마 스페인 마을(志摩スペイン村, 미에현 시마시)을 개장했다. 이러한 테마파크가 개장된 것에 의해 전술한 메이지 마을과 함께 일본의 3대 사철자본에 의한 테마파크가 개장하게 되었다. 사철들은 비교적 관광수송 비율

---

* 네덜란드 마을과 동일한 콘셉트를 가진 하우스텐보스(사세보시)가 1992년에 개장하여, 네덜란드 마을은 그 위성공원으로서 영업을 계속했지만 하우스텐보스의 경영부진 등의 영향을 받아 네덜란드 마을은 2001년 10월 21일 폐장했다.

** 도쿄 세서미 플레이스는 2006년 12월 31일 폐장했다.

■ 입장자 수(만명)

시마 스페인 마을 1,227,000

산리오 퓨로랜드 1,807,000

하우스텐보스 2,894,000

유니버설 스튜디오 재팬 14.600.000

도쿄 디즈니랜드/도쿄 디즈니씨 30.004.000

그림10-2 2017년 국내 테마파크 입장자 수 랭킹(상위 5위)
(월간 레저산업자료 2017년 9월호 발췌)

이 높은 철도사업의 이용객 증가도 꾀하여 테마파크 사업을 전개한 것이다(오쿠마 2008).

2001년 3월에 유니버설 스튜디오 재팬(오사카부 오사카시)이, 동년 9월에 도쿄 디즈니씨가 개원했다. 이 해부터 일본의 테마파크는 동서 양강시대에 접어들었다고 일컬어졌다. 1997년~2001년에 걸쳐 테마파크의 폐장이나 휴장이 잇따랐고, 그 이유로서 테마파크의 주제성의 약점이나 진부함, 계획의 치밀하지 못함이 지적되었다(야마토, 2010). 현재는 도쿄 디즈니랜드, 도쿄 디즈니씨, 유니버설 스튜디오 재팬까지 3개의 테마파크가 시장의 대부분을 차지하고 있다(그림10-2).

이렇게 발전해 온 테마파크 비즈니스가 가진 특성과 제공되는 서비스에 대해서 다음 절에서 명확히 알아보고자 한다.

| 3 | 테마파크 비즈니스의 특성과 서비스

(1) 테마파크 비즈니스의 특성

테마파크 비즈니스의 특성으로 ① 무형성, ② 동시성, ③ 불균질성, ④ 소멸성, ⑤ 고객의 참여, ⑥ 장치성, ⑦ 창조성, ⑧ 엔터테인먼트성이 거론될 수 있다. ①~⑤까지는 호스피탈리티산업에 공통되는 특성이며 ⑥, ⑦, ⑧은 테마파크 비즈니스에서 특징적으로 보여지는 특성이다. 각각에 대해서 테마파크 비즈니스의 경우를 생각해보자. 먼저 ① 무형성이란 테마파크 비즈니스에서 제공하는 서비스가 무형의 가치를 제공하고 있는 것을 말한다. 즉 즐거운 경험, 깊은 추억, 감동경험을 제공하고 있는 것이다. ② 동시성은 서비스의 생산과 소비가 동시에 이루어지는 점에서 테마파크 비즈니스에서는 종업원과의 상호작용을 통해서, 내지는 어트랙션에 타는 것에 의해서 생산됨과 동시에 소비되는 것을 말한다. ③ 불균질성이란 서비스 프로세스 혹은 활동이기 때문에 고객이 접촉하는 직원이나 어트랙션 등의 환경조건에 따라 항상 같은 경험을 할 수 있다고는 단정지을 수는 없는 것을 말한다. ④ 소멸성이란 제공되는 서비스가 즉석에서 생산 소비되는 것을 말한다. 비수기에 빈자리가 많다고 해도 쇼를 공연하며, 그때의 빈자리는 재고로 남길 수 없다. ⑤ 고객의 참가란 서비스 제공과정에서 고객에 의한 참가가 필요한 것을 말한다. 공원에서 고객이 즐겁게 보내는 모습은 다른 고객에게도 전달되어 전체의 분위기가 달라지게 된다. ⑥ 장치성이란 어트랙션 등 장치에 막대한 자금을 필요로 하는 것을 말한다. 예를 들어 도쿄 디즈니랜드의 '토이스토리 마니아!'의 투자액은 약 115억 엔. 스타투어즈 더 어드벤처즈 컨티뉴(3D라이드 어트랙션으로

리뉴얼)의 투자액은 약 70억 엔으로 각각의 어트랙션에 막대한 비용이 소모된다.

⑦ 창조성이란 항상 새로운 어트랙션 등을 기획 운영할 필요가 있음을 말한다. 여러 번 방문하도록 하기 위해서도 추가 투자를 실시하여 다양한 어트랙션을 창조하고 도입, 리뉴얼을 실시하는 것이 필수이다. ⑧ 엔터테인먼트성이란 관람객을 즐겁게 하고 감동시키는 특별한 구조가 필요한 것을 뜻한다. 놀이기구뿐만 아니라 퍼레이드나 이벤트를 다양한 장면과 장소에서 특별한 시스템을 고안하여 고객을 즐겁게 만드는 것이 중요해진다.

이러한 특성을 가진 테마파크 비즈니스에서는 어떠한 서비스를 제공하고 있는지 다음 절에서 정리하고자 한다.

(2) 테마파크 비즈니스가 제공하는 서비스

테마파크 비즈니스에서 제공되는 서비스의 기본은 첫째, 안전하며 청결한 점을 들 수 있다. 스릴 만점의 놀이기구 등은 정기적이고 세밀한 메인터넌스에 의해 안전성이 유지되고 있다. 안정성 확보는 안심하며 테마파크를 즐기기 위한 기본적인 서비스이다. 테마파크 안이 청결한 것도 기분 좋게 테마파크 내의 어트랙션이나 쇼를 즐기기 위한 기본적인 서비스이다. 둘째, 양질의 엔터테인먼트를 들 수 있을 것이다. 테마에 따른 어트랙션과 쇼, 레스토랑, 물건 판매점 등의 테마파크 비즈니스가 제공하는 서비스를 통해 고객은 마치 그 세계에 있는 듯한 기분이 들거나 스트레스를 해소하거나 감동을 경험할 수 있다. 이토(1994)[*]는 테마파크가 무대의 제

---

[*] 이토(1994)는 대접하는 것(엔터테인먼트)을 하나의 주제성 밑에서 묶어 고객들이 정감을 만끽할 수 있도록 다양한 방법을 고안하고 있는 테마파크를 엔터테인먼트 테

공자로 고객 자신이 주역이 되어 자유롭게 연기할 수 있도록 뛰어난 정감연출로 고객의 텐션을 높이고 빠져들게 하는 것이 중요하다고 말하고 있다. 그러기 위해서는 테마파크 안을 마음 내키는 대로 돌아다니는 일이나 식사, 쇼핑 모두에서도 어트랙션에 지지않는 엔터테인먼트의 높은 재미를 제공하는 것이 필요하다고 지적한다. 셋째로 감동경험을 들 수 있다. 예를 들어 첫머리에 올린 칸바야씨 씨 등은 테마파크에 가서 놀이기구를 타거나 쇼를 보거나 또는 종업원과의 관계를 지니는 것으로, 스트레스를 해소하고 즐거움이나 감동을 경험했다. 이러한 테마파크는 고객에 다양한 요인에 의한 서비스를 통해서 감동경험을 제공한다. 그 결과, 고객은 즐거운 추억을 가지고 돌아가는 것이 가능해진다. 이와 같이 추억에 남는 경험을 연출하는 것이 테마파크 비즈니스에서 고객에게 기대를 웃도는 만족을 제공하기 위한 중요한 요인이다. 파인과 길모어 (Pine & Gilmore, 1999)가 지적한 것처럼 테마파크 비즈니스에 있어서도 경험이라는 가치를 창출하는 것이 중요한 것이다.

위와 같이 테마파크 비즈니스는 8가지 특성을 가지고 있으며 여기에서 제공하고 있는 서비스는 우선 안전하고 청결하며 양질의 엔터테인먼트를 제공함으로써 고객에게 감동경험을 제공하는 것임을 알 수 있었다. 제4절에서는 이 같은 서비스를 제공하고 고객에게 즐거웠던 추억을 기억으로 계속 남기는 노력을 하고 있는 기업으로서 합동회사 USJ를 다루며 그 기업이 운영하는 테마파크인 '유니버설 스튜디오 재팬'의 발전과 도전에 대해 밝히고자 한다.

마파크로 부르고 있다.

| 4 | 유니버설 스튜디오 재팬의 발전

(1) 미국의 유니버설 스튜디오

유니버설 스튜디오 재팬의 개요를 언급하기 전에, 미국의 유니버설 스튜디오에 대해 간단히 언급하고 싶다.

1915년 칼 렘리는 양계장터에 '유니버설'이라는 영화촬영장을 개설했다. 그 촬영장을 방문한 사람들은 1인당 25센트를 지불하고 스튜디오에서 제공하는 도시락을 먹고 야외관람석에 앉아서 무성 영화가 만들어지는 모습을 보면서 즐거워했다. 그때까지는 관계자 이외에는 영화촬영 무대 뒤편을 볼 수 없었던 것이 그때 처음으로 일반에 공개되었다. 이것은 할리우드의 역사를 크게 바꾸는 사건 이었고 유니버설 스튜디오의 영화를 테마로 한 엔터테인먼트의 원점인 것으로 알려져 있다.

1964년 캘리포니아주 로스앤젤레스시의 영화 텔레비전 촬영소의 중심지인 할리우드에 유니버설 스튜디오 할리우드가 개업했다. 영화촬영 스튜디오의 전면과 뒤편을 보여주는 새로운 스타일의 테마파크로서 인기를 얻어 현재까지도 오리지널 영화나 텔레비전을 베이스로 한 라이프 엔터테인먼트를 제공하고 있다.

1990년에는 플로리다주 올랜도에 유니버설 스튜디오 플로리다가 테마파크로서 개업하였다. 1993년에는 테마파크 입구 부근에 1950년대를 테마로 삼은 유니버설 시티워크가 탄생했다. 1999년에는 플로리다 제2의 테마파크로서 Islands of Adventure가 유니버설 스튜디오 플로리다 인접지에 개업했고, 거기에 2010년 6월 18일에 영화 '해리포터'의 세계를 충실히 재현한 The Wizarding World of Harry Potter가 개장되어 인기를 얻고 있다.

현재 유니버설 스튜디오는 미국 본토의 할리우드 플로리다 이외에도, 해외에서는 일본의 유니버설 스튜디오 재팬에 더하여 2019년에 개장한 유니버설 스튜디오 싱가포르가 있다.

(2) 유니버설 스튜디오 재팬의 발전

1) 유니버설 스튜디오 재팬의 개요

사진1 유니버설 스튜디오 재팬 입구

(사진제공 유니버설 스튜디오 재팬)

1994년 12월에 대규모 테마파크의 개발·건설을 위한 계획 및 조사를 목적으로 하여 오사카시 미나토구에 오사카 유니버설기획 주식회사가 설립되었다. 1996년 2월에는 미국 법인 MCA Inc(현 Universal Studio Inc)와의 사이에서 테마파크 '유니버설 스튜디오 재팬'의 기획, 건설 및 운영에 관한 기본계약을 체결하고 상호를 주식회사 USJ로 변경했다. 1998년 3월 미국법인 Universal Studio Inc 외, 유니버설 그룹 사이에 '유니버설 스튜디오 재팬'의 기획, 건설 및 운영에 관한 라이센스 계약을 체결하고 2001년 3월 오사카시 코노하나구에 유니버설 스튜디오 재팬(Universal Studio Japan)을

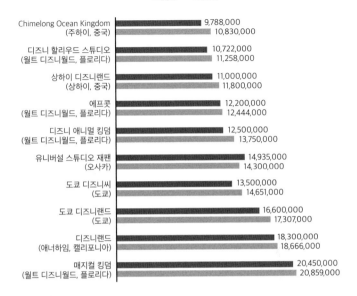

■ 2017 ■ 2018

Chimelong Ocean Kingdom (주하이, 중국)	9,788,000 10,830,000
디즈니 할리우드 스튜디오 (월트 디즈니월드, 플로리다)	10,722,000 11,258,000
상하이 디즈니랜드 (상하이, 중국)	11,000,000 11,800,000
에프콧 (월트 디즈니월드, 플로리다)	12,200,000 12,444,000
디즈니 애니멀 킹덤 (월트 디즈니월드, 플로리다)	12,500,000 13,750,000
유니버설 스튜디오 재팬 (오사카)	14,935,000 14,300,000
도쿄 디즈니씨 (도쿄)	13,500,000 14,651,000
도쿄 디즈니랜드 (도쿄)	16,600,000 17,307,000
디즈니랜드 (애너하임, 캘리포니아)	18,300,000 18,666,000
매지컬 킹덤 (월트 디즈니월드, 플로리다)	20,450,000 20,859,000

그림10-3 세계의 주요 테마파크 톱10의 2017~2018년 사이의 증감(단위:명수)

(2018년 Theme Index : Global attraction attendance report에서 발췌)

개업했다(사진1).

테마파크는 오사카시를 최대주주로 하여 주식회사 USJ가 사업주체로 출자자에 이름을 올리고 있는 스미토모금속과 히타치조선의 공장 철거지에 개업하였다. 총 공사비 1,700억 엔으로 대지면적은 540,000m²(파크면적은 390,000m²)였다.

유니버설 스튜디오 재팬은 유니버설 스튜디오로서는 3번째의 테마파크이자 일본이 첫 해외진출이었다. 개업 당시에는 8개의 에리어가 있었고 거리를 재현한 '할리우드 에리어', '뉴욕 에리어', '샌프란시스코 에리어' 영화를 바탕으로 한 '쥬라기 공원', '워터월드', 조스의 배경인 'Amity Village', 유니버설 스튜디오 재팬 독자적인 '웨스턴 에리어', '스누피 스튜디오'로 구성되었다. 어트랙션은 18개 시설로, 모두 미국에서 평판이 좋았던 것과 유니버설 스튜디오 재팬의 독자적인 것을 더불어 어트랙션이 만들어졌다.

개장 첫해 1,100만 명의 입장객을 기록했고, 이는 세계에서 가장 먼저 1,000만 명을 달성한 테마파크였다. 2012년 10월 29일에는 개업부터 추산한 누계 입장객 수가 1억 명을 돌파했다.

2014년 7월 총공사비 450억 엔을 들여 '위저딩 월드 오브 해리포터' 테마파크가 개장해 많은 관람객을 끌어모으고 있다. 이와 같이 합동회사 USJ*는 추가 투자를 하고 신규 어트랙션의 도입과 리뉴얼쇼의 신설을 실시하고 다양한 게스트의 기대에 부응하는 서비스와 세계 최고의 엔터테인먼트를 제공하고자 하고 있다. 그 결과, 유니버설 스튜디오 재팬은 세계의 테마파크 입장객 순위에서도 5위에 랭크되어, 세계의 유니버설 스튜디오 중에서도 가장 많은 입장객을 자랑하고 있다(그림10-3).

유니버설 스튜디오 재팬의 어트랙션과 퍼레이드는 국제단체 테마 엔터테인먼트 협회로부터 그 우수성을 인정받아 많은 상을 수상하고 있다(표10-2).

표10-2 유니버설 스튜디오 재팬이 수상한 어트랙션과 쇼

기획명	종류	수상한 상
워터월드	라이브스턴트 쇼	1996년도, 2017년도 THEA 어워드 수상
애니메이션 셀레브레이션	어트랙션	2002년도 THEA 어워드 아웃스탠딩 어치브먼트상

★ 2018년 10월 회사명을 '합동회사 USJ'로 변경했다.

피터팬의 네버랜드	어트랙션	2007년도 THEA 어워드 Event Spectacular 부문의 아웃스탠딩 어치브먼트 상
천사가 준 기적	쇼	2009년도 IAAPA주최 빅 E 어워드의 종합 프로덕션 부문 최우수상
매지컬 스타라이트 퍼레이드	퍼레이드	2009년도 빅 E 어워드 종합 프로덕션 부문 특별상
스페이스 판타지 더 라이드	어트랙션	2011년도 THEA 어워드 어트랙션 부문의 아웃스탠딩 어치브먼트상
피터 바우터 (Peter Vawter)	쇼	2012년도 IAAPA 주최 블래스 링 어워드, 라이브 엔터테인먼트 엑설런트 부문 최우수남성 퍼포먼스상
유니버설 레인보우 서커스		2013년도 IAAPA 주최 블래스 링 어워드, 라이브 엔터테인먼트 엑설런트 부문 최우수종합 프로덕션상
천사가 준 기적 II ~ The Song of an Angel ~	쇼	2013년도 THEA 어워드 라이브 쇼 부문의 아웃스탠딩 어치브먼트상
천사가 준 기적 III ~ The Song of an Angel ~	쇼	2017년도 IAAPA 주최 라이브 엔터테인먼트 엑설런트 부문 최우수상
바이올린 트리오	스트리트 퍼포먼스	2017년도 IAAPA 주최 Atmosphere / 스트리트 쇼 퍼포먼스 / 아웃 부문 최우수상
유니버설 스펙터클 나이트 퍼레이드 ~ 베스트 오브 할리우드 ~	퍼레이드	2018년도 THEA 어워드 라이브 쇼 스펙타큘러 부문 수상

사진2 천사가 준 기적 II ~ The Song of an Angel ~

(유니버설 스튜디오 재팬 홈페이지에서 발췌)

예를 들면 2009년에는 '천사가 준 기적'은 '빅 E 어워드'* 종합 프로덕션 부문에서 최우수상을 수상했으며 2013년에는 '천사가 준 기적 II ~ The Song of an Angel ~'이 '티어 어워드'**를 수상하여, 더 나아가 '생에 한 번은 보고 싶은 트리'의 1위에 선정되었다 (사진2).

2) 합동회사 USJ의 기업비전과 행동 규범

합동회사 USJ는 기업비전으로서 다음을 들고 있다.

'우리들은 게스트의 기대를 항상 넘어서는 '월드클래스의 경험' 을 제공하며 세계의 엔터테인먼트 리딩컴퍼니를 지향합니다.'

*   '천사가 준 기적'의 인공 크리스마스트리에 장식된 전구장식의 최다수(35만 6,097개의 전구를 사용, 2013년 10월 28일 현재)로 기네스 세계기록으로 인정되었다. 빅 E 어워드(Big E Awards)는 세계 최대의 테마파크나 상설 어뮤즈먼트 시설의 국제적 업계 단체인 IAAPA(The International Association of Amusement Parks and Attractions, 본부 미국 버지니아주)에서 주최하는 상이다.

**   티어 어워드란 세계적으로 활약하는 크리에이터 프로듀서 등이 소속된 비영리 국제단체 테마 엔터테인먼트 협회(The Themed Entertainment Association TEA)가 주최하는 상이다.

이 기업비전을 달성하기 위해 합동회사 USJ는 게스트, 거래처, 크루(종업원)*, 기업시민, 각각에 대한 행동 규범을 규정하고 있다. 예를 들면 게스트에 대해서는 ① 안전과 위생, ② 퀄리티의 추구, ③ 정보의 제공, ④ 엔터테인먼트가 거론된다. ① 안전과 위생이란 테마파크의 기본인 서비스의 기본인 안전과 위생을 최우선으로 하여 게스트에 안심하며 테마파크를 즐길 수 있도록 하는 것을 제일 행동 규범으로 삼고 있는 것을 말한다. ② 퀄리티의 추구란 게스트의 목소리에 성실히 귀를 기울여, 일의 개선에 도움되게 하는 것으로, 질 높은 서비스를 추구하는 것이다. 이 행동 규범은 후술하는 크루의 행동에 강하게 영향을 받는다. ③ 정보의 제공이란 게스트가 필요로하는 도움이 되는 정보를 보다 정확하게, 신속히 알기 쉽게 제공하는 것이다. 이런 점에서 게스트와의 커뮤니케이션의 중요성을 규정하고 있다. ④ 엔터테인먼트에서는 전원이 엔터테이너의 마음으로 행동하는 것으로 게스트에 테마파크 체험을 즐기도록 마음을 쓸 것이 규정되어 있다. 이러한 행동을 크루가 충분히 행하는 것이 가능하도록 크루에 대해 기업이 기업으로서 책임을 다하게 하는 행동 규범으로서 ① 청결한 환경으로 쾌적한 환경 만들기, ② 인격, 인권의 존중, ③ 공정한 평가를 들어, 종업원 나름의 사회를 향한 공표·약속을 하고 있다.

위와 같이 USJ가 어떠한 발전을 해 왔는지와 더불어, 이를 위해 합동회사 USJ가 걸고 있는 기업비전에 대해서 명확히 했다. 다음에는 다양한 감동을 게스트에게 제공하기 위해서 합동회사 USJ가 행하는 도전에 대해서 알아보고자 한다.

＊   유니버설 스튜디오 재팬에서는 방문하는 고객을 게스트라고 부르며, 파크에서 일하는 종업원을 크루, 쇼에 출연하는 종업원을 캐스트라고 부른다.

|5| 합동회사 USJ의 도전

(1) 브랜딩 전략의 변경

2001년에 USJ는 영화 테마파크로서 오픈했다. 캐치프레이즈는 '더 파워 오브 할리우드(2001~2002)', '영화의 세계에 뛰어들자(2003~2004)'로 하여, 젊은 층을 타깃으로 하여 체험 어트랙션과의 기능적 연결을 중시한 테마파크를 설계하였다. 그러나 2004년에 브랜드 전략의 대폭 변경을 꾀하여 타깃을 여성층, 가족층으로 변경하여, 월드클래스 패밀리 엔터테인먼트를 제공하는 테마파크로 이행하기로 했다. 테마의 확대도 이루어져 '게스트(손님)가 무엇이 될 수 있다'로 바꾸어 파크 내에서의 체험을 통한 정서적 연결을 창출하는 구조만들기를 실행하였다(그림10-4).

다시 말해서 대규모 투자에 의한 메가어트랙션을 게스트에 제공하는 것이 아니라, 시즌별로 '게스트가 무엇이 될 수 있는가' 다시 말해 테마파크 내의 다양한 체험이 가능하도록 시즌 이벤트를 개최하는 전략으로 변경한 것이다. 파크 5주년을 맞은 2006년에는

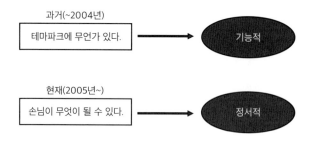

그림10-4 테마 설정의 변경
(나카이, 2013에서 일부 수정하여 작성)

캐치프레이즈를 '이야기는, 여기에서 다시 태어난다'로 하여, '피터팬의 네버랜드', 오즈의 마법사를 테마로 한 '랜드 오브 오즈' 등과 같은 일본인에게도 친밀감 깊은 스토리를 도입했다. 2011년은 10주년으로서 '사상 최대, 최고의 해피 서프라이즈'를 캐치프레이즈로 걸고, CM에 아버지와 딸을 등장시켜 보통 함께 오는 기회가 적은 아버지와 딸에게도 같이 와줬으면 하는 점을 어필했다. 2012년에는 새로운 에리어 '유니버설 원더랜드'를 오픈하여, 스누피, 세서미 스트리트, 헬로키티 등 캐릭터를 한 건물에서 만날 수 있는 에리어를 만들었다. 더 나아가, 2017년에는 '미니온 파크'를 열어 가족이 즐기는 장소로 만들고 있다.

(2) 파크체험과 감정영역 확대

이러한 브랜드 전략 변경에 따라 게스트의 테마파크 체험은 어떻게 변화했는지 생각해 보자. 2004년까지 파크에서의 체험은 어트랙션에 의존한 자극계 체험(익사이팅)이었으며, 그 체험을 통해 게스트에게 스트레스 해소와 감동을 주고 있었다(그림10-5). 게스트는 '테마파크에 무엇이 있다'고 기대하고 방문했으며, 테마파크는 놀이기구를 즐기는 장소였다. 그렇기에 테마파크는 말하자면 단일적인 가치(익사이팅이라는 자극계의 가치)를 제공하고 있던 것으로부터 새로운 어트랙션이 없는 한 잦은 이용으로 이어지지는 않는 약점을 가지고 있었던 것이다.

거기에서 게스트가 느끼는 감정영역을 확장시키거나 혹은 시프트할 수 있게 테마파크를 바꾸어갔다. 파크가 가진 강점인 신나는 체험을 할 수 있는 요소를 살리면서, 게스트가 '어떻게 될 수 있을까?'에 방점을 두었다. 즉 게스트가 파크에 와서 다채로운 즐거움,

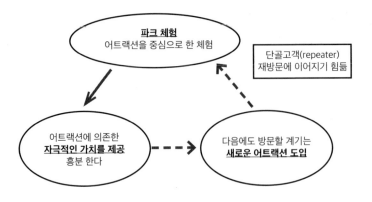

그림10-5 과거(2004년까지)의 리피트 구조

(나카이, 2013에서 일부 수정하여 작성

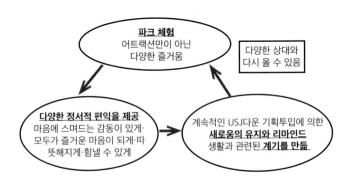

그림10-6 목표하는 리피트 구조

(나카이, 2013에서 일부 수정하여 작성)

다채로운 감정을 경험할 수 있도록 바꾸어 간 것이다(그림10-6).

놀이기구뿐만 아니라 다양한 즐거움을 경험할 수 있는 곳, 특별한 추억과 인연을 만들 수 있는 장소, 일상을 잊고 마음껏 즐길 수 있는 곳, 신선한 감동을 느낄 수 있는 장소로 설계함으로써 게스트는 마음에 가득 찬 감동을 경험할 수 있었고, 모두 다 같이 즐거운 기분을 느끼는 등 다채로운 감정을 경험할 수 있게 된 것이다. 그

사진3 매직컬 스타라이트 퍼레이드

(사진제공 유니버설 스튜디오 재팬)

결과, 게스트는 어떤 때는 연인과, 다른 때에는 친구와, 그리고 가족과 함께 여러 사람과 방문하고 싶다는 생각을 갖게 되어 단골고객(repeater)으로서 파크를 방문할 수 있게 된 것이다.

이렇듯 다채로운 정서적 편익을 게스트에게 제공하고 게스트가 단골고객이 되어 주기 위해서는 계속적인 유니버설 스튜디오 재팬다운 기획투입에 의한 새로움의 유지와 리마인드가 중요하다. 유니버설 스튜디오 재팬다운 기획투입으로는, 예를 들어 2004년에 '어메이징 어드벤처 오브 스파이더맨 더 라이드'의 도입, 2007년 궁극의 코스터로 '할리우드 드림 더 라이드', 2009년에는 밤의 퍼레이드 '매지컬 스타라이트 퍼레이드'(사진3)를 도입, 2014년에는 화제의 '위저딩 월드 오브 해리포터' 기획을 도입하는 등 유니버설 스튜디오 재팬다운 신규기획투입을 실시하고 있다.

개업 15주년을 맞이한 2016년에는 "RE-BOOOOOOOORN! 자, 지나치자, 되살아나자"를 테마로 최신예 코스터 '더 플라잉 다이너소어'를 시작으로 한 기존의 테마파크 개념을 날려버린 '지나친' 어트랙션이나 이벤트를 실시했다. 다양한 게스트의 감정편익을 자극하여 뇌를 활성화시키며, 생기 넘치게, 젊어지게 만든다는 목적으로 이뤄졌다.

사진4 할리우드 드림 더 라이드~백드롭

(사진제공 유니버설 스튜디오 재팬)

또, 새로운 기획은 그것을 시작했을 당시에는 고객을 모으는 힘이 강하지만, 그 후 뉴스 등에서 다루어지지 않으면 고객을 모으는 힘은 약해지기 마련이기에 게스트에 기억에 떠올려 주도록 리마인드를 실시함으로써 고객을 모으는 힘의 향상을 도모하고 있다. 가령 2007년에 투입된 '할리우드 드림 더 라이드'는 2013년에는 '할리우드 더 라이드 백드롭'(사진4)으로 게스트에 공개하고 기존의 어트랙션에 새로움을 부가한 것으로 다시 파크에 발을 옮기도록 했다. 2018년에는 라이브 스턴트쇼 '워터월드'의 대개편 및 진화시킨 '해리 포터 앤드 더 포비든 저니'를 등장시킨다. 그 외로도 여름이벤트나 할로윈, 크리스마스 등 계절과 가정행사를 결부시킴으로 방문객에 리마인드를 시켜, 계절이나 행사에 맞춰 게스트가 새로운 감동을 경험할 수 있도록 하고 있는 것이다.

또, 유니버설 스튜디오 재팬의 본질에서 벗어나지 않는 형태의 다른 기업과의 협업 기획을 내걸고 있는 것도, 게스트에게 다채로운 즐거움을 제공하기 위한 중요한 역할을 담당하고 있다.

가령, 여름 시즌에는 인기 애니메이션 "원피스"(2007년, 2010년~)쇼, 겨울 시즌에는 인기 게임 "몬스터 헌터"(2011년, 2012년, 2014년)를 주제로 한 이벤트 "몬스터 헌터 더 리얼" 등을 개최하였다. 투자액이 작기는 하지만 기간한정과 화제성으로 고객유치 효과가 큰 이러한 이벤트는, 유니버설 스튜디오 재팬의 순항을 지탱하는 요인 중 하나이다.

(3) 크루의 역할과 교육제도

1) 크루의 역할의 중요성

2005년부터 실시한 브랜드 전략 변경과 테마 확대에 의해 지금까지 이상으로 크루의 역할이 중요해지고 있다. 즉, 어트랙션에 의존하지 않는 다채로운 즐거움을 게스트에게 제공하고 그 결과 게스트에게 다양한 정서적 감동을 경험하게 하기 위해서는, 이러한 요소들을 크루가 게스트에 제공해주는 것이 필요하기 때문이다. 이를 위해 2009년 합동회사 USJ는 매지컬 모먼트 프로젝트(Magical Moment Project)라는 새로운 프로젝트를 시작하여, 2014년부터는 '매지컬 모먼트 프로그램 체계(이하 MMP체계로 표시)'를 실행하고 있다. 이 MMP체계는 5가지 층으로 구성되어 있다(나카이, 2019)(그림10-7).

일단 첫 번째 레이어인 "있을 수 없는 두근거리는 즐거움"이라는 브랜드는 ① 월드클래스 엔터테인먼트 ② 비일상을 연출하는 엔터테인먼트 공간 ③ 긍정적 상호작용(Positive Interaction)의 3가지 요소로 구성되어 있다. 이러한 요소들 중에서도 '긍정적 상호작용'은 크루에 의해서만 실현할 수 있는 것이기에, 그것을 실행하기 위한 크루의 있어야 할 바람직한 자세로서 "유니버설 스튜디오 재팬의 크루는, 게스트 한 사람 한 사람과 마음을 서로 소통하며 게스트에게 세계 최고의 미소를 짓게 만들겠습니다"를 내걸고 있다. 그

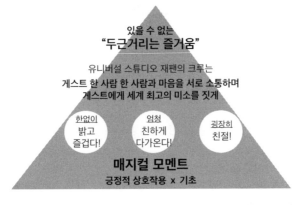

그림10-7 매니절 모멘트 체계(나카이, 2019)

럼, 이 크루의 본연의 모습이 실현되었을 때 크루는 게스트로부터 어떠한 이미지로 보이고 싶은가?

그것은 "한없이 밝고 즐겁다", "엄청 친하게 다가온다", "굉장히 친절하다"라는 이미지다. 이 이미지는 크루가 '긍정적 상호작용' 즉 적극적으로 크루가 게스트에 대하여 말을 거는 것에 의해 "매지컬 모먼트(Magical Moment)"를 만드는 것으로 실현되는 것이다. '매지컬 모먼트'란 '긍정적인 상호작용'에 의해 게스트와 크루의 마음이 서로 통하게 된 순간을 가리킨다.

또 긍정적 상호작용을 할 때 게스트와의 대응에 있어서 기본을 충실히 한 후에 말을 거는 것이 중요하기 때문에 5개의 기본 포인트를 주고 있다. 그것들은 Behavior(행동), Appearance(몸가짐), Safety(안전), Information(정보), Cleanliness(청결)이며 5개의 포인트의 이니셜을 따서 "BASIC"라고 부르고 있다. 그것들을 지키고 행동하는 것으로 유효한 '긍정적 상호작용'이 생긴다. 이 긍정적 상호작용과, 'BASIC'에 의해서 "매지컬 모먼트(Magical Moment)"가 생겨나, 게스트가 다양한 정서적 감동을 경험하게 할 수 있는 것이다.

그 순간을 게스트와 크루가 공유하는 것으로 인해, 쌍방에 부가가치가 주어진다. 게스트와 크루의 마음의 교류가 생겨나고, 그것은 게스트에게 감동과 만족감을 주고 파크로의 재방문을 이끌게 된다. 크루에게는 게스트에게 말을 걸면서 생기는 게스트와의 관계성에 따라 직접 게스트로부터의 반응을 얻을 수 있는 기회가 많아짐으로써 일에 대한 동기 향상에 연결되는 것이다.

2) 교육제도의 내실화

크루가 게스트에게 'BASIC'을 바탕으로 "긍정적 상호작용"을 행하고 많은 "매지컬 모먼트(Magical Moment)"를 만들기 위해서는, 크루의 일에 대한 동기부여가 필요하며, 그를 위해서는 충실한 교육제도가 불가결하다.

오리엔테이션에서는 접객을 하는 데 있어서 기본적인 대응으로서 스마일, 아이 콘택트, 말의 씀씀이, 자세를 포함한 네 가지의 기본적 트레이닝을 하고 있다. 이는 스마일, 아이 콘택트가 제6장에서 다루었던 것과 같이 게스트에 호감을 지니고 있는 것을 전하고자 커뮤니케이션을 시작하기 위한 눈에 띄는 중요한 행동이고, 말의 씀씀이나 자세는 상대방에게 경의를 갖고 있는 것을 보여주는 매너 중 하나이기 때문이다.

또 매지컬 모먼트(Magical Moment)의 연수에서는 예를 들어 스크린에 투영된 배가 눈에 띄게 나온 여성과 초등학생 아이의 사진을 보고 어떻게 말을 걸지를 생각한다. 열다섯 명이 세 그룹으로 갈라져서 30초 만에 몇 가지 말을 생각해 내는지를 겨룬다. 매뉴얼에 나와 있는 말이 아닌 크루 자신의 언어로 말을 거는 것으로, 게스트가 친근하게 느끼는 커뮤니케이션을 시작하게 하는 것이 가능하다. 실제로 매지컬 모먼트(Magical Moment)를 시작한 이후로, 게스트

만족도 조사에서 크루의 대응을 체크하는 게스트가 증가하고 있다고 한다. 크루는 담당부서의 일을 최우선으로 하면서도 '긍정적인 상호작용'으로 게스트와 적극적인 커뮤니케이션으로 게스트에게 기대 이상의 감동과 만족감을 주고 있다.

또 정사원의 연수로는 자기성장과 선택기회의 제공을 통해 종업원 스스로가 주체적으로 캐리어 형성을 해가는 것이 가능하도록 서포트 시스템이 제공되고 있다. 자기성장을 위한 사내교육으로서 ① 유니버설 아카데미라는 사내 대학에서 '마인드', '비즈니스', '프로페셔널'이라는 3축을 설정하여 각각의 축을 다뤄가기 위한 연수 기회를 제공하고 있다. ② 선택기회의 제공으로서 사원을 대상으로 한 사내공모제도가 있어 자신이 캐리어 찬스를 잡을 수 있는 기회가 제공되고 있다. 그를 위해 캐리어 면담 또는 이동 희망을 수시로 신청할 수 있는 환경이 정비되어 있다. 또한 사원의 평가와 경력에 대해 매년 목표설정을 하는 목표관리제도를 도입하여 실적 목표, 업무달성을 위해 필요한 업무수행능력에 대해 상사와 상담한다. 이로 인하여 자기성장 및 회사 상사로부터의 기대치를 알게 되는 기회도 부여받고 있다.

(4) 합동회사 USJ의 도전

합동회사 USJ는, "크루야말로 최고의 어트랙션"의 위치에 놓는 MMP체계를 시작했다. 크루가 게스트에게 웃는 얼굴로 아이 콘택트를 하며 인사를 함으로써 게스트에게 환영의 마음을 느껴지게 하거나 친근해지기 쉽게 느껴지게 하는 것이 가능하다. 크루 자신의 언어로 커뮤니케이션의 계기를 만듦으로써 새로운 관계성이 생겨난다. 이에 따라 매뉴얼에 정해진 대응을 하는 고정적 서비스를 제공하는 것이 아니라 게스트와의 관계 속에서 게스트의 니즈에 맞는 대응을 임기응변으로 행하는 응용적 서비스를 제공하게 된다. 따라서 항상 게스트의 니즈에 맞는 대응을 할 수 있을지 어떨지 확실성은 낮고 오히려 불확실성이 높은 상황에서 서비스를 제공하게 된다(제1장을 참조).

그래도 굳이 '긍정적 상호작용'을 통해 게스트와 커뮤니케이션을 하는 것은 게스트와의 교류를 통해 게스트의 니즈를 이해하거나 만족도를 알 수 있기 때문이다. 또 게스트 자신이 알아차리지 못하는 니즈를 찾음으로써, 그것을 제공하는 것도 가능할 것이다. 크루와 게스트가 협동함으로써 새로운 어트랙션, 쇼 이벤트 등의 힌트를 얻거나, 신규 개발에 응용하는 것도 가능한 것이다. 이것은 합동회사 USJ가 기업비전을 달성하기 위해 게스트에 대한 행동 규범으로 들고 있는 것이기도 하다. 게스트와의 관계성 속에서 크루는 자신의 행동이나 말로 게스트가 기뻐하거나 감동하고 있는 모습을 가까이에서 볼 수 있기에, 크루의 동기도 향상된다. 이와 같이 합동회사 USJ는 개인의 호스피탈리티에 의지하는 것이 아닌, 조직적 호스피탈리티를 창출하여 게스트에게 기억에 남을 감동적인 경험을 제공하는 시스템을 만들고 있다.

합동회사 USJ가 조직으로서 파크 안에서의 호스피탈리티로서의 "매지컬 모먼트"를 만들어 내고, 그 결과 감동경험을 게스트에 제공하고 있는 구조를 정리해 보자(그림10-8).

파크는 어트랙션 쇼의 신규기획 개발과 유지, 계절별 신규기획, 연속 추가 투자, 유니버설 스튜디오 재팬의 본질로부터 벗어나지 않는 콜라보레이션에 의해서 창조적이며 엔터테인먼트성이 높은 어트랙션이나 쇼가 유지되며, 추가로 상품 메뉴 개발, 친근해지기 쉬운 캐릭터, 테마별 물품 판매점과 음식점, 안전하고 깨끗한 파크로 인해 테마파크가 유지되고 있다. 또한 합동회사 USJ의 콘셉트

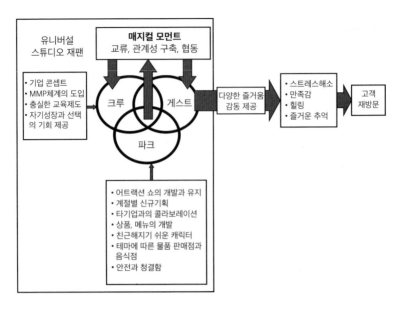

그림10-8 유니버설 스튜디오 재팬의 구조

(필자 작성)

'MMP체계'의 추진, 충실한 교육제도, 자기성장과 선택기회 제공 등에 의한 게스트와의 "긍정적 상호작용"을 통해 교류를 창출하고 있다. 게스트는 창조적으로 엔터테인먼트성 높은 어트랙션을 탈 뿐만 아니라 크루와의 교류를 통해 스트레스 해소, 치유, 감동경험을 한다. 이로 인해 추억에 남은 경험을 다시 한번 하고 싶기에 게스트는 다시 파크를 방문하여, 크루로부터 걸어오는 말에 의해 발생하는 '매지컬 모먼트'에 감격을 하고 게스트와 크루의 감정적 연계가 양성됨으로써, 다시 크루와 관계를 맺고 싶어 파크를 두 번 세 번 방문하는 게스트도 있다. 이것은 관광지에 있어서 처음에는 아름다운 경치에 감격을 하지만 두 번 세 번 방문하는 사람은 그 땅의 사람들과의 관계에 감격하여 다시 방문한다는 선행 연구를 지지하는 것이다(Pena, Jamilena & Molina, 2013). 크루와의 커뮤니케이션에 있어서 기대 이상의 즐거움을 얻는다면, 만족도는 크게 향상되고 체재시간 연장에도 기여한다(야마구치, 2008).

이와 같이 유니버설 스튜디오 재팬은 테마파크의 사명이기도 한 안전하고 질 높은 어트랙션을 제공하는 것 외에도 게스트, 크루, 테마파크와의 정서적 유대를 중시하고 있는 새로운 형태의 테마파크이다. 이것은 어트랙션이나 쇼를 중시하여 크루가 매뉴얼에 따른 대응을 하여 게스트가 요청한 정보만을 전달하는 최소한의 형태의 관계를 맺고 있고 있는 기존의 테마파크와 다르다는 것을 의미한다. 합동회사 USJ는 크루, 그리고 파크 전체가 게스트에게 다가가서 게스트를 끌어들여, 협동하여 감동을 만들어 간다고 하는, 말하자면 현존하는 테마파크에는 없는 형태를 만들어 나가려 도전하고 있는 것이다. 이것이 유니버설 스튜디오 재팬의 매력이자, 게스트에게 감동을 계속 주고 있는 이유이기도 하다.

호텔도 테마파크인가?

**사진1 애니멀 킹덤 빌라(Disneys Animal Kingdom Villas)
키다니 빌리지(Kidani Village)**

(디즈니 애니멀 킹덤 홈페이지에서 발췌)

디즈니 애니멀 킹덤(Disneys Animal Kingdom)[*]에서 하루를 즐겁게 보낸 후 호텔에 숙박하여, 다음 날 아침 베란다로 나가니 눈앞에 기린이 있었다. 당신은 놀라움과 감동으로 가득차게 된다. 파크를 떠나도 당신의 감동은 계속될 것이다.

이러한 놀라움과 감동을 주는 호텔인 디즈니 애니멀 킹덤 빌라(Disneys Animal Kingdom Villas)[**]는 키다니 빌리지(Kidani Village)와 점

---

[*] 디즈니 애니멀 킹덤은 미국 플로리다주 올랜도에 있는 월트 디즈니 월드 리조트에서 네 번째로 큰 애니멀 테마파크 중 하나이며 250종, 1700여 마리의 동물이 살고 있는 테마파크이다. 1998년 4월에 개업했다.

[**] 이 호텔은 월트 디즈니 컴퍼니의 오피셜 호텔이며, 디즈니 애니멀 킹덤에서 셔틀버스로 약 5분 거리에 위치하고 있다. 이 연구는 JSPS 과학비 246110018의 지원을 받았다.

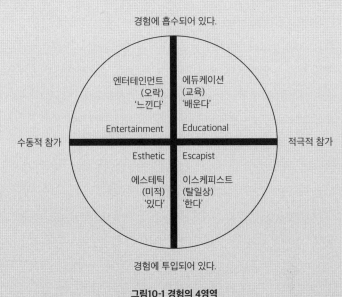

경험에 흡수되어 있다.

| 엔터테인먼트
(오락)
'느낀다'

Entertainment | 에듀케이션
(교육)
'배운다'

Educational |

수동적 참가   적극적 참가

| Esthetic
에스테틱
(미적)
'있다' | Escapist
이스케피스트
(탈일상)
'한다' |

경험에 투입되어 있다.

그림10-1 경험의 4영역
(Pine & Gilmore, 1999에서 일부 수정 작성, p. 57)

보 하우스(Jumbo House)의 2가지로 구성된 빌라 타입(부엌 포함 객실)의 호텔이다(사진1).

이 호텔은 숙박 사업이면서도 테마파크 비즈니스가 제공하는 서비스를 제공하는 호텔이다. 양쪽의 사업은 감동적인 경험을 제공하는 것이 중요하나, 그 경험은 고객에 있어서 여러 가지 차원에서 인식되게 된다(Pine & Gilmore, 1999)(그림10-1).

그림10-1에 나타낸 첫 번째 축인 가로축은 고객 참가의 본연의 모습이며, 이것에는 수동적 참가와 적극적 참가가 있다. 수동적 참가는, 콘서트나 영화를 보러 가는 등으로, 고객은 제품이나 서비스에 직접적으로 관계하거나 영향을 미치지 않는다. 적극적 참가는 스키나 스케이트를 타는 등 고객이 경험으로 이어지는 이벤트나 행동에 적극적으로 관여하는 것을 말한다.

둘째 축인 세로축은 고객과 경험을 깊게 잇는 관계성, 상황성이며 고객이 경험에 흡수되어 있는 상태와 고객이 경험에 투입되어 있는 상태가 있다. 전자는 정신없이 TV 프로그램을 보고 있는 등 고객이 그 경험에 열중해 있는 상태를 가리킨다. 후자는 테마파크에서 어트랙션에 참가하는 등 고객이 그 경험에 물리적으로 혹은 가상으로 파고들어 경험의 일부가 된 상태를 가리키고 있다. 이 두 축을 조합하는 것으로 경험의 4영역이 정해진다.

영역1 엔터테인먼트(Entertainment, 오락)

연극이나 댄스 보기, 음악 듣기 등을 통해서 즐기며 치유되는 등의 감각을 수동적으로 흡수하는 경험을 가리킨다. '느끼는' 경험이다.

영역2 에듀케이션(Educational, 교육)

미술관에서 회화 감상 강습을 받기도 하고, 가이드가 딸린 투어에 참가하는 등 고객이 적극적으로 참여하여 경험에 흡수되어 '배우는' 경험이다.

영역3 이스케피스트(Escapist, 탈일상)

깊이 경험에 파고드는 상태이다. 예를 들어 테마파크 카지노 등의 대표적인 이스케피스트 경험 시에는, 수동적으로 다른 사람이 하는 일을 바라보는 것이 아니라 스스로 자신이 등장인물이 되어 이벤트에 참여한다. '하는' 경험이다.

영역4 에스테틱(Esthetic, 미적)

고객 자신이 스스로 투입하는 구체적인 이벤트나 환경에 영향을 주는 것은 거의 없고, 대부분 미술관이나 테마파크에 가는 등 거기에 '있는' 경험이다.

사진2 Kidani Village 로비

사진3 드럼 카페에서의 연주

사진4 복도

사진5 카펫에 숨겨진 미키

사진6 아프리칸풍 객실 도어

사진7 키친테이블의 미키

위와 같이 경험에는 4가지 영역이 있고 고객에게 기억에 남는 감동을 제공하기 위해서는 4가지 경험 모두를 제공하는 노력이 필요하다. 그럼, 디즈니 애니멀 킹덤 빌라에서는 어떻게 그러한 영역을 경험할 수 있는지, 아래의 예로부터 생각해보도록 하자.

사진8 침대 위에 타올로 만든 미키

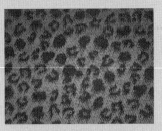

사진9 카펫에도 숨겨진 미키

사진10 테라스에서 보이는 동물

　동물을 좋아하는 당신이 매직 킹덤에서 라이온킹 댄스와 아크로바트(곡예사)의 쇼를 본 후 사파리 트럭에서 사바나를 둘러싼 동물들과 만나고, 잔뜩 흥분해서 파크에서의 체류를 즐겼다.

　그 후 호텔로 돌아가서 아프리칸 테이스트 호텔 로비(사진2)를 지나 레스토랑으로 가서 아프리카 요리를 먹는다. 그 후, 아프리카 드럼 연주를 듣고 당신도 연주에 참가한다(사진3). 그 후 당신은 다시 객실로 돌아가는 도중에 복도 카펫의 숨은 미키를 발견했고(사진4, 사진5), 객실의 문(사진6)을 열자 키친 테이블(사진7)이나 침대 위의 미키(사진8)와, 카펫에도 숨겨진 미키(사진9)를 발견했다. 테라스에 나오면 거기에는 파크에서 본 듯한 사바나뷰가 펼쳐지고 동물들을 볼 수 있었다(사진10).

　위의 예로 당신이 4가지 경험을 하고 있다는 것을 알 수 있다(그림10-2).

영역① 엔터테인먼트 '느끼는' 경험 쇼를 보고 감동한다. 호텔의 분위기에 감동한다. 드럼 연주를 듣고 치유된다. 등	**영역②** 에듀케이션 '배우는' 경험 아프리카의 동물에 관한 지식을 얻는다. 아프리카 드럼을 치는 법을 배운다. 아프리카의 민예품에 대해 배운다 등
영역④ 에스테틱 '있는' 경험 테마파크에 있다. 호텔 로비에 있다. 베란다에서 동물을 본다. 등	**영역③** 이스케피스트 '하는' 경험 사파리 투어에 참가한다. 아프리카 음식을 먹는다. 드럼을 친다. 숨은 미키를 찾는다. 등

그림10-2 호텔에서의 4가지 영역의 경험

이처럼 호텔에서도 테마파크와 같은 경험을 할 수 있도록 디자인되어 있는 것이다. 이와 같이 월트 디즈니 컴퍼니의 도전은 계속되고 있다.

옮긴이의 말

　이 책은 관광학, 산업·조직심리학, 사회심리학을 전문 연구 분야로 하여 호스피탈리티 매니지먼트, 고객만족, 고객 심리, 종업원 심리 등의 주제에 관한 저서를 다수 저술한 야마구치 카즈미(山口一美) 일본 분쿄대학 국제학부 교수의 『感動経験を創る! ホスピタリティ・マネジメント』[改訂版](創成社, 2019)의 번역서이다.

　국내에 소개된 일본 호스피탈리티 경영서가 흔치 않은 상황에서 이 책을 국내 독자들에게 선보이게 된 계기는, 역자 자신이 한국산업인력공단의 일본 해외취업 알선업무에 종사하며 느낀 개인적 소회에서 기인하였다.

　일본 취업 방문상담을 위해 공단을 찾아온 청년 구직자들이나, 공단의 일본 취업전략 설명회장을 찾은 학생들, 관광산업일자리 박람회에서 면접기회를 갖기 위해 부스를 찾은 이들이 역자를 볼 때마다 가장 자주 묻던 질문은, "관광업계 취업을 위해서는 무엇을 어떻게 준비하면 될지?"하는 점이었다.

　물론 많은 구직자들도 나름대로 취업을 원하는 호텔 등의 홈페이지에서 정보를 찾거나 하긴 하였으나, 홈페이지 등을 훑어 얻은 피상적인 정보만으로는, 일본 취업에서 요구되는 기업연구(企業研究)의 준비는 어느 정도 되었다 할 수 있을지 모르나, '호스피탈리티산업이란 과연 무엇이며, 자신은 이 분야에서 어떻게 활약할 수 있는가'라는 자기분석(自己分析)에 이르기에는 턱없이 부족할 것이라는 것이 이전부터 가져온 소회였다. 수차례에 걸친 심층적인 면접으로 평생 기업과 함께할 인재를 신중히 결정하는 일본의 채용 시스템을 생각해 볼 때에 기업연구와 자기분석 중 어느 하나라도 결여될 시에 채용내정을 받는 것은 난망할 일일 것이 자명해 보였다.

특히나 우리나라의 영어/일어 등 어학력 우수한 다수의 구직자들이 단지 방향성을 못 찾아서 원하는 관광업계 취업을 이루지 못하는 것은 개인뿐 아닌 국가적 손실일 것이라는 생각이 업무에 종사하며 내내 가시질 않았다.

이에 책임감을 느낀 역자는 촌음을 아껴 주말 등을 활용하여 국내에 소개할 만한 일본에서 나온 호스피탈리티 분야 관련서를 찾기 시작하였다. 찾으면서 느낀 점은, 의외로 일본에서도 호스피탈리티산업 종사자의 개인적 체험을 담은 류의 책은 흔하게 쏟아져 나오고 있었으나, 단순한 체험담의 수록뿐 아니라 호스피탈리티 업계에 대한 소개, 호스피탈리티산업에 대한 이론의 소개를 망라한, 취업준비생들 및 대학의 교재로서 소개할 만한 호스피탈리티 관련서는 좀처럼 찾아보기 쉽지 않았다는 사실이었다.

그러한 모색 끝에 이번에 독자들께 소개하는 본서, 『새로운 인간관계를 창출하는 경영전략 - 일본의 호스피탈리티 매니지먼트』는, 그러한 상황 속에서 찾아낸 한 알의 진주와도 같은 책이라고 해도 과언이 아니다. 2015년 첫 출판 이래 지속적으로 일본 곳곳의 대학에서 대학교재로 활용되어 온 스테디셀러였고, 또한 마침 2019년 10월에 책의 곳곳을 최신 정보로 개정한 개정판이 출판되었기에 국내 독자들에게 소개하기에 이만한 책이 없으리라는 것이 역자의 생각이다.

특히 이 책에서 거론하는, 고객을 대하는 마음가짐에 대한 소개 -대표적으로, 일본의 호스피탈리티산업에서 빠질 수 없는 개념이나, 국내 취업준비생으로서는 이해가 부족할 수 있는 일본 고유의 환대의 마음을 담은 용어 '오모테나시(おもてなし)'에 대한 본서 곳곳에서의 소개- 및, 일본에 있어서의 숙박비즈니스의 역사 및 용어, 숙박업 업무 사이클을 전문적으로 다룬, 9장 호시노리조트 파트는 취업준비생 독자들에게 여러 번 정독하여 취업 면접 및 채용

후 업무 등에 활용하여 주시기를 적극 권면한다. 뿐만 아니라, 호스피탈리티 업계 희망자들에게 선망의 대상이며, 실제로도 한국인 스태프의 채용도 있던 유니버설 스튜디오 재팬(USJ)과, 일본항공(JAL), 주식회사 JTB도 본서에서 각각의 파트를 할애하여 상세히 다루고 있으니 해당 기업 내지 동종기업을 준비하는 취업준비생에게는 특히 큰 도움이 되기를 바라는 마음이다. 또한 국내의 호스피탈리티 경영 관련 학과에서도 일본의 호스피탈리티 매니지먼트를 이해하기 위한 좋은 교재로서 활용할 수 있으시기를 바라는 바이며, 뿐만 아니라 동종업계 종사자분들에게도 참고할 만한 좋은 경영서가 되었으면 한다.

끝으로, 개인적인 감사의 말로 옮긴이의 말을 맺고자 한다.

역자 개인적으로도 일본에서 유학생활을 했던 경험을 살려 국내에 소개할 만할 좋은 교과서를 한 권 국내에 소개하고자 하는 소회가 전부터 있어왔으나, 그러한 소회가 소회로 끝나지 않도록 어려운 와중에도 이렇게 독자들께 선보일 수 있게 도움을 아끼지 않아주신 어문학사 윤석전 대표님과 편집부에 감사의 말씀을 드린다.

또한 공단에서 겪었던 해외취업 알선경험이 없었다면 이러한 취업 준비생과 해당학과에 요긴한 교과서의 필요성을 인지할 수도 없었을 것이다. 지도편달을 아끼지 않으며 해외취업 알선업무에 종사하게 해주신 공단의 선배님들께, 업무에 지원을 아끼지 않은 공단의 후배님들께 지면을 빌려 다시 한번 감사의 말씀을 드린다.

마지막으로, 어린시절 책에 대한 관심을 갖게 해주셨던 할아버님, 일본어에 대한 관심을 갖게 해주셨던 할머님, 사랑과 은혜를 베풀어주신 부모님께 지면을 빌려 감사의 말씀을 드린다.

2021년 5월 길일

김용범

1장　호스피탈리티와 서비스

浅井慶三郎 2003 サービスとマーケティング(増補版) 同文館

浅野浩子 菊地史子 2010 ホスピタリティの表現研究―ビジネス マナー編―

Bardi, J. A. 2003 *Hotel from office management*. 3ed. John Wiley & Sons.

Besson. R. M. 1973 Unique aspects of marketing of services. Arizona Business Bulletin, 9. Nov., 9.

Blois, K. J. 1975 The marketing of services An approach. European Marketing Journal, 1, 153.

Brotherton, B. 1999 Hospitality management research Towards the future? B.Brotherton(Ed.) *The handbook of contemporary hospitality management research*. John Wiley & Sons.

Cohen, J F., & Olsen, K. 2013 The impacts of complementary information technology resources on the service-profit chain and competitive performance of South African hospitality firms. *International Journal of Hospitality Management*. 34, 245-254.

Fisk, P. Grove, S. L.. & John, J. 2004 Interactive services marketing. Houghton Mifflin Company 小川孔輔 戸谷圭子(監訳) 2005 サービス マーケティング入門 法政大学出版局

Fitzsimmons, J. A., & Fitzsimmons, M. J. 2006 *Service management*. McGraw-Hill, Fifth ed.

Grönroos, C. 1990 *Service management and marketing Managing the moments of truth in service completion*. Lexington Lezington Books, 27 白井義男(監修) 平林祥(訳) 2004 サービス マネジメント―統合的アプローチ 上 ピアソン エデュケーション

Han, H., & Jeong, C. 2013 Mult-dimensions of patrons emotional experiences in upscale restaurants and their role in loyalty formation Emotion scale improvement. *International Journal of Hospitality Management*. 32, 59-70.

服部勝人 2004 ホスピタリティ マネジメント入門 丸善

平井誠也(編) 2000 思いやりとホスピタリティの心理学 北大路書房

平野文彦 2001 ホスピタリティ ビジネスII 税務経理協会

久松真一 2014 茶道の哲学 講談社

飯嶋好彦 2001 サービス マネジメント研究 文眞堂

今枝昌宏 2010 サービスの経営学 東洋経済新報社

Jung, H. S., & Yoon, H. H. 2013 Do employees' satisfied customers respond with an satisfactory relationship? The effects of employees' satisfaction on customers' satisfaction and loyalty in a family restaurant. *International Jounal of Hospitality Management.* 34, 1-8.

岸田さだ子 山上徹 2012 サービス対ホスピタリティの本質的な相違性 山上徹(編著) ホスピタリティ ビジネスの人材育成 白桃書房 Pp. 16-27

古閑博美 2003 ホスピタリティ概論 学文社

小宮路雅博 2012 サービスの特性とサービス マーケティング 小宮路雅博(編著) サービス マーケティング 創成社 Pp. 1-15.

近藤隆雄 2004 サービス マネジメント 入門 生産性出版

近藤隆雄 2013 サービス マネジメント入門 ものづくりから価値づくりの視点 第3版 生産性出版

Kotler, P., Bowen, J., & Makens, J. 1996 *Marketing for hospitality & tourism.* Prentice-Hall, Inc. ホスピタリティ ビジネス研究会(訳) 1997 ホスピタリティと観光のマーケティング 東海大学出版会

Looy B. V., Gemmel, P., & Dierdonck, R. V 2003 *Services management an integrated approach.* Pearson Education Limited. 白井義男(監修) 平林祥(訳) 2004 サービス マネジメント—統合的アプローチ上 ピアソン エデュケーション

Lovelock, C., & Wright, L. *1999 Principles of service marketing and management.* Prentice-Hall. 小宮路雅博(監訳) 高畑泰 藤井大拙(訳) 2002 サービス マーケティング原理 白桃書房

前田勇 1995 観光とサービスの心理学 学文社

前田勇 2006 ホスピタリティと観光事業 観光ホスピタリティ教育1 4-16

前田勇 2007 現代観光とホスピタリティ—サービス理論からのアプローチ 学文社

新村出(編) 1993 広辞苑第四版 岩波書店

Pine, II B. J., & Gilmore, J. H. 1999 *The Experience economy.* Strategic Horizons LLP 岡本慶一 小高尚子(訳) 2013 経験経済脱コモディティ化のマーケティング戦略 ダイヤモンド社

Powers, T 1988 *Introduction to the hospitality industry.* John Wiley Sons.

Sasser, W E. Jr., Heskett, J. L., Schlisinger, L. J., Loveman, G. W., & Jones, T O. 1994 Putting the service-profit chain to work. *Harvard Business Review,* March-April. 小野譲司(訳) 1994 サービス プロフィット チェーンの実践法 ダイヤモンドハーバード ビジネスレビュー ハーバードビジネス

千宗屋 2011 茶 利休と今をつなぐ 新潮新書

千宗屋 2013 もしも利休があなたを招いたら—茶の湯に学ぶ"逆説"のもてなし

KADOKAWA

Spinelli, M. A., & Canavos, G. C. 2000 Investigating the relationship between employee satisfaction and guest satisfaction. Cornell Hotel and Restaurant Administration Quarterly, December, 29-33.

高橋秀雄 1998 サービス業の戦略的マーケティング 第2版 中央経済社

竹内慶司 片山富弘 2011 市場創造―マーケティング 顧客満足とリレーションシップ 学文社

徳江順一郎 2011 関係性とサービス ホスピタリティ概念 徳江順一郎(編著) サービス & ホスピタリティ マネジメント 産業能率大学出版部 Pp. 35-53.

徳江順一郎 2013 ホスピタリティ マネジメント 同文館出版

山上徹 1999 ホスピタリティ 観光産業論 白桃書房

山上徹 2011 ホスピタリティ精神の深化―おもてなし文化の創造に向けて 法律文化社

山岸俊男 1999 安心社会から信頼社会へ 中公新書

山岸俊男 2011 信頼の構造 こころと社会の進化ゲーム 東京大学出版会

山口一美 2010 ホスピタリティ マネジメント 山口一美 椎野信雄(編著) はじめての国際観光学 創成社 Pp. 67-77

余田拓郎 2000 カスタマー リレーションの戦略論理 白桃書房

吉田勇 名東孝二(編) 1994 ホスピタリティとフィランソロピー―産業社会の新しい潮流 税務経理協会

1장 칼럼 | 대인관계를 원활하게 하기 위해서

Goldstein, A. P., Sprafkin, R. P. Gershaw, N. J., & Klein, P. 1980 Skill streaming the adolescent A structured learning approach to teaching prosocial skills. Research Press.

本田周二 安藤清志 2012 なぜ友だちとうまくいかないのか? 永房典之(編著) なぜ人は他者が気になるのか? 人間関係の心理 金子書房

堀毛一也 1994 恋愛関係の発達 崩壊と社会的スキル 実験社会心理学研究 34. 116-128.

菊地章夫 1988 思いやりを科学する―向社会的行動の心理とスキル 川島書店

菊地章夫(編) 2007 社会的スキルを図る― Kiss-18 ハンドブック 川島書店

菊地章夫 2014 さらに思いやりを科学する―向社会的行動と社会的スキル 川島書店

2장 경영관리 - 서비스 마케팅

浅井慶三郎 2003 サービスとマーケティング増補版 パートナーシップマーケティング
への展望 同文舘出版

Booms, B. H., & Bitner M. J. 1981 Marketing strategies and organizational structures for service firms. *Marketing of Services,* In, J. H. Donnelly & W R. George.(Eds.) Chicago American Marketing Association, Pp. 47-51.

Cross. R. G., Higbie, J A., & Cross, D. Q. 2009 Revenue managemenfs renaissance A rebirth of the art and science of profitable revenue generation. *Cornell Hospitality Quarterly,* 50(1) 56-81.

DeKay, F., Toh, R. 1. S., & Raven, P 2009 Loyalty programs Airlines outdo hotel. *Cornell Hospitality Quarterly,* 50 (3) 371-382.

Dreze, X, & Nunes, J. C. 2009 Feeling superier the impact of loyalty program *structures on consumer"s perceptions of status. Journal of Consumer Research,* 35(6) 890-905.

Fisk. R. P., Grove, S. J., & John, J. 2004 *Interactive Services Marketing.* 2nd Houghton Mifflin Company 小川 孔輔 尸谷圭子(監修) 2005 サービス マーケティング入門 法政大学出版

George, W R., & Berry, L. L. 1981 Guidelines for advertising of services. *Business Horizons.* 24(July/August) 52-56.

Heo. C. Y., & Lee, S. 2009 Application of revenue management practices to the theme park industry *International Journal of Hospitality Management,* 28(3) 446-453.

Heskett, J. L., Sassar. W E. Jr.. & Hart, C. W L 1990 *Service Breakthroughs.* Free Press.

Hu, H. S., Huang, C., & Chen, P 2010 Do reward programs truly build loyalty for lodging industry? *International Journal of Hospitality Managemen,* 29. 128-135.

Hyun, S. S., Kim, W., & Lee, M. J. 2011 The impact of advertising on patrons'emotional responses, perceived value, and behavioral intentions in the chain restaurant industry The moderating role of advertising-induced arousal. *International Journal of Hospitality Management.* 30. 689-700.

今枝昌宏 2010 サービスの経営学 東洋経済新報社

Keh, H. T., & Lee, Y H. 2006 Do reward programs build loyalty for services? The moderating effect of satisfaction on type and timing of rewards. *Journal of Retailing,* 82. 127-136.

Kimes, S. E., & Singh, S. 2008 Spa revenue management. Cornell Hospitality Quarterly, 50(1) 82-95.

Kivetz, R., & Simonson, I. 2002 Earning the right to indulge Effort as a determinant of customer preferences toward frequency reward programs. *Journal of*

Marketing Research, 39, 155-170.

小宮路雅博(編著) 2012 サービス マーケティング 創成社

Kotler, P 1980 *Marketing management.* Prentice-Hall, 村田昭治(監修) 1990 マーケティング マネジメント プレジデント社

Kotler, P., Bowen J., & Makens, J. 1996 *Marketing for hospitality & tourism.* Prentice-Hall. ホスピタリティ ビジネス研究会(訳) 1997 ホスピタリティと 観光 のマーケティング 東海大学出会

Kristof, D. W., Odekerken-Schroder, G., & Iacobucci, D. 2001 Investments in consumer relationship A cross-country and cross-industry exploration. *Journal of Marketing,* 65 (4) 33-50.

Langeard, E., Bateson, J. E., Lovelock, C. H., & Eiglier, P 1981 *Service marketing*

New insights from consumers and managers. Cambridge, MA Marketing Science Institute.

Looy B. V.. Dierdonck, R. V., & Gemmel, P 2003 *Services management An integrated approach.* 2nd Pearson Education Limited. 白井義男(監修) 平林祥(訳) 2004 サービス マネジメント 統合的アプローチ 上

Mazur, J. E. 1993 Predicting the strength of a conditioned reinforcer Effects of delay and uncertainty. *Current Directions in Psychological Science,* 2(3) 70-74.

McCall, M., & Voorhees, C. 2010 The drivers of loyalty program success An organizing framework and research agenda. *Cornell Hospitality Quarterly,* 51(1) 35-52.

新村出(編) 1993 広辞苑第四版 岩波書店

Sasser, W E. Jr., Heskett, J. L., Schlesinger, L J. Loveman, G. W., & Jones, T O. 1994 Putting the service-profit chain to work. *Harvard Business Review,* March-April. 小野譲司(訳) 1994 サービス プロフィット チェーンの実践法 ダイヤモンド ハーバード ビジネスレビュー ハーバードビジネス

Schlinger, M. J. 1979 Attitudinal reactions to advertisements. In J. Eitghmey(Ed) *Attitude research under the sun.* American Marketing Association, Chicago, Pp. 171-179.

Smith, R. 1993 Integrating information from advertising and trial Processes and effects on consumer response to product information. *Journal of Marketing Research,* 30, 204-219.

竹内慶司 片山富弘(編著) 2011 市場創造一顧客満足とリレーションシップ改訂版 学文社

Thompson, G. M. 2009 Mythical revenue benefits of reducing dining duration. *Cornell Hospitality Quarterly,* 50 (1) 96-112.

Vakratsas, D., & Ambler, T 1999 How advertising works What do we really know? *The Journal of Marketing,* 63, 26-43.

Verhoef, P C. 2003 Understanding the effect of customer relationship management efforts on customer retention and customer share development. *Journal of*

Marketing, 67 30-45.

Wang, F., Zhang, X., & Ouyang, M. 2009 Does advertising create sustained firm value? The capitalization of brand intangible. *Journal of the Academy of Marketing Science,* 37 130-143.

Yiannaka, A., Giannakas, K., & Tran, K. 2002 Medium, message and advertising effectiveness in the Greek processed meats industry. *Applied Economics,* 34. 1757-1763.

2장 칼럼 | 자기효력감과 직업의식

Bandura, A. 1977 Self-efficacy Toward a unifying theory of behavioral change. *Psychological Review,* 84. 191-215.

Bandura, A. 1995 Self-efficacy in changing societies. Cambridge University Press.

本明寛 野口京子(監訳) 2003 激動社会の中の自己効力感 金子塞房

Bandura, A. Adams, N. E., & Beyer J. 1977 Cognitive processes mediating behavior change. *Journal of Personality and Social Psychology,* 35, 125-139.

Betz, N. E., & Hackett, G. 1981 The relationship of career-related self-efficacy expectations to perceived career options in college women and men. Journal of

Counseling Psychology, 28. 399-410.

板野雄二 前田基成(編著) 2004 セルフ エフィカシーの臨床心理学 北大路塞房

亀川雅人 井上詔三 庄司資之 山口一美 山中伸彦 2005 キャリア意識に関する調査報告菌

立教大学ビジネスクリエーター創出センター キャリアプロジェクトチーム

Kendrick, M. J., Craig, K. D., Lawson, D. M. & Davidson, P. O. 1982, Cognitive and behavioral therapy for musical-performance anxiety. *Journal of Consulting and Clinical Psychology,* 50, 353-362.

成田健一 下仲順子 中里克治 河合千恵子 佐藤鼂一 長田由紀子 1995 特性的自己効 力感尺度の検討生涯発達的利用の可能性を探る 教育心理学研究 43. 306-314.

Sherer. M., Maddux, J. E., Mercandante, B., Prentice-Dunn, S., Jacobs, B., & Rogers, R. W. 1982 The self-efficacy scale Construction and validation. *Psychological Reports,* 51 663-671

3장 서비스 회복, 권한위양, 리더십

Aheane, M., Marthieu, J., & Rapp, A. 2005 To empower or not to empower your sales force? An empirical examination of the influence of leadership empower-ment behavior on customer satisfaction and performance. *Journal of Applied Psychology*. 90(5) 945-955.

Bitner, M. J., Boom, B. H., & Tetreault, M. S. 1990 The service encounter Diagnosing favorable and unfavorable incidents. *Journal of Marketing*, 54, 71-84.

Blanchard, K. 2007 Leading at a higher level. 1st edition Pearson Education, Inc

田辺希久子 村田綾子(訳) 2012 リーダーシップ論より高い成果をいかにしてあげるか ダイヤモンド社

Bradley. G. L., & Sparks, B. A. 2000 Customer reactions to staff empowerment Mediators and moderators. *Journal of Applied Social Psychology*, 30(5) 991-1012.

Clark. R. A.. Hartline. M. D., & Jones, K. C. 2009 The effects of leadership style on hotel employees' commitment to service quality. *Cornell Hospitality Quarterly*, 50(2) 209-231.

Conger, J., & Kanungo, R. 1988 The empowerment process Integrating theory and practice. *Academy of Management Review*, 13(3) 471-482.

Fisk, R. P., Grove, S. J., & John, J. 2004 *Interactive service marketing*. 14(3) 67-80. 小川孔輔 戸谷圭子(監訳) 2005 サービス マーケティング入門 法政大学出版局

古川久敬 2002 コンピテンシーラーニング 日本能率協会マネジメントセンター

Gazzoli. G., Hancer, M., & Park, Y 2010 The role and effect of job satisfaction and empowerment on customers* perception of service quality A study in the restaurant industry. *Journal of Hospitality & Tourism Research*, 34(1) 56-77

Gazzoli, G., Hancer, M., & Park, Y 2012 Employee empowerment and customer orientation Effects on workers* attitudes in restaurant organizations. *International Journal of Hospitality & Tourism Administration*, 13. 1-25.

Giles, H., & Ogay, T 2007 Communication accommodation theory. In Mahwah, I N. J.(Ed) Explaining communication. Lawrence Erlbaum Associates, Pp. 293-310.

Goodale. J. C., & Koerner, M. 1997 Analyzing the impact of service provider empowerment on perceptions of service quality inside an organization. *Journal of Quality Management*, 2(2) 191-214.

Hancer, M.. & George, R. T 2003 Psychological empowerment of non-supervisory employees working in full-service restaurants. *Hospitality Management*. 22, 3-16.

Herzberg, F 2003 What is motivation? Diamond Harvard Business Review(April) 44-558.(訳) モチベー ションと は何か一二要因理論 人間には2種類の欲求がある ハーバード ビジネス レビュー ダイヤモンド社

Hocutt, M. A., & Stone, T H. 1998 The impact of employee empowerment on the quality of service recovery effort. *Journal of Quality Management*, 3(1) 117-132.

本間正人 松瀬理保 2007 コーチング入門 日本経済新聞社出版社

飯田光亮 小口孝司 2013 サイコロジカルエンパワーメントと職務満足感との関係に ついて 産業組織心理学会第29大会発表論文集 28-31.

金子はな子 2002 21世紀のカスタマー サービス実践編クリエイティブな組織 中央経済社

岸川善光 1999 経営管理入門 同文舘出版

岸川善光 2011 サービス ビジネス特論 学文社

栗林克匡 2010 社会心理学におけるコミュニケーション アコモデーション理論の応用 北星論集(北星学園大学) 47 11-21.

Liden, R. C., Wayne, S. J., & Sparrowe, R. T 2000 An examination of the mediating role of psychological empowerment on the job, interpersonal relationships, and work outcomes. *Journal of Applied Psychology*, 85(3) 407-416.

Looy B. V., Gemmel, P., & Dierdonck, R. V 2003 *Services management an integrated approach.(2nd)* Pearson Education Limited. 白井義男(監修) 平林祥(訳) 2004 サービス マネジメント統合的アプローチ上 中 下 ピアソン エデュケーション

Looy B. V., Desmet, S., Krols, K., & Dierdonck, R. V 1998 Psychological empowerment in a service environment In T Swartz, D. Bowen, & S. Brown(Eds.) *Advances in Services Marketing and Management*, 7 JAI Press.

Raub. S., & Robert, C. 2012 Empowerment, organizational commitment, and voice behavior in the hospitality industry Evidence from a multinational sample. *Cornell Hospitality Quarterly*, 54(2) 136-148.

Sparks, B. A., & Bradley, G. 1997 Antecedents ad consequences of perceived service provider effort in the hospitality industry. *The Council on Hotel, Restaurant and Institutional Education*. 20(3) 17-33.

Sparks, B. A., & Callan, V J. 1996 Service breakdowns and service evaluations rhe role of customer attributions. *Journal of Hospitality & Leisure Marketing*, 4(2) 3-24.

Spreitzer, G. M. 1995 Psychological empowerment in the workplace Dimensions, measurement, and validation. *Academy of Management Journal,* 38(5) 1442-1465.

Spreitzer, G. M., Kizilos, M. A., & Nason, S. W 1997 A dimensional analysis of relationship between psychological empowerment and effectiveness, satisfaction, and strain. *Journal of Management*, 23(5) 679-704.

Sundaram, D. S., Jurowski, C., & Webster, C. 1997 Service failure recovery efforts in restaurant dining The role of criticality of service consumption. *The Council on Hotel, Restaurant and Institutional Education*, 20(3) 137-149.

Susskind, A. M. 2005 A content analysis of consumer complaints, remedies, and repatronage intentions regarding dissatisfying service experiences. *Journal of Hospitality & Tourism Research*, 29(2) 150-169.

Tomas, K. W., & Velthouse, B. A. 1990 Cognitive elements of empowerment, *Academy of Management Review*, 15, 666-681.

渡辺聰子 アンソニー ギデンズ 今田高俊 20 10 グローバル時代の人的資源論 モチベーション エンパワーメント 仕事の未来 東京大学出版会

Yagil, S. 2006 The relationship of service provider power motivation, empowerment and burnout to customer satisfaction. *International Journal of Service Industry Management*, 17(3) 258-270.

Zemke, R., & Schaaf, D. 1989 *The Service edge 101 companies that profit from customer care*. New York Plum.

3장 칼럼 | 일은 당신에게 의미가 있는가?

平野光俊 1999 キャリア ドメイン ―ミドル キャリアの分化と統合― 千倉書房

飯田光亮 小口孝司 2012 サイコロジカル エンパワーメントと職務満足感との関係

産業組織心理学会第29回大会発表論文集, 28-31

高坂俊之 渡辺三枝子 2005 キャリア発達課題との取り組みが職務活力感に及ぼす影響に ついて 産業組織心理学研究 19, 29-38.

Spreitzer. G. M. 1995 Psychological empowerment in the workplace Dimensions, measurement, and validation. *Academy of Management Journal*, 38, 1442-1465

田中堅一郎 2007 リストラ経験およびリストラの脅威が従業員の心理学的行動的側面に及ぼす影響, 日本大学大学院総合社会情報研究科紀要 8, 357-366

4장 고객만족

秋山学 2006 旅行のプランニング過程―パッケージツアーの選択 小口孝司(編集) 観光の社会心理学 2006

Baker D. A.. & Crompton, J L. 2000 Quality satisfaction and behavioral intentions. *Annuals of Tourism Research*, 27(3) 785-804.

Bigne, J. E., Martinez, C,, Miquel, M. J., & Andreu, L. 2003 Servqual reliability and validity in travel agencies. *Annuals of Tourism Research*, 30(1) 258-263.

Bitner, M. J. 1990 Evaluating service encounters The effects of physical surroundings and employee response. *Journal of Marketing*. 54(2) 69-82.

Bitner, M. J., & Hubert, A. R. 1994, Encounter satisfaction versus overall versus quality. In R. T Rust & R. L Oliver(Eds.) *Service quality New directions in theory and practice*, California Sage, Pp. 72-94.

Bolton, R. N., & Drew, J. H. 1991 A multistage model of customers* assessment of service and value. *Journal of Consumer Research*, 17(March) 375-384.

Carlzon, Y 1985 *"Riv Pyramiderna"* Albert Bonniers Forlag AB. 堤猶二(訳) 1991 真実 の瞬間 ダイヤモンド社

Carman, J. M. 1990 Consumer perceptions of service quality An assessment of the SERVQUAL dimensions. *Journal of Retailing*, 66(1) 33-35.

Cole, S. T., & Ilium, S. F 2006 Examining the mediating role of festival visitors'satisfaction in the relationship between service quality and behavioral intentions. *Journal of Vacation Marketing*, 12(2) 160-173.

Cronin, J. J. Jr., & Taylor, S. A. 1992 Measuring service quality A re-examination and extension. *Journal of Marketing*, 56(July) 55-68.

Cronin, J. J. Jr" Brady, M. K., & Hult, G. T M. 2000 Assessing the effects of quality, value, amd customer satisfaction on consumer behavioral intention의 in service environments. *Journal of Retailing*, 76(2) 193-218.

Dabholkar, P A., Shepherd, D. A., & Thorpe, D. I. 2000 A comprehensive framework for service quality An investigation of critical conceptual and measurement issues through a longitudinal study *Journal of Retailing*, 76(2) 139-173.

Ekinci, Y 2004 An investigation of the determinants of customer satisfaction. Tourism Analysis, 8(2-4) 197-203.

Ekinci, Y 2008 Service Quality and Hospitality Organizations. *Handbook of Hospitality Management*, In B. Brotherton, & R. C. Wood(Eds.) SAGE.

Ekinci, Y., Prokopaki, K., & Cobanoglu, C. 2003 Service quality in Cretan accommodations Marketing strategies for the UK holiday market. *International Journal of Hospitality Management*, 22(1) 47-66.

Engel, J. F., Blackwell, R. D.,Miniard, P W 1995 *Cunsumer behavior*(8th ed.). Dryden Press.

Fecikova, I. 2004 An index method for measurement of customer satisfaction. *The TQM Magazine*, 16(1) 57-66.

Festinger, L. 1957 *A theory of cognitive dissonance*. Row, Perterson & Co. 松永 俊郎 (監訳) 1965 認知的不協和の理論 誠信書房 _

Fick, G. R., & Ritchie, J. R. B. 1991 Measuring service quality in the travel and tourism industry. *Journal of Travel Research*, 30(2) 2-9.

Gonzalez, M. E. A., Comesana, L. R., & Brea, J. A. F 2007 Assessing tourist behavioral intentions through perceived service quality and customer satis faction. *Journal of Business Research*, 60, 153-160. j

Gronroos, C. 1984 A service quality model and its marketing implications. *European Journal of Marketing*, 18, 36-44.

Han. H., & Jeong, C. 2013 Mult-dimensions of partronsemotional experiences in upscale restaurants and their role in loyalty formation Emotion scale improvement. *International Journal of Hospitality Management*, 32, 59-70.

Iacobucci, D., Ostrom, A. L., & Grayson, K. A. 1995 Distingushing service quality and customer satisgfaction The voice of the consumer. *Journal of Consumer Psychology*, 3, 277-303.

Kang. S., Okamoto, N., & Donovan, H. A. 2004 Service quality and its effect on customer satisfaction and customer behavioral intentions Hotel and ryokan guests in Japan. *Asia Pacific Journal of Tourism Research*, 9(2) 189-202.

岸川善行 2011 サービス ビジネス特論 学文社

Knutson, B., Stevens, P., Wullaert, C., & Yokoyama, F 1990 "LODGSERV" A service quality index for the lodging industry. *Hospitality Research Journal*(Special Issue, Annual CHRIE Conference Proceeding) 14(2) 227-284.

近藤隆雄 2010 サービス マーケティング サービス商品の開発と顧客価値の創造 生産性出版

小山周三 2005 サービス経営戦略ーモノづくりからサービスづくりへ NTT 出版

Lehtinen, U., & Lehtinen, J. R. 1991 Two approaches to service quality dimensions. *The Service Industries Journal*, 11(3) 287-303.

Looy B. V., Gemmel, P., & Dierdonck, R. V 2003 *Services management an integrated approach(2nd)* Pearson Education Limited. 白井義男(監修) 平林祥(訳) 2004 サービス マネジメント統合的アプローチ上 中 下 ピアソン エデュケーション

Mackay, K., & Crompton, J. 1990 Measuring the quality of recreation services. *Journal of Park Recreation Administration*, 8(3) 47-56.

McAlexander, J., Kaldenburg, D., & Koenig, H. 1994 Service quality measurement. *Journal of Health Care Marketing*, 14(3) 34-44.

McDougall, G. H., & Levesque, T 2000 Customer satisfaction with services Putting perceived value into the equation. *The Journal of Services Marketing*, 14(5) 392-410.

Oliver, R. L. 1993 A conceptual model of service quality and service satisfaction Compatible goals, different concepts. *Advances in Service Marketing and Management*, 2, 65-85.

Oliver. R. L. 1997 Satisfaction *A behavioral perspective on the consumer*. McGraw Hill. 鳥井道夫(監訳) 1995 知的マーケティング技法 TBS ブリタニカ

Oliver. R. L. 1999 Whence consumer loyalty? *Journal of Marketing*, 63, 33-44.

Parasuraman, A., Zeithaml, V A.. & Berry, L. L. 1985 A conceptual model of service quality and its implications for future research. *Journal of Markettng* 49(3) 41-50.

Parasuraman. A., Zeithaml, V A.. & Berry. L. L 1988 SERVQUAL a multiple-item scale for measuring consumer perception of service quality *Journal of*

Retailing, 64. 13-40.

Pena, A. I. P., Jamilena, D. M. F,, & Molina. M. A. R. 2013 Antecedents of loyalty toward rural hospitality enterprises The moderating effect of the customer's previous experience. *International Journal of Hospitality Management*, 34, 127-137

Petrick, J. F 2004 First timers' and repeaters' perceived value. *Journal of Travel Research*, 43(1) 29-38.

Reichheld. F F 2003 The one number your need to grow. Harvard Business School Publishing Cooperation. July ハーバード ビジネス レビュー編集部(訳) 2004 顧客ロイヤルティを測る究極の質問 ハーバードビジネスレビュー 7月号

Ryu. K.. & Han, H. 2010 Influence of the quality of food, service, and physical environment on customer satisfaction and behavioral intention in quick-cusual restaurants Moderating role of perceived price. *Journal of Hospitality & Tourism Research*, 34(3) 310-329.

佐々木土師二 2000 旅行者行動の心理学 関西大学出版部

Shemwell. D. J., Yavas, U.. & Bilgin. Z. 1998 Customer-service provider relation-ships An empirical test of a model of service quality, satisifaction and relationship-oriented outcomes. Journal of Service Industry Management, 9(2) 155-168.

Stevens. P" Knutson. B.. & Patton. M. 1995 "DINESERV" A tool for measuring service quality in restaurants. *The Cornell Hotel and Restaurant Administration Quarterly*, 35(April) 56-60.

杉本徹雄 2009 消費者行動への心理学的接近 杉本徹雄(編) 消費者理解のための心理学 第18刷 福村出版

棚橋菊夫 2009 消費者の知識と記憶 杉本徹雄(編) 消費者理解のための心理学 第18刷 福村出版

Taylor. S.. & Baker. T 1994 An assessment of the relationship between service quality and customer satisfaction in the formation of consumers' purchase intention. *Journal of Retailing*, 70(2) 163-178.

Teas R. K. 1993 Consumer expectations and the measurement of perceived service quality. *Journal of Professional Service Markting*, 8 (2) 33-54. van Raaiji. W F.. & Francken, D. A. 1984 Vacation decisions, activities, and satisfactions. Annuals of Tourist Research, 11. 101-112.

Woodside, A. G., Frey L. L.. & Daly R. T 1989 Linking service quality customer satisfaction and behavioral intention. *Journal of Health Care Markting*, 9(4) 5-17

Zabkar. V.. Brencic, M. M., & Dmitrovic, T 2010 Modelling perceived quality, visitor satisfaction and behavioural intentions at the destination level. *Tourism Management*, 31. 537-546.

4장 칼럼 | 교류분석과 행동

井原伸充 2001 TA(交流分析) 手法を活用したよりよい接遇応対 ビジネス教育出版社

畔柳修 2012 職場に活かす TA 実戦ワーク 金子書房

日本交流分析協会 2011 人間力を活かす 「TAマネージャーになろう」 鳥影社

杉山峰康 1990 交流分析のすすめ人間関係に悩むあなたへ 日文選書

東京大学医学部心療内科 TEG 研究会(編) 2012 新版 TEGII 金子書房

5장 종업원만족

安達智子 1998 セールス職者の職務満足感一共分散構造分析を用いた因果モデルの検討 日本心理学会, 69(3) 223-228.

Bakker A,, Schaufeli, W B., Sixma, H. J., Bosveld, W., & Dierendonck, D. V 2000 Patient demands, lack of reciprocity and burnout A five-year longitudinal study among general practitioners. *Journal of Organization Behavior*, 21, 425-441.

Barger P B., & Grandey A. A. 2006 Service with a smile and encounter satisfaction Emotional contagion and appraisal mechanisms. *Academy of Management Journal*, 49(6) 1229-1238.

Blanchard, K. 2007 *Leading at a higher level*. 1st ed. Pearson Education. 田辺

希久子 村田綾子(訳) 2012 ケン ブランチャード リーダーシップ論一より高い成果をいかにしてあげるか ダイヤモンド社

Chartrand, T L., & van Baaren, R. 2009 Human mimicry. *Advances in Experimental Social Psychology*, 41. 219-274.

Cohen. J F., & Olsen, K. 2013 The impacts of complementary information technology resources on the service-profit chain and competitive performance of South African hospitality firms. *International Journal of Hospitality Management*, 34, 245-254.

DIAMOND ハーバードビジネス レビュー編集部(編訳) 2009 〔新版〕動機づけるカーモチベーションの理論と実践 ダイヤモンド社

Edward, P K., & Scullion, H. 1982 *The social organization of industrial conflict j Control and resistance in the workplace*. Oxford Basil Blackwell.

Ekman, P., & O,Sullivan, M. 1991 Who can catch a liar? *American Psychologist,* 46(9) 913-920. _

Ekman, P., O,Sullivan, M., & Frank, M. G. 1999 A few can catch a liar *Psychological Science,* 10(3) 263-266.

Friedman, I. A. 1991 High-burnout and low-burnout schools School culture aspects of teacher burnout. *Journal of Educational Research*. 84. 325-333.

Gazzoli, G., Hancer, M., & Park, Y 2010 Employee empowerment and customer orientation Effects on workers' attitudes in restaurant organizations. *International Journal of Hospitality & Tourism Administration*, 13. 1-25.

Gounaris, S., & Boukis, A. 2013 rhe role of employee job satisfaction in strengthening customer repurchase intentions. *Journal of Service Marketing*, 27(4) 1-31.

Grandey, A. A., Dickter, D. N., & Sin, H-P 2004 The customer is not always right Customer aggression and emotion regulation of service employees. *journal of Organizational Behavior*, 25, 397-418.

Grandey, A. A., & Diamond, J. A. 2010 Interactions with the public Bridging job design and emotional labor perspectives. *Journal of Organizational Behavior*, 31. 338-350.

Grandey, A. A., Fisk, G. M., Mattila, A. S., Jansen, K. J., & Sideman, L. A. 2005

Is service with a smile enough? Authenticity of positive displays during service encounters. *Organizational Behavior and Human Decision Processes*, 96, 38-55.

Grandey, A. A., Diefendorff, J. M., & Rupp, D. E. 2013 *Emotional labor in the 21st Century. Routledge.*

Groth, M., Hennig-Thurau, T., & Wang, K. 2013 The customer experience of emotional labor. *Emotional Labor in the 21th Century*, In A. A. Grandey, J. M. Diefendorff, & D. Rupp(Eds.) Routledge, Pp. 127-151.

Herzberg, F 2003 What is motivation? Diamond Harvard Business Review(April) 44-58.(訳) モチベーションとは何か一二要因理論 人間には2種類の欲求がある ハーバード ビジネス レビュー ダイヤモンド社

Hochschild, A. R. 1983 The managed heart Commercialization of human feeling. University of California Press. 石川進 室伏亜希(訳) 2000 管理される心一感情が商品になるとき 世界思想社

Johnson, H. M., & Spector, P E. 2007 Service with smile Do emotional intelligence, gender and autonomy moderate the emotional labor process? *Journal of Occupational Health Psychology*, 12. 319-333.

Jung, H. S., & Yoon, H. H. 2013 Do employees' satisfied customers respond with an satisfactory relationship? The effects of employees' satisfaction on customers' satisfaction and loyalty in a family restaurant. *International Journal of Hospitality Management*, 34, 1-8.

Kim, E., & Yoon, D. J. 2012 Why does service with a smile make employees happy? A social interaction model. *Journal of Applied Psychology*, 97(5) 1059-1067

久保真人(編) 2012 感情マネジメントと癒しの心理学(第2刷) 朝倉書店

久保真人 田尾雅夫 1991 バーンアウト一概念と症状, 因果関係について一 心理学評論, 34(3) 412-431.

Lam, W., & Chen, Z. 2012 When I put on my service mask Determinants and outcomes of emotional labor among hotel service providers according to affective event theory. *International Journal of Hospitality Management,* 31, 3-11.

Locke, E. A. 1976 The nature and causes of job satisfaction. In M. D. Dunnette(Ed.) *Handbook of industrial and organizational Psychology,* Rand McNally.

Maslach, C., & Jackson, S. E. 1981 The measurement of experienced burnout. *Journal of Occupational Behavior,* 2, 99-113.

Maslach, C., Schaufeli, W B., & Leiter, M. P 2001 Job burnout. *Annual Review of Psychology,* 52, 397-422.

松田徳一郎(監修) 1991 リーダーズ英和辞典 研究社

Mattila, A. S. 2001 The impact of relationship type on customer loyalty in a context of service failures. *Journal of Service Research,* 4(2) 91-101. 村杉健 1987 作業組織の行動科学—モラール モチベーション研究— 税理経理協会 _

中江須美子 古賀ひろみ 平田万理子 山口一美 坂井剛 押見輝男 2000 パースペ クテイブ ティキングと自己—Davisのパースペクテイブ テイキング尺度における 検討 立教大学心理学研究, 42, 57-67

中島義明 安藤清志 子安増生 板野雄二 繁桝算男 立花政夫 箱田裕司(編集) 1999 心理学辞典 有斐閣

Pugh, S. D. 2001 Service with smile Emotional contagion in the service encounter *Academy of Management Journal,* 44(5) 1018-1027

Ranb, R., & Robert, C. 2012 Empowment, organizational commitment, and voice behavior in the hospitality industry Evidence from a multinational sample, *Cornell Hospitality Quarterly,* 54 (2) 136-148.

Sasser, W E. Jr., Heskett, J. L., Schlisinger, L. J., Loveman, G. W., & Jones, T O. 1994 Putting the service-profit chain to work. *Harvard Business Review,* March-April. 小野讓司(訳) 1994 サービス プロフィット チェーンの実践法 ダイヤモンド ハーバード ビジネスレビュー ハーバー ドビジネス

Schoenewolf, G. 1990 Emotional contagion Behavioral induction in individuals and groups. *Modern Psychoanalysis,* 15(1) 46-61.

Spinelli, M. A., & Canavos, G. C. 2000 Investigating the relationship between employee satisfaction and guest satisfaction. *Cornell Hotel and Restaurant Administration Quarterly,* December, 29-33.

Staw, B. M., & Ross, J. 1985 Stability in the midst of change A dispositional approach to ob attitudes. *Journal of Applied Psychology,* 70, 469-480.

諏訪きぬ(監修) 2011 保育における感情労働— 保育者の専門性を考える視点として— 北大路書房

高木修(監修) 2001 田尾雅夫(編集) 満足感 組織行動の社会心理学 北大路書房

武井麻子 2006 ひと相手の仕事はなぜ疲れるのか—感情労働の時代 大和書房

所正文 1984 中間管理職層の職務満足感と人格特性 応用心理学研究, 9. 23-33.

Tsai, W., & Huang, Y 2002 Mechanisms linking employee affective delivery and customer behavioral intentions. *Journal of Applied Psychology,* 87(5) 1001-1008.

van Horn, J. E., Schaufeli, W B., & Enzmann, D. 1999 Teacher burnout and lack of reciprocity. *Journal of Applied Social Psychology,* 29(1) 91-108.

Watson, D., & Slack, A. K. 1993 General factors of affective temperament and their relation to job satisfaction over time. *Journal Organizational Behavior and Human Decision Processes,* 54. 181-202.

Witt, L. A,, Andrews, M. C., & Carlson, D. S. 2004 When conscientiousness isn't enough Emotional exhaustion and performance among call center customer service representatives. *Journal of Management,* 30(1) 149-160.

山口一美 小口孝司 2001 旅館客室係の評価を規定する心理学的要因 観光研究, 12, 9-18.

5장 칼럼 | 당신은 너무 피곤해 있지 않은가?

Maslach, C., & Jackson, S. E. 1981 The measurement of exprienced burnout. *Journal of Occupational Behaviour* 2, 99-113.

久保真人 1999 ヒューマノサービス従事者のおけるバーンアウトとソーシャル サポート の関係 大阪教育大学紀要 第IV部門 教育科学, 48. 139-147

久保真人 田尾雅夫 1992 バーノアウトー概念と症状, 因果関係について一, 心理学評論 34(3) 412-431

田尾雅夫 1989 バーンアウトーヒューマンサービス従事者における組織ストレス, 社会 心 理学研究. 4. 91-97

久保真人 田尾雅夫 1996 バーノアウトの理論と実際一心理学的アプローチ 誠信書房

6장 종업원과 커뮤니케이션

Anderson, N. R. 1991 Decision making in the graduate selection interview An experimental investigation. *Human Relations,* 44, 403-417

安藤清志 1995 接客行動の評価を規定する要因 総合プロジェクト サービス経済化 の進 展と雇用 産業構造の変化 日本労働機構調査報告書, 62. 174-193.

Bardi, J. A. 2003 *Hotel front office management.* John Wiley & Son, Third Ed.

Barrick, M. R., & Mount, M. K. 1991 The big five personality dimensions and job performance A meta-analysis. *Personnel Psychology,* 44. 1-26.

Barrick, R., & Mount, M. K. 2005 Yes, personality matters Moving on to more important matters. *Human Performance*, 18. 359-372.

Bendapudi, N., & Bendapudi, V 2005 Creating the living brand. 鈴木英介(訳) 2005 コンビニエンス ストアーの「超」顧客サービス ハーバードビジネスレビュー 116-123, ダイヤモンド社

Bitner, M., Booms, B., & Tetreault, M. 1990 The service encounter Diagnosing favorable and unfavorable incidents. *Journal of Marketing*, 54. 71-84.

Bono. J. E., & Vey, M. A. 2007 Personality and emotional performance Extraversion, neuroticism, and self-monitoring. *Journal of Occupational Health Psychology*, 12(2) 177-192.

Brown, M. T., White, M. J., & Gerstein, L.-H. 1989 Self-monitoring processes and Holand vocational preference among college students. *Journal of Counseling Psychology*, 36. 183-188.

Burgoon, J. K.. Birk, T., & Pfau, M. 1990 Nonverbal behaviors, persuasion, and credibility. *Human Communication Research*, 17(Fall) 140-169.

Buss. A. H. 1986 *Social Behavior and Personality*. Lawrence Erlbaum Associates. 大渕憲一(監訳) 1991 対人行動とパーソナリティ 北大路書房

Cox, C. L., & Click, W H. 1986 Resume evaluations and cosmetics use When more is not better. *Sex Role,* 14, 51-58.

Cunningham, M. R., Barbee, A. P., & Pike, C. L 1990 What do woman want? Facialmetric assessment of multiple motives in the perception of male facial Physical attractiveness. *Journal of Personality and Social Psychology,* 59, 61-72.

Dahling, J. J„ & Johnson, H. M. 2013 Motivation, fit, confidence, and skills How do individual differences influence emotional labor? In A. A. Grandey J. M.

Diefendorff & D. E. Rupp(Eds.) *Emotional labor in the 21th century.* Routledge, Pp. 57-78.

大坊郁夫 1990 社会的スキルと しての対人的なマナー行動 化粧文化, 22. 30-40, ポーラ文化研究所

大坊郁夫 1991 容貌の構造的特徴と対人魅力 化粧文化, 24. 55-68.

大坊郁夫 1999 あいさつ行動と非言語的コミュニケーション 國文学. 44. 28-33.

Davis, S. F., Schrader, B., Richardson, T R., Kring, J. P., & Kieffer, J. C. 1998 Restaurant servers influence tipping behavior. Psychological Reports, 83. 2223-2226.

Diefendorff, J. M., Croyle, M. H., & Gosserand, R. H. 2005 The dimensionality and antecedents of emotional labor strategies. *Journal of Vocational Behavior,* 66. 339-357

Diefendorff, J M., & Richard, E. M. 2003 Antecedents and consequences of emotional display rule perceptions. *Journal of Applied Psychology,* 88(2). 284-

294.

Ekman, P,, & Oster, H. 1979 Facial expressions of emotion. *Annual Reviews oj Psychology,* 30, 527-554.

Forbes, R. J,, & Jackson, P R. 1980 Non-verbal behavior and the outcome of selection interviews. *Journal of Occupational Psychology,* 53, 65-72.

Forsythe, S. M. 1990 Effect of applicants clothing on interviews decision to hire, *Journal of Applied Social Psychology,* 20. 1579-1595.

Frank, M. G., Ekman, P,, & Friesen, W V 1993 Behavioral markers and I recognizability of the smile of enjoyment *Journal of Personality and Social Psychology,* 64, 83-93.

Freiberg, K., & Freiberg, J. 1996 *NUTS!* Lynne Rabin off Association. 小幡照雄(訳) 1997 サウスウェスト航空 驚愕の経営 破天荒！ 日経BP社

Friedman, H. S,, & DiMatteo, M. R. 1980 A study of the relationship between individual differences in nonverbal expressiveness and factors of personality and social interaction. *Journal of Research in Personality.* 14. 351-364.

深田博己 1998 インターパーソナル コミュニケーション― 対人コミュニケーション の 心理学― 北大路書房

Furnham. A., Chan, P S., & Wilson, E. 2013 What to wear? The influence of attire on the perceived professionalism of dentists and lawyers. *Journal of applied Social Psychology,* 43. 1838-1850.

Graham. J. D., & Furnham, A. 1981 Sexual differences in attractiveness ratings of day/night cosmetic use. *Cosmetic Technology,* 3, 36-42.

Grandey, A. A., Fisk, G. M., Mattila, A. S,, Jansen, K. J., & Sideman, L. A. 2005

Is service with a smile enough? Authenticity of positive displys during service encounters. *Organizational Behavior and Human Decision Processes,* 96. 38-55.

Hathfield, J D., & Gatewood. R. D. 1978 Nonverbal cues in the selection interview. *Personnel Administrator,* 30-37

日比野桂 2009 会話中の表情が魅力に与える影響―ほほえみとわらい顔の比較 社会

心理学会第50回大会発表論文集, 618-619.

Hochschild, A. R. 1983 *The management of heart.* California University of California Press.

Hsieh, H. 2005 The influence of international satisfaction on customers overall satisfaction Evidence from a study in upscale restaurant selling. The 11th APTA *Conference Proceedings,* New Tourism for Asia-pacific, July 7-10, 176-187

石橋尚子 1999 幼児の愛他心の発達におよぼすごっご遊びの効果 子ども社会研究, 5. 21-28.

Judge, T A., Woolf, E., & Hurst, C. 2009 Is emotional labor more difficult for some than for others? A multilevel, experience-sampling study *Personnel Psychology*, 62, 57-88.

Jung, H. S., & Yoon, H. H. 2011 The effects of nonverbal communication of employees in the family restaurant upon customers* emotional responses and customer satisfaction. *International Journal of Hospitality Management*, 30. 542-550.

神山進 1983 被服絵画統覚検査による被服意識の測定法の提案 繊維機械学会誌, 36. 205-211.

神山進 2001 被服心理学の動向 髙木修(監修) 被服と化粧の社会心理学 北大路書房

神山進 牛田聡子 析田庸 1987 服装に関する暗黙裡のパーソナリティ理論(第2版)

服装とパーソナリティの間の仮定された関連性 繊維製品消費科学, 28. 378-389.

Kang, J., & Hyun, S. S. 2012 Effective communication styles for the customer-oriented service employee Inducing dedicational behaviors in luxury restaurant patrons. *International Journal of Hospitality Management*, 31, 772-785.

Kendon, A. 1967 Some function of gaze direction in social interaction. *Act a Psychologica*, 26, 22-63.

菊池章夫 堀毛一也(編著) 1994 社会的スキルの心理学 川島書房

Kim, E., & Yoon, D. J. 2012 Why does service with a smile make employee happy? A social interaction model. *Journal of Applied Psychology*, 97(5) 1059-1067

Kuo, C., Chen, L., & Lu, C. Y. 2012 Factorial validation of hospitality service attitude. *International Journal of Hospitality Management*, 31, 944-951.

Lam, W., & Chen, Z. 2012 When I put on my service mask Determinants and outcomes of emotional labor among hotel service providers according to affective even theory, *International Journal of Hospitality Management*, 31,3-11.

Lennox, R. D., & Wolfe, R. N. 1984 Revision of the self-monitoring scale. *Journal of Personality and Social Psychology*, 46, 1349-1364.

Liden, R. C., Martin, C. L., & Parsons, C. K. 1993 Interviewer and applicant behaviors in employment interviews. *Academy of Management Journal*, 36, 372-386.

Mannell, R. C., & Kleiber D. A. 1997 *A social psychology of leisure.* Venture Publishing, INC. 速水敏彦(監修) 2004 レジャーの社会心理学 世界思想社

Motowidlo, S. J., Martin, M. P., & Crook, A. E. 2013 Relations between personality, knowledge, and behavior in professional service encounters. *Journal of Applied Social Psychology*, 43, 1851-1861.

中島義明 安藤清志 子安増生 板野雄二 繁桝算男 立花政夫 箱田裕司 1999 心理学辞典 有斐閣

中村陽吉(編著) 2000 対面場面における心理的個人差 ブレーン出版

Nash, R., Fieldman, G., Hussey, T., Leveque, J. L., & Pineau, P 2006 Cosmetics

They influence more than Caucasian female facial attractiveness. *Journal of Applied Social Psychology,* 36, 493-504.

小口孝司 1995 職業としてのサービス 総合プロジェクト サービス経済化の進展と

雇用 就業構造の変化 日本労働研究機構調査研究報告書. 62. 158-173.

大嶋玲未 小口孝司 2012 セルフ モニタリングと誠実性がサービス業績と上司評価 に及ぼす影響 産業 組織心理学会第 28 回大会発表論文集, 20-23.

Parkinson, B. 1991 Emotional stylists Strategies of expressive management among trainee hairdressers. *Cognition and Emotion,* 5, 419-434.

Patterson, M. L. 1982 A sequential functional model of nonverbal exchange. *American Psychological Association,* 89, 231-249.

Pugh, S. G. 2001 Service with a smile Emotional contagion in the service encounter. *Academy of Management Journal,* 44, 1018-1027

Rafaeli, A., & Pratt, M. G. 1993 Tailored meanings On the meaning and impact of organizational dress. *Academy of Management Review,* 18. 32-55.

Riggion, H. R., & Riggion, R. E. 2002 Emotional expressiveness, extraversion, and neuroticism A meta-analysis, *Journal of Nonverbal Behavior,* 26, 195-218.

Ruetzler T., Taylor, J., Reynolds, D., Barker, W., & Killen, C. 2012 What is professional attire today? A conjoint analysis of personal presentation attributes. *International Journal of Hospitality Management,* 31, 937-943.

Scott, B. A., Barnes, C. M., & Wagner, D. T 2012 Chameleonic or consistent? A multilevel investigation of emotional labor variability and self-monitoring. *Academy of Management Journal,* 55(4) 905-926.

Smith, J. L., Berry, N. J., & Whiteley, P 1997 The effect of interview guise upon gender self-report responses as a function of interviewee self-monitoring position. *European Journal of Social Psychology,* 27 237-243.

Snyder, M. 1974 Self-monitoring of expressive behavior. *Journal of Personality and Social Psychology,* 30, 526-537

Sundaram, D. S.. & Webster, C. 2000 The role of nonverbal communication in service encounters. *The Journal of Services Marketing,* 14(5) 378-391.

鈴木真人 1997 ノンパーバル行動とパーソナリティ 特性 日本心理学会第61回大会 発表論文集. 112.

Sypher, B. D., & Sypher, H. H. 1983 Self-monitoring and perceptions of communication ability in an organizational setting. *Personality and Social Psychology Bulletin,* 9. 297-304.

高野登 2005 リッツカールトンが大切にするサービスを超える瞬間 かんき出版

高月璋介 山田寛 2005 ホテルのサービス マーケティング 柴田書店

Tan. H. H.. Foo, M. D., Chong. C. L.. & Ng. R. 2003 Situational and dispositioi predictors of displays of positive emotions. *Journal of Organizational Behavior* 24. 961-978.

Trougakos. J. P.. Jackson, C. L.. & Beal. D. J. 2011 Service without a smile Comparing the consequences of neutral and positive display rules. *Journal of Applied Psychology*, 96 (2) 350-362.

和田さゆり 1996 性格特性用語を用いた Big Five 尺度の作成 心理学研究, 67(1) 61-67

Witt, L A.. Andrews. M. C., & Carlson. D. S. 2004 When conscientiousness isn't enough Emotional exhaustion and performance among call center customer service representatives. *Journal of Management*, 30(1) 149-160.

山口一美 1993 自分ら しく 仕事を したいあなたへ 大和書房

山口一美 2006 観光業におけるホスピタリティ観光の社会心理学 小口孝司(編集) 北大路書房 Pp. 74-88.

山口一美 2007 「外見より 中身」は企業社会で通用するか ひとの目に映る自己 菅原健介(編著) 金子書房 Pp. 182-209.

山口一美(編著) 2011 はじめての観光魅力学 創成社

山口一美 2014 なぜその人は内定がもらえるのか? なぜ人は他者が気になるのか?

人間関係の心理 永房典之(編著) 金子書房 Pp. 162-173.

山口一美 小口孝司 1998 サービス産業におけるスマイル研究の展望 産業 組織心理学研究. 11(1) 3-13.

山口一美 小口孝司 2000 サービス産業における採用および就労満足に関連するパー ソナリティ 社会心理学研究, 16. 83-91.

山口一美 小口孝司 2001 旅館客室係の評価を規定する心理学的要因ースマイル アイコンタクト パーソナリティからの検討ー 観光研究. 12. 9-18.

山口一 美 小口孝司 2013 リゾート における癒し 日本社会心理学会第54回大会発 表論文集. 401.

余語真夫 浜治世 津田兼六 鈴木ゆかり 互恵子 1990 女性の精神的健康に与える 化粧の効用 健康心理学研究. 3. 28-32.

Zajonc, R. B. 1985 Emotion and facial efference a theory reclaimed. *Science*, 228. 15-21

6장 칼럼 | 퍼스낼리티를 측정하자

Buss, A. H. 1986 *Social Behavior and Personality*. Lawrence Erlbaum Associates. 大渕憲一(監修) 対人行動とパーソナリティ 北大路書房

Davis, M. H. 1983 Measuring individual differences in empathy Evidence for a multidimensional approach. *Journal of Personality and Social Psychology*, 44,

113-126.

Gosling, S. D., Rentfrom, P. J., &. Swann. W B., Jr 2003 A very brief measure of the Big-Five personality domains. *Journal of Research in Personality, 37* 504-528.

岩淵千明 田中國夫 中里浩明 1982 セルフ モニタリノグ尺度に関する研究 心理学研究. 53. 54-57

Lennox, R. D. &. Wolfe, R. N. 1984 Revised of the self-monitoring scale. *Journal of Personality and Social Psychology,* 46. 1349-1364.

丸山純一 清水裕 1990 愛他的行動と人格諸特性との関連について 日本教育心理学会第 32 回大会発表論文集. 216.

小塩真司 阿部晋吾 カトローニピノ 2012 日本語版 Ten Item Personality Inventory(TIPl-J) 作成の試み パーソナリティ研究. 21(1) 40-52.

Snyder, M. 1974 The self-monitoring of expressive behavior *Journal of Personality and Social Psychology,* 30, 526-537

弓削洋子 室山晴美 1990 Buss(1986) による Personality Scale の信頼性 妥当性の検討 日本社会心理学会第 31 回大会発表論文集. 224-225.

7장　여행비즈니스: 주식회사 JTB의 사례

安達清治 2002 ツーリズムビジネス(改訂版) 一日本と世界の旅行産業一 創成社

Cohen, E. 1974 Who is a tourist? *A conceptual clarification. Sociological Review,* 22. 527-555.

ホノルルフェスティバル財団 2019 ホノルルフェスティバル観客数

今西珠美 2011 欧州旅行業界の構造と発展 流通科学大学論集一流通 経営編一24(1) 131-152.

柏木千春 2010 旅行業一新しい価値を創る クラブ ツーリズム モデル 髙橋一夫 大津正和 吉田順一(編著) 1 からの観光 碩学舎 Pp. 2-18.

加藤弘治 2013 観光ビジネス未来白書 統計にみる実態 分析から見える未来戦略 2013年版 同友館

国土交通省観光庁 2018 平成30年度版 観光白書

松園俊志 2012 旅行産業のあらまし 松園俊志 松下晶美(編著) 旅行業概論～新しい旅行業マネジメント 同友館

日本生産性 2018 レジャー白書2018

Pearce, P L. & Caltabiano. M. L. 1983 Inferring travel motivation from traveler's experiences. *Journal of Travel Research,* 22(2) 16-20.

Pine II B. J. & Gilmore, J. H. 1999 *The Experience Economy*. Harvard Business School Press. 岡本慶一 小髙尚子(訳) 2013 【新訳】 経験経済脱コモディティ化のマーケティング戦略 ダイヤモンド社

佐々木土師二 2000 旅行者行動の心理学 関西大学出版部

佐々木土師二 2006 観光の社会心理学の構成 小口孝司(編集) 観光の社会心理学 北大路書房

[참고 URL]

http://www.jtbcorp.jp/jp/company/about_jtb/philosophy/ JTB ホームページ 2019年 5月 3日 閲覧

http://www.honolulufestival.com ホノルル フェスティバル ホームページ 2019年 5月 4 日 閲覧

https://wwwhonolulufestival.com/ja/whatsnew/2018/11/05/japan-tourism-awards_ja/ホノルル フェスティバル トピックス 2019年 5月 6日 閲覧

http://www.jata-net.or.jp/about/jata/forth.html 一般社団法人日本旅行業協会 ホームページ 2014年 1月 14日 閲背

7장 칼럼 | 크루즈 여행에 감동경험!

安達清治 2002 ツーリズムビジネス―日本と世界の旅行産業― 創成社

国土交通省 2018 平成30年度版交通政策白書

[참고 URL]

http://www.ncl.com/jp/ja/ ノルウエージャンクルーズライン ホームページ 2019年 8月 27日 閲覧

8장 항공비즈니스

稲盛和夫 2012 ゼロからの挑戦 PHP ビジネス新書

井上泰日子 2010 新 航空事業論 エアライン ビジネスの未来像 日本評論社

引頭麻実 2013 JAL 再生 高収益企業への転換 日本経済新聞出版

JTB総合研究所 2013 エアポートビジネス入門 JTB 総合研究所

国土交通省観光庁 2018 観光白書(平成30年度版)

国土交通省 2010 第5回(2010 年) 全国幹線旅客純流動調査 幹線旅客流動の実態

国土交通省 2018 交通政策白書(平成30年度版)

日本航空広報部 2007 最新航空実用ハンドブック 航空技術/営業用語辞典兼用 朝日新
聞社

野村宗訓 切通堅太郎 2010 航空グローバル化と空港ビジネス 同文舘出版

Sasser. W E. Jr., Heskett, J. L., Schlisinger, L. J., Loveman, G. W & Jones, T O. 1994
Putting the service-profit chain to work, Harverd Business Review, March-
April.

小野譲司(訳) 1994 サービス プロフィット チェーン実践法 ダイヤモンド ハーバード
ビジネスレビュー ハーバード ビジネス

田中政子 1973 Personal spaceの異方的構造について 教育心理学研究 21, 223-232.

山口一美 2012 エアライン ビジネス 山口一美 椎野信雄(編著) はじめての国際観光学 創
成社 第2刷

和田実 1999 出会いのコミュニケーション 諸井克英 中村雅彦 和田実(著) 親しさが伝わ
るコミュニケーション―出会い 深まり 別れ 金子書房

全日空広報部(編) 1995 エアラインハンドブック Q&A 100―航空界の基礎知識 ぎょう
せい

月刊エアステージ 2014年 2月号

[참고 URL]

http://www.ncvc.go.jp/cvdinfo/pamphlet/blood/pamph46.html 循環器病情報サービ
ス 2014年 3月 15日 閲覧

https://www.jal.com/jal 明日の翼 Vol. 02 お客様の大切な時間を守るために〜定時到
着率世界第一位 2014年 8月 30日 閲覧

http://press.jal.co.jp/ja/release/201110/001922.html JALプレスリリースニュース
2014年 9 月　　　　　16日 閲覧

http://www.env.go.jp/policy/j-hiroba/04-iso140001.html 環境省 ホームページ 2014
年 3月 15日 閲覧

http://www.jal.com/outline/rout.html JAL企業サイト 2019年 5月 8日 閲覧

8장 칼럼 | LCC는 여행스타일을 바꾼다!

赤井奉久 田島由紀子 2012 格安航空会社の企業経営テクニック TAC 出版

JTB総合研究所 2017 LCC利用者の意識と行動調査 2017

国土交通省 2018 平成30年度版交通政策白書

日本航空協会 2018 航空統計要覧2018年版

野村宗訓 切通堅太郎 2010 航空グローバル化と空港ビジネス LCC時代の政策と戦略
同文舘出版

9장　숙박비즈니스

ジェイティービー能力開発 2011 ホテル概論 ジェイティービー能力開発

川名幸夫 ホテル マネジメント 山口一美 椎野信雄(編著) はじめての国際観光学 創成社

Linden, R. C. Wayne, S. J. & Sparrowe, R. T. 2000 An examination of the mediating
role of psychological empowerment on the job, interpersonal relationships,
and work outcomes. *Journal of Applied Psychology*, 85(3) 407-416.

前田勇 1998 現代観光学キーワード事典 学文社

松笠裕之 2010 ホテル業 髙橋一夫 大津正和 吉田順一(編著) 1からの観光 碩学社

仲谷秀一 杉原淳子 森重喜三雄 2006 ホテル ビジネス ブック 中央経済社

中沢康彦 2010 星野リゾートの事件簿 なぜお客様は もう一度来てくれたのか? 日経BP
社

首藤明敏 2009 ぶれない経営 ブランドを育てた 8人のトップが語る ダイヤモンド社

徳江順一郎 2011 宿泊産業 徳江順一郎(編著) サービス&ホスピタリティマネジメント
産業能率大学出版部

[참고 URL]

http://www/hoshino-area.jp/eco/ 星野エリア 環境への取り組み ホームページ 2014
年 11 月 20 日 閲覧

http://recruit.hosinorisort.com/work/career.html 星野リゾート採用サイト キャリア
2014 年 12 月 18 日 閲覧

http://picchio.co.jp/sp/about/concept/ピッキオ/事業理念サイト 2014年 12月 18日 閲
覧

http://www.mlit.go.jp/kokudoseisaku/chisei/crd_chisei_tk_000025.html 国土交通省 サイト 地方振興 総合保養地域整備法 2014 年 12 月 18 日 閲覧

https://www.hoshinoresorts.com/resortsandhotels/ 星野リゾート 公式ホームページ 施設をさがす 2019年 5 月 21日 閲覧

https://www.hoshinoresorts.com/aboutus/ 星野リゾート 公式ホームページ 私たちに ついて 2019 年 5 月 30日 閲覧

9장 칼럼 | 전통 호텔 : 제국호텔의 도전

川名幸夫 2006 帝國ホテル伝統のおもてなし 日本能率協会マネジメントセンター

固友睦一 2011 帝國ホテル サービスの神髄 経済会

[참고 URL]

http://www/tv-asahi.co.jp/ss/188/special/ テレビ朝日 SmaSTATION特別企画 世界に 誇る日本のもてなし 帝國ホテル 2013年 12月 10日 閲覧

http://www.mofa.go.jp/mofaj/gaiko/protocol/ 外務省公式ホームページ 2013年12月 10日 閲覧

http://www.imperialhotel.co.jp/ 帝國ホテル公式ホームページ 2013 年 12月 10日 閲覧

https://www.imperialhotel.co.jp/j/company/plan.html 帝國ホテル 会社情報中期経営 計画 2019年7月6日閲覧

10장   테마파크 비즈니스

Clawson, M. & Knetsch, J. L. 1967 *Economics of outdoor recreation,* Baltimore, MD Johns Hopkins Press.

伊勝正視 1994 人が集まるテーマパークの秘密 日本經濟新聞社 5刷.

Lee, Y., Dattilo, J., Howard, D. 1994 The complex and dynamic nature of leisure

experience. *Journal of Leisure Research,* 26. 195-211.

Mannell, R. C. & Kleiber, D. A. 1997 A social psychology of leisure, Venture Publishing Inc. 速水敏衰(監訴) 2004 レジャーの社会心理字 世界思想社

松井洋治 2001 国内テーマ パークの盛衰と今後の方向性に関する考察 埼玉女子短期大 学研究紀要 12, 259-272.

中井彰基 2013 研修用資料

中井彰基 2019 研修用資料

中島患 2013 テーマパーク時代の到来――企業のテーマパーク事業多角化の経営字的研究
　　― 三恵社

根本祐二 1990 テーマパーク時代の到来 ダイヤモンド社

Pena, A. I. P., Jamilena, D. M. F., & Molina, M. A. R. 2013 Antecedents of loyalty
　　toward rural hospitality enterprises: The moderationg effect of the customers
　　previous experience, *International Journal of Hospitality Management.* 34, 127-
　　137

Pine II B. J. Gilmore, J. H. 1999 The Experience Economy. Harvard Business School
　　Press. 岡本慶一 小高　子(訳)2013【新訳】 経験経済 脱コモディティ化のマーケ
　　ティング戦略 ダイヤモンド社

竹山貴子 2008 近代的聴衆の誕生と子ども 人間文化創成科字論叢 11, 369-378.

徳江順一郎 2011 関係性とサービス、ホスピタリティ概念 徳江順一郎(編著) サービス&
　　ホスピタリティ マネジメント 産業能率大字出版部 Pp.35-53.

山口有次 2008 親光 レジャー集客戦略 日本地域社会研究所

大和里美 2010 テーマパーク―思い出に残る感動の演出 高橋一夫 大津正和 吉田順一
　　(編著) 1からの観光 碩学社 Pp. 65-81.

[참고 URL]

http://digital.asahi.com. 朝日新聞デジタル 「2012年 12月 22日」ホームページ 2013年
　　12月 12日 閲覧

http://www/meti.go.jo/stastics/tyo/tokusabizi/ 経濟産業省 「平成22年特定サービス
　　産業実態調査」 ホームページ 2013年 12月 13日 閲覧

http://vww.usj.co.jp/company/about/viaion.html. 合同合社USJ 「企業情報 企業ビジ
　　ョンホームページ 2018 年 6月 1日 閲覧

https://www.usj.co.jp/company/about/history.html 合同合社USJ 「企業情報 沿革」
　　2018 年 6月 1日 閲覧

http://www.teaconnect.Org/Resources/Theme-Index/Index.cfm#access files The
　　med Entertainment Association(TEA) ホームページより 2018 年 Theme Index

Grobal attraction attendance report. 2018年 12月 14日 閲覧

https://www.usj.co.jp/company/news/2014/1105.html 合同合社USJニュース 2019年6
　　月10日閲覧

https://www.usj.co.jp/company/news/2015/1216.html 合同合社USJニュース 2019年6
　　月10日閲覧

https://www.usj.co.jp/company/news/2017/1121.html 合同合社USJニュース 2019年6

月10日閲覧

10장 칼럼 | 호텔도 테마파크인가?

ディズニーフアン編集部 2013 大人のディズニーリゾート 2013 講談社

Pine, II B. J., & Gilmore, J. H. 1999 *The Experience Economy.* Harvard Business School Press. 岡本慶一 小髙尚子(訳) 2013 【新訳】 経験経済 脱コモディティ化 のマーケテ

イノグ戦略 ダイヤモノド社

[참고 URL]

http://adisneyparks.disney.go.com/html/japan/hotel/WDW/AnimalKingdom_Kidani/
ディズニー アニマルキングダム ヴィラ キダニ ビレッジ ホームページ 2015年 1月 5日 閲覧

http://disneyparks.disney.go.com/jp/disneyworld/destinations/animal-kingdom/
ディズニー アニマルキングダム ホームページ 2015年 1月 5日 閲覧

새로운 인간관계를 창출하는 경영전략
일본의 호스피탈리티 매니지먼트

초판 1쇄 발행일 2021년 10월 22일

지은이 야마구치 카즈미(山口一美)
옮긴이 김용범
펴낸이 박영희
편집 박은지
디자인 최소영
마케팅 김유미
인쇄·제본 AP프린팅
펴낸곳 도서출판 어문학사
　　　　서울특별시 도봉구 해등로 357 나너울카운티 1층
　　　　대표전화: 02-998-0094/편집부1: 02-998-2267, 편집부2: 02-998-2269
　　　　홈페이지: www.amhbook.com
　　　　트위터: @with_amhbook
　　　　페이스북: www.facebook.com/amhbook
　　　　블로그: 네이버 http://blog.naver.com/amhbook
　　　　　　　다음 http://blog.daum.net/amhbook
　　　　e-mail: am@amhbook.com
　　　　등록: 2004년 7월 26일 제2009-2호

ISBN 978-89-6184-980-7 (03320)
정가 20,000원